Verena Tuppy / Henry Wedell
Herausgeber

Begeisternde Erfahrungen
und ehrliche Empfehlungen
von Menschen, die ihren
Lebenstraum verwirklicht haben

INHALT

VORWORT
Dr. Till Wahnbaeck ... 7

EINLEITUNG ... 9

KAPITEL 1: TRAUMAUSLÖSER ... 14
Till Schauder:	Filme - Eine Liebesgeschichte	16
Daniela A. Ben Said:	Zu Erfolgen aus eigener Kraft	28
Ben Hadamovsky:	Immer vorwärts segeln – ein Familienabenteuer	36
David Wolf:	Der Traum von der NHL	45
Moritz Maurus:	Angekommen im Land des Lächelns und des Wachstums	51

KAPITEL 2: TRAUMORTE ... 60
Mike und Petra Kägi:	Echte Cowboys geben nicht auf	62
Dean Walle:	Das Leben ist eine Achterbahnfahrt	70
Norbert Schiebelhut:	Dort leben, wo andere Urlaub machen	78
Karim Ladak:	Der kosmopolitische Nomade	83
Marlene Augschöll und David Kullack:	In den Schluchten des Balkan	92

KAPITEL 3: TRAUMBERUFE ... 100
Matthias Grebe:	Das ist kein Spielzeug, das ist Lego	102
Markus Freiknecht:	Von Vipern, Cobras und den Geissens	110
Dr. Reiner Knizia:	Mathematiker – Banker – Spieler	117
Hans Starck:	Aus der Not eine Tugend machen	125
Marion Sutter:	Zwischen Salon und Glamour	133

KAPITEL 4: TRAUMERLEBNISSE ... 138
Charly Cole:	Aus Hessen in die Billboard-Charts	140
Marcel Paul:	Ganz flach den Hang hinab	150
Juliane Wurm:	Von Stein zu Stein, zum Gipfel des Erfolgs	157
Eric Johannesen:	Mein Weg zur Goldmedaille	162
Lars Sudmann:	Ohne Lampenfieber Zuhörer begeistern	168

KAPITEL 5: TRAUMPATEN 176

Linda Fröhlich:	Immer fröhlich weiterträumen	178
Martin Pusch:	Der Natur auf der Spur	186
Sandra Thier:	Hindernisse überwinden, Träume ermöglichen	192
Mario Klee:	Entwicklungszusammenarbeit zwischen Traum und Wirklichkeit	197
Peter Ballnik:	Glückliche Kinder, glückliche Väter	203

DER NÄCHSTE SCHRITT:
Die Dreampions-Community 211

DANKSAGUNGEN 213

IMPRESSUM UND BILDNACHWEIS 214

VORWORT

Liebe Leserin, lieber Leser,

Träume schreiben die schönsten Geschichten.

Vor ein paar Monaten lernte ich in der Massai Mara, der Grenzregion zwischen Kenia und Tansania, Jackson Nabaala kennen. Jacksons Vater war, wie die meisten stolzen Massai, Hirte. Er hatte 27 Kinder von vier Frauen, er konnte nicht lesen und nicht schreiben. Aber er hatte einen Traum für seine Kinder: Bildung und ein selbstbestimmtes Leben. Eine seiner Töchter ist mittlerweile Ärztin in den USA. Jackson selbst blieb in Kenia, studierte und wurde Entwicklungshelfer. Mittlerweile leitet er eines der größten Regionalbüros der Welthungerhilfe in Kenia. Der Traum seines Vaters ist Realität geworden. Und auch Jackson hat einen Traum: Er will seinen Stammesgenossen helfen, dem Hunger zu entkommen, der viele von ihnen nach wie vor plagt. Dafür erfand er eine Art „Ebay für Kühe": Massai fotografieren mit ihren Handys die Kühe, die sie verkaufen wollen und stellen sie in der nächstgrößeren Stadt, wo eine Genossenschaft Internetzugang hat, ins Netz ein. Schlachter aus Nairobi können so auf die Kühe bieten. Das Ergebnis: fast doppelt so hohe Preise wie auf dem lokalen Markt; und damit ausreichend Geld für die Massai, auch ihre Kinder zur Schule zu schicken. Der Traum von Jacksons Vater geht in die dritte Runde.

Die Welthungerhilfe ist eine Organisation, die Menschen hilft, Träume zu verwirklichen – auch wenn der Traum darin besteht, endlich einmal mit vollem Magen ins Bett gehen zu können. Ein vermeintlich kleiner Traum, aber wie groß, wenn man ihn erreicht und damit ein menschenwürdigeres Leben führen kann. Unsere mehr als 2000 Mitarbeiter sind Dreampions, denn sie machen Träume wahr. Auch und gerade die Menschen, die den Sprung aus dem Hunger schaffen, sind Dreampions.

Ich wünsche diesem Buch, dass es viele Leser findet, die zu Dreampions werden und ihre Träume verwirklichen; für sich selbst, für ihre Umgebung, für die Welt. Wir brauchen Träume. Und wir brauchen Menschen, die sie verwirklichen.

Dr. Till Wahnbaeck
Vorstandsvorsitzender und Generalsekretär, Welthungerhilfe

EINLEITUNG

Stell dir vor, du bist 80 Jahre alt. Du sitzt in einem Schaukelstuhl, blickst in die Natur und denkst dabei über dein Leben nach. Du bist zufrieden, dass es so voller Glücksmomente war; bist dankbar, für die Menschen, die dich auf deinem Weg begleitet und unterstützt haben. Du empfindest Stolz darüber, dass du viele Herausforderungen gemeistert und auch schwierige Zeiten überstanden hattest. Du fühlst eine beruhigende Gewissheit, dass dein Leben es wert war, gelebt zu werden. Denn du hast dir deine Träume erfüllt und zu den Träumen anderer beigetragen. Nicht immer ist es so ausgegangen, wie du erwartet hast, aber auch die Umwege haben dein Leben bereichert und du bist an ihnen gewachsen. Und eins ist sicher: Deine Träume gehen dir auch heute nicht aus…

Zurück in die Gegenwart. Wird es dir im Alter so ergehen? Kannst du dich noch an deine Kindheits- oder Jugendträume erinnern? Hast du sie umgesetzt? Oder waren irgendwann andere Dinge wichtiger und du konntest dich nicht mehr um deine Träume kümmern? Wie ist es heute – lebst du deinen Traum?

Alle Menschen haben Träume. Wir möchten aufregende Momente erleben, schöne Orte sehen, Dinge besitzen, mit Familie und Freunden Glück erleben, unsere beruflichen Ziele erreichen und andere Menschen unterstützen. Manche Träume sind groß und bestimmen das ganze Leben, andere sind kleiner aber nicht weniger wichtig. Manche Träume wachsen in der frühesten Kindheit, andere entwickeln sich im Laufe des Lebens. Träume treiben uns an, bereichern unser Leben und wenn wir sie erreichen, erfüllen sie uns mit Stolz und Begeisterung.

Viele Menschen leben ihre Träume. Sie sind geübt darin, diese optimistisch anzupacken und umzusetzen. Sie sind regelmäßig auf der Suche nach neuen Möglichkeiten, wie sie ihr Leben bereichern können. Wenn du zu dieser Gruppe gehörst, findest du hoffentlich weitere Inspiration in diesem Buch.

Leider gelingt es nicht allen Menschen, den eigenen Träumen treu zu bleiben und sie zu verwirklichen. Die kleinen Träume, wie eine besondere Reise, ein Konzertbesuch oder ein Kurs im Kite-Surfing erfordern den Einsatz von Energie und Geld, lassen sich jedoch meist relativ leicht realisieren. Bei den großen Träumen aber, die eine Lebensänderung nach sich ziehen und die über einen längeren Zeitraum klaren Fokus und Entschlossenheit erfordern, gelingt die Umsetzung oft nicht. Große Träume zu leben bedeutet, dass wir neue Wege gehen, andere überraschen, sie vielleicht hinter uns lassen und eigene Überzeugungen hinterfragen – das erfordert viel Kraft. Wenn sich der große Enthusiasmus gelegt hat und die ersten Hindernisse sichtbar werden, kommen oft Zweifel an der Umsetzbarkeit des Traums auf. Manche Träumer geben vor Erreichen ihres Ziels auf, weil sie nicht schnell genug erfolgreich sind. Andere lassen sich von den Pessimisten in ihrem Umfeld zur Aufgabe bewegen. Und wieder andere verlieren einfach mit der Zeit das Interesse an diesem Traum, weil die Ablenkung zu groß und der Traum nicht wichtig genug ist. Zurück bleibt eine gewisse Trauer bei dem Gedanken an den aufgegebenen Traum und die Unzufriedenheit darüber, dass sie nicht stark genug waren, ihren Traum zu leben.

Mit diesem Buch möchten wir dich inspirieren, dich deinen Träumen mit Energie zuzuwenden, ihre Realisierung zu starten und erfolgreich zu Ende zu bringen. In 25 sehr persönlichen Artikeln erzählen unsere Autoren offen von ihren Erfahrungen und Erkenntnissen, die sie auf ihrem ganz individuellen Weg zu ihrem Lebenstraum gesammelt haben. Diese erfahrenen Dreampions lassen dich an den begeisternden und den schwierigen Momenten ihres Weges teilhaben und geben dir ihre ganz persönlichen Tipps zur Traumverwirklichung.

Vielleicht hast du dich bereits gefragt, was ‚Dreampions' eigentlich bedeutet. Der (bisher) nicht im Duden geführte Begriff ist eine Kombination aus Dream und Champions. Frei übersetzt verstehen wir darunter Menschen, die erfolgreich eigenen Lebensträumen folgen und andere bei ihren Träumen unterstützen. Es gibt keine Meisterschaft im Traumwettbewerb zu gewinnen. Dennoch sind die im Buch vorgestellten Menschen Meister ihrer Träume. Unsere Autoren sind sehr verschieden – sie befinden sich in unterschiedlichen Lebenssituationen, haben unterschiedliche Interessen. Bei all diesen Unterschieden haben Dreampions aber auch wichtige Gemeinsamkeiten: optimistisches Selbstvertrauen, Durchhaltevermögen trotz Gegenwind, fast immer ein starkes Team, das hinter ihnen steht – und eine Begeisterung für ihren Traum.

Doch woran erkennst du einen Lebenstraum, der es wert ist, verfolgt zu werden? Diese Frage lässt sich vor allem mit dem Herzen und dem Bauch beantworten, die eine Vorauswahl für dich treffen. Der Kopf hat dann die Aufgabe, Träume zu Ende zu denken, Szenarien auszumalen und den Weg zum Traum in realistische Schritte aufzuteilen. Wenn der Bauch am Ende immer noch „ja" sagt, ist es ein gutes Zeichen, dass es sich lohnt, den Traum Wirklichkeit werden zu lassen.

In den zahlreichen Gesprächen, die wir für dieses Buch geführt haben, konnten wir einige Gemeinsamkeiten großer Lebensträume feststellen. Es sind Wünsche, die

- uns über längere Zeit begleiten und nie wirklich verschwinden,
- wir mit einem positiven Gefühl von Glück, Dankbarkeit, Freiheit und Erfolg verbinden,
- bei Umsetzung nicht selten größere Veränderungen in uns und unserem Leben auslösen
- und uns nach ihrer Realisierung mit Stolz und Zufriedenheit erfüllen.

Diese Zufriedenheit lässt sich nur erreichen, wenn passives Träumen, Hoffen und Wünschen durch Aktivität, Durchsetzungswillen und Ausdauer ergänzt werden. Unsere Dreampions-Erfahrungen zeigen, dass der Weg zu einem erfüllten Lebenstraum meist steinig ist. Oft sind es die Meinungen anderer, die Zweifel und Ängste streuen und uns sogar von so manchem Projekt abhalten. Aber auch unvorhergesehene Ereignisse oder der eigene, am Ende fehlende Mut können Träume aufhalten. Selten gibt es einen leichten Weg, doch Träume erfordern nun mal, dass wir an sie und an uns selbst glauben.

Es lohnt sich, die Herausforderungen anzunehmen. Wer eigene Träume umsetzt oder andere auf ihrem Weg unterstützt, lebt zufriedener. Wer selbst bestimmt, wie das eigene Leben weitergeht, wird unabhängiger, innerlich frei. Wer weiß, dass er oder sie selbst die Richtung angibt, findet auch die Kraft, öfter mal „nein" zu sagen zu den Erwartungen anderer. Einen Traum zu verwirklichen bedeutet eben auch oft Abschied nehmen – von vertrauten Abläufen, lieben Menschen und vom bekannten Umfeld. Abschied nehmen von einem Stück Sicherheit. Wer anfängt einen Traum zu leben, weiß meist nicht genau, wo der Weg hinführt. Das Leben wird weniger planbar, bewegter, spannender. Die Begeisterung nimmt zu, alles wird lebendiger. Die Vorfreude auf die Zukunft wächst.

Mit ermutigender Unterstützung lässt sich jeder Weg leichter beschreiten. Die Erfahrungen in diesem Buch sollen eine solche Unterstützung sein, egal ob beim Auswandern, Ausleben des eigenen Hobbies oder Traumjobs sowie beim Helfen. Alle Autoren haben die Erkenntnisse, die sie auf ihrem Weg gesammelt haben, in bis zu fünf Empfehlungen zusammengefasst, die die Realisierung ihres Traums leichter gemacht haben.

Die Autoren sollen in unserem Buch im Mittelpunkt stehen. Doch auch für uns, die Herausgeber, ist mit diesem Buchprojekt ein Traum in Erfüllung gegangen. Unser Ziel war es zu helfen, zu ermutigen und zu inspirieren. Am Anfang waren wir unsicher, wie relevant und spannend dieses Thema für andere ist. Doch wir waren überwältigt von der begeisterten Reaktion unserer Autoren, die gern zu diesem Projekt beitragen wollten. Alle wollten ihre Erfahrungen weitergeben und haben sehr offen über teilweise schmerzliche Rückschläge aber auch über ihre Erfolge berichtet. Uns hat der interessante Austausch mit den Autoren bereichert. Wir hoffen sehr, dass auch du durch die Artikel neue Perspektiven gewinnst und dass die Erfahrungsberichte in diesem Buch dir Mut machen, dich mit deinen Träumen auseinanderzusetzen. Vielleicht fühlst du dich durch das ein oder andere Beispiel inspiriert und bestärkt, die ersten Schritte zu gehen und neues Terrain zu testen. Dann hat dieses Buch seinen Zweck erfüllt.

Wir sind uns bewusst, dass es in der Welt gerade viele Sorgen, politische Herausforderungen und auch neue Gefahren gibt. Trotzdem und gerade deshalb sollten wir das Beste aus unserem Leben machen statt uns verunsichern zu lassen. Das Leben ist kurz, wie kurz wissen wir nie genau. Auch aus diesem Grund lohnt es sich, Träume zu leben.

Bei der Umsetzung von Lebensträumen ist es wie beim Fahrradfahren: Man kann es nicht einfach durch die Lektüre von Erfahrungsberichten erlernen oder von anderen Menschen abschauen, sondern man muss selbst aufsteigen, ein paar Mal hinfallen und sein eigenes Gleichgewicht finden. Mit anderen Worten: Du wirst deinen Traum nicht erreichen, nur weil du dieses Buch liest. Aber es ist ein Anfang. Um es mit Walt Disney zu sagen:

> *„Wenn Du es träumen kannst,*
> *kannst Du es auch tun."*

Viel Freude beim Lesen wünschen
Verena Tuppy & Henry Wedell

1. TRAUMAUSLÖSER

„*Du kannst kein Feuer entfachen ohne einen Funken.*"

Bruce Springsteen

Ein Lebenstraum ist wie ein Feuer, das in dir brennt. Ein Feuer, das dir Energie gibt, Kraft spendet und dich von innen wärmt. Doch woher kommt dieses Feuer? Es wird irgendwann einmal entzündet – von einem winzig kleinen Funken. Damit daraus eine große Flamme werden kann, braucht es einen Brennstoff und jede Menge Luft zum Atmen. Manchmal bricht so ein Feuer unbeabsichtigt aus und manchmal erfordert es große Anstrengung, die kleinste Flamme zu erzeugen.

Dass das Feuer für ihren Traum einfach in ihr drin gewachsen ist, hat die Speakerin Daniela A. Ben Said erlebt. Sie versucht es nun auch für andere zu entfachen. Regisseur Till Schauder kann sich genau an den ersten Funken erinnern, den er dann aktiv genährt hat. Ein Funke kann auch durch Vorbilder oder die Eltern überspringen. So war es für Eishockey-Profi David Wolf, der von seinem Vater angesteckt wurde. Der Abenteurer Ben Hadamovsky musste sich durch die richtigen Fragen und viel Mut an seinen Funken herantasten. Und für den Finanzmanager Moritz Maurus entstand die Flamme einfach unterwegs.

DREAM*pions*

Eishockey-Profi David Wolf

Der Traum von der NHL

Abenteurer Ben Hadamovsky

Immer nur vorwärts segeln

Speakerin Daniela A. Ben Said

Zu großen Erfolgen aus eigener Kraft

Regisseur Till Schauder

Filme – Eine Liebesgeschichte

Finanzmanager Moritz Maurus

Angekommen im Land des Lächelns

TRAUMAUSLÖSER

Till Schauder wurde in Seattle geboren, wuchs in Göttingen auf und arbeitet heute als freier Autor, Regisseur, Produzent und gelegentlich auch als Schauspieler in New York. Sein Kino-Dokumentarfilm „The Iran Job" erschien in den USA auf verschiedenen „Best Film of the Year"-Listen, wurde als potentieller Oscar-Kandidat gehandelt und für den Deutschen Filmpreis vorgeschlagen. Als Schauspieler erschien er u.a. in der HBO-Serie Mildred Pierce (mit Kate Winslet). Neben seinen Produktionsaktivitäten unterrichtet Till Drehbuch, Dramaturgie und Filmproduktion an der New York University und dem Vermont College of Fine Arts. In diesem Artikel beschreibt er, wie ein Kinoabend ihn zum Träumen brachte und wohin dieser Traum bisher führte.

Till Schauder
FILME – EINE LIEBESGESCHICHTE

Göttingen, Weender Straße. Hier fing es an. In der Altstadt dieser gemütlichen Studentenstadt, in der ich das Glück hatte aufzuwachsen, stand einmal ein Programmkino mit dem passend-programmatischen Namen „Cinema". Ich war 16 oder 17, als ich dort „Harold und Maude" sah. Die Leichtigkeit, mit der diese erstaunliche Liebesgeschichte Konventionen aus den Angeln hob, verzauberte mich. Kaum hatte ich das „Cinema" verlassen war mir klar: Ich will Geschichten erzählen. Stimmungen erzeugen. Und ich will dabei versuchen, Gewohntes außer Kraft zu setzen. Eben Cinema. Inmitten meines noch eher ziellosen Teenagerdaseins war dieser Film wie eine erste Liebe, die das Gefühl von Schmetterlingen im Bauch auslöste.

Erste Annäherungsversuche
In meiner Freizeit befasste ich mich damals mit Fotografie und Theater. Ich hatte auch schon die eine oder andere Kurzgeschichte geschrieben (Jugendsünden, die ich nicht mal meinen engsten Freunden zumuten mochte). Nun ging es darum, das Abitur hinter mich zu bringen, um dann so schnell wie möglich ins „Filmgeschäft" einzusteigen. Aber was ist das überhaupt – das Filmgeschäft? Und wie steigt man dort ein, Anfang der 90er Jahre, und dann auch noch in Göttingen? Zwar erlebte die Stadt, die den zweiten Weltkrieg schadlos überstanden hatte, in den 50er Jahren eine kurze Blüte als Filmstadt durch zahlreiche Heinz-Erhardt-Filme, die dort gedreht wurden, weil die

Berliner Filmateliers noch zerstört waren. Aber Göttingens „15 minutes of fame" in der Filmwelt waren längst vergangen, als ich euphorisiert aus „Harold und Maude" taumelte.

In Deutschland lag damals der Mittelpunkt der Filmwelt in München. Kurz nach dem Abitur stand ich daher an der Autobahnraststätte vor Göttingen und hielt den Daumen raus Richtung Süden. Ich bewarb mich an der Münchener Filmhochschule – der Schule, an der fast alles, was im deutschen Film damals Rang und Namen hatte, entweder studiert oder unterrichtet hat. Diese Maßnahme sollte vor allem meine Eltern beruhigen, die meiner Liebe zum Film nicht ganz trauten. Oder besser gesagt: Sie wussten nicht, wie sie damit umgehen sollen. Es war ähnlich wie an dem Tag, als ich zum ersten Mal mit einer dunkelhäutigen Freundin nachhause kam. „Hoffentlich nur eine Phase...", dachten sie, oder zumindest drückten ihre Mienen das aus. (Inzwischen würden sie möglicherweise anders reagieren, zumal ich seit über zehn Jahren mit einer Perserin verheiratet bin, die auch nicht gerade blond und blauäugig ist).

Mein aus einer Soldatenfamilie stammender Vater, für den die Karriere als Mediziner nicht nur den gewünschten sozialen Aufstieg, sondern auch Planbarkeit und Sicherheit brachte – Werte, die er meinen vier Geschwistern und mir gerne vorpredigte – wusste überhaupt nicht, wie er mit dieser ‚neuen Freundin' namens Film umgehen sollte.

Meine Mutter – ebenfalls Medizinerin, aber von Hause aus kreativer, unkonventioneller und vor allem neugieriger als mein Vater – warnte zwar auch vor „brotloser Kunst" und vor „Kokainpartys in der Filmszene", von denen sie „gehört" (sprich: in irgendwelchen Klatschspalten gelesen) hatte. Gleichzeitig konnte sie sich aber eine gewisse Neugierde über meine neue Leidenschaft nicht ganz verkneifen.

Mentoren
Sie war es auch, die mich in Kontakt brachte mit einem Göttinger Journalisten. Er hatte in den „Tagesthemen" der ARD über eine medizinische Entdeckung meiner Mutter berichtet und half mir nun beim Verfassen und Gestalten meiner Bewerbungsmappe. Vor allem aber bestärkte er mich darin, meinen Traum ernst zu nehmen, auch wenn ich gerade einmal 17 Jahre alt war. Und er war glaubwürdig – schließlich hatte er es selbst aus einem Dorf im Oberharz auf die begehrteste deutsche Journalistenschule in Hamburg und später in eine entsprechende berufliche Laufbahn geschafft. Von ihm lernte ich auch, wie wichtig Kollegialität und Unterstützung ist – gerade in umkämpften Berufsfeldern.

> *„Ellenbogen helfen in diesem Geschäft wenig.
> Film ist wie Laufen auf dünnem Eis:
> Wenn wir uns nicht gegenseitig stützen,
> knallen wir alle hin."*

Auch dank der Hilfestellung dieses ersten Mentors schaffte ich es im nicht ganz unkomplizierten Aufnahmeverfahren der Münchener Filmschule mit meiner Bewerbungsmappe in die letzte Runde. Doch am Ende kam die kalte Dusche: Ich sei noch zu jung und sollte erst mal etwas erleben. Zurückblickend ein völlig plausibler und vor allem gut gemeinter Ratschlag – aber eben auch ein Schlag. Als Teenager will man so etwas nicht hören – zumindest wollte ich das nicht. Da ich aber ohnehin schon in München war, wollte ich meinen Aufenthalt wenigstens sinnvoll nutzen. Ich recherchierte die Adresse eines meiner damaligen Kino-Vorbilder, des Produzenten und Regisseurs Werner Herzog, der mich mit Filmen wie „Aguirre", „Caspar Hauser" und „Fitzcarraldo" begeistert hatte. Ich klingelte bei seinem Büro und zu meiner Überraschung öffnete der Maestro persönlich die Tür. Freundlich bat er mich herein. Bei einem Kaffee hörte er sich sehr geduldig meine Geschichte an. Trotz aller Zuvorkommenheit – meine Anfrage nach einem Praktikumsplatz in seiner Firma lehnte er rundheraus ab.

„Deine Mappe ist ganz O.K., aber wie willst du mir helfen? Kannst du 20.000 Ratten über den Marktplatz von Delft dirigieren, und zwar so, dass es für die Kamera stimmt?" (wie Herzog es für sein Remake des 20er Jahre Klassikers „Nosferatu" tat). „Kannst du ein Schiff über einen Berg im Amazonas hieven?" (wie er es für „Fitzcarraldo" tat). Auf meinen leeren Gesichtsausdruck erwiderte er schlicht: „Du kannst mir nicht helfen, weil du noch nichts kannst." Hier biss sich die Delfter Ratte in den Schwanz. Als Praktikant war ich für ihn nicht hilfreich. Aber wie sollte ich lernen, mich bei einem Film nützlich zu machen, wenn ich nicht die Gelegenheit bekam, an einem Film zu arbeiten? Ich fragte Herzog, was denn meine Optionen seien, nachdem die Filmschule mich im ersten Versuch abgelehnt hatte und ich offenbar auch für ein Praktikum noch zu grün war. Die Antwort war ebenso einfach wie herausfordernd:

> *„Mach einen Film. Egal wie.
> Das ist besser als jede Filmschule."*

Sprung ins kalte kalifornische Wasser
Ich dachte über seine Worte nach. Schließlich reifte ein Gedanke in mir. Wo die meisten Filme produziert werden, bestehen auch die besten Chancen, einen Job beim Film zu ergattern. Also beschloss ich dorthin zu gehen, wo Filme produziert werden: Hollywood. In Los Angeles würde ich per Selbststudium auch Theorie und praktische Grundkenntnisse des Filmemachens erlernen. Plötzlich sah ich eine Perspektive. Jedoch schien ich der Einzige zu sein, der von dieser Idee begeistert war. Die Reaktionen aus meinem Umfeld waren mannigfaltig:

Mein Vater reagierte – nicht ganz überraschend – mit Unverständnis. Ich sollte doch eigentlich Arzt werden und möglichst in seine Fußstapfen treten! Dabei reichte für mich schon die Motivation, nicht in seine Fußstapfen zu treten aus, um mich auf den – in den Augen mancher vielleicht riskanten – Weg zu machen, mir einen Traum zu erfüllen. Seine Fußstapfen hatten eine derartig abschreckende Wirkung, dass mir das Risiko, mein Berufsziel nicht zu erreichen bzw. meinen Traum nicht zu erleben, vergleichsweise gering erschien.

Bei meiner Mutter schwang zart aber dennoch erkennbar ein wenig Stolz durch. Schließlich hatte sie durch ihre vielseitigen Anregungen in mir schon als Kind das Interesse an unkonventionellen Lebenswegen erweckt. Ich erinnere mich zum Beispiel an ihren gelegentlichen „Bereitschaftsdienst" als Ärztin am Göttinger Theater, zu dem sie mich ab und zu mitnahm, und an lange Museumsbesuche in Berlin, bei denen sie kenntnisreicher und vor allem unterhaltsamer als jeder Kunstführer verschiedenste, oft längst verstorbene Künstler zum Leben erweckte. Möglicherweise gefiel ihr, trotz aller beschützenden Mutterinstinkte, das Abenteuerliche meines Unterfangens. Jedenfalls bildete ich mir das ein. Sie versuchte auch gleich konkret zu helfen, in dem sie mir einen Kontakt in Seattle verschaffte, wo ich die erste Woche wohnen, mich akklimatisieren und von dort die Weiterreise nach Los Angeles planen könnte.

Meine älteren Geschwister schienen von meiner Entscheidung etwas verwirrt. Aber sie reagierten unterstützend und sprachen mir Mut zu. Meine jüngeren Geschwister waren zu jung, aber später hörte ich von ihnen, dass mein Entschluss inspirierend auf sie gewirkt hatte.

Mit ein wenig Unterstützung des alten Bekannten aus Seattler Zeiten kam ich einige Wochen später in Los Angeles an. Ich kannte dort niemanden. Und niemand wollte ausgerechnet mir ein Film-Praktikum geben. Die Stadt war wie ein Ozean, den ich irgendwie durchschwimmen musste. Ich bewarb mich um Praktika – damals noch mit einem offiziellen Bewerbungsschreiben, das nicht einfach per E-Mail geschickt, sondern fleißig jeden Tag getippt und auf die Post gebracht wurde – 30fach, 50fach, 100fach. Aber keine der von mir angeschriebenen Filmfirmen reagierte. Das höchste der Gefühle war ab und zu eine kurze Rückmeldung: „Vielen Dank für Ihre Bewerbung, leider haben wir keinen Bedarf." Dadurch wusste ich wenigstens, dass meine Briefe nicht verlorengegangen waren. Der Job beim Film aber – er blieb aus.

Der Reiz von Kostümpartys
Nach ein paar Monaten wurde ich von meinem ersten Mitbewohner (ich teilte in Hollywood eine 1,5 Zimmer Wohnung mit einem jungen Grafik-Designer aus Vietnam) zu einer Halloween-Party eingeladen. Diese Party wurde von einer jungen „P.A." ausgerichtet – einer Produktions-Assistentin bei einem Filmstudio. Ich lernte einige ihrer Freundinnen kennen. Die Schlangenlederschuhe, die Teil meines Kostüms waren, sorgten für Gesprächsstoff. Eins kam zum anderen. Eine Woche später hatte ich auf einmal ein Praktikum im Filmstudio des Kultproduzenten Roger Corman. Was hunderte von Bewerbungsschreiben nicht möglich gemacht hatten, ergab sich spielerisch auf einer Kostümparty.

Corman galt als „Maverick" – jemand der sowohl als unabhängiger Regisseur, Produzent und Drehbuchautor und manchmal gar als Schauspieler wirkte. Er hatte unter anderem die Edgar Allan Poe-Geschichten verfilmt, wurde von der französischen Nouvelle Vogue verehrt und brachte die Karrieren einiger namhafter Regisseure und Schauspieler auf den Weg; etwa die von Martin Scorsese, Francis Ford Coppola und Jack Nicholson. Hier wurde ich nicht nur zum Kaffee kochen eingeteilt, sondern durfte endlich auch bei der täglichen Arbeit des Filmemachens helfen. Plötzlich befand ich mich unter Gleichgesinnten, die, wie ich, allesamt besessen waren und nichts gegen unbezahlte 100-Stunden-Wochen hatten.

Bei Corman lernte ich viel über den professionellen Produktionsbetrieb. Gleichzeitig drehte ich in den mir noch verbleibenden freien Stunden meinen ersten eigenen Kurzfilm, „The Trade", auf Super8 – zwar ohne Budget, aber dafür mitten auf dem Hollywood Boulevard. Und eine gute Location ist auch etwas wert!

Mit diesem Film bewarb ich mich ein Jahr nach der Absage erneut an der Filmschule in München – diesmal erfolgreich. Zwar gefiel mir das riskantmittellose Leben in Los Angeles und ich wäre gerne länger geblieben, aber München bot eine direktere Perspektive, Filme zu machen, da die Filmschule bereits für ihre Studenten kleine Budgets zur Verfügung stellte. Ich hatte also mit 20 den begehrten Platz an der Filmhochschule und die Zweifler aus der Familie waren durch die ersten greifbaren Ergebnisse ruhig gestellt. Mehrere Kurzfilme entstanden in der Zeit, darunter der Action-Kurzfilm „City Bomber", der auf internationalen Festivals lief und dessen Erfolg mir schließlich die Erlaubnis der Hochschule einbrachte, in Zusammenarbeit mit dem SWR und der Theaterakademie München einen ersten langen Spielfilm drehen zu dürfen („Strong Shit" mit dem damals noch unbekannten Sebastian Bezzel in der Hauptrolle).

> *„Mit 25 Jahren fühlte ich mich auf dem richtigen Weg."*

„Development Hell" führt zu einem Neuanfang

„Nun mache ich jedes Jahr einen Film, der größer, besser und teurer ist als die vorangegangenen!" So stellte ich mir das vor. Aber mein geplanter nächster Spielfilm, ein zunächst vielversprechendes und relativ hochkarätig besetztes Projekt, das ich zusammen mit einem Berliner Produzenten und dem ZDF auf den Weg bringen sollte, landete plötzlich in der ‚Development Hell'. Das Drehbuch sollte ständig umgeschrieben werden. Die Redakteure konnten sich nicht mit dem Produzenten einigen. Und mir gelang es nicht, alle auf eine Linie zu bringen. Auf einmal steckte das Projekt fest. Aber bis dahin kannte ich keine Verzögerung. Bis zu diesem Zeitpunkt war alles relativ glatt gelaufen. Für Rückschläge, mit denen ich inzwischen gelernt habe umzugehen, war ich damals nicht gerüstet. Ungeduldig und ausgelaugt vom zähen Prozess der Development Hell entschloss ich mich, schnellstmöglich meinen Abschluss an der Hochschule zu machen (mit einem Drehbuch statt mit einem Film), um dann mit einem DAAD Stipendium zurück nach Amerika zu gehen – dieses Mal nach New York, wo ich ohnehin immer mal leben wollte.

Als junger Regisseur wollte ich zu diesem Zeitpunkt endlich hautnah erfahren – und vor allem verstehen – wie es sich auf der anderen Seite der Kamera anfühlt. Daher besuchte ich mit dem Stipendium in New York keine weiterführende Filmschule, was der konventionellen Logik entsprochen hätte, sondern eine Schauspielschule. Wenn ich auf der Filmschule etwas gelernt habe, ist es, dass man im Film nie ausgelernt hat, sondern sich ständig weiterentwickeln muss. Technisch wurden wir in München gut ausgebildet, aber es gab deutliche Defizite in der Schauspielführung. Im Laufe des Filmstudiums war mir klar geworden, dass unabhängig vom technischen Aufwand und vom Budget nahezu jeder Aspekt des Filmemachens, und somit der künstlerische Erfolg jedes Films, von den Darstellern abhängt und von ihrer Performance: Das gilt für die Inszenierung und das Schreiben des Drehbuchs genauso wie für die Kameraführung und selbst für die Montage. Und um eine gelungene Darstellung – also eine überzeugende oder glaubhafte Performance – zu erkennen, musste ich lernen, wie sich ein Darsteller fühlt. Ich wechselte also die Seite, und das hieß, noch mal bei Null anzufangen.

New York
Obwohl ich zu dem Zeitpunkt schon drei Kurzfilme und meinen ersten abendfüllenden Spielfilm gedreht hatte, entschied ich mich wieder ins kalte Wasser zu springen. Der Umzug nach New York war ein ähnliches Abenteuer wie Hollywood einige Jahre zuvor. Vor allem aber war es gar nicht einfach, die Kontrolle, an die ich mich als Drehbuchautor und Regisseur inzwischen gewöhnt hatte, einzutauschen gegen das Sich-Fallen- und Leiten-Lassen, das von Schauspielern erwartet wird. Statt weiter Filme zu drehen, lebte ich nun das Leben eines New Yorker Schauspielers: Schauspielunterricht, bei dem man sich öffnen muss wie sonst nur beim Psychologen. Dazu das ständige Vorsprechen bei Castings, bei denen man sich meistens nur die nächste Absage abholt. Und nicht zuletzt die New Yorker Mieten, die einen Schuhschrank wie ein großzügiges Domizil erscheinen lassen. Um all das auszuhalten, braucht man vor allem Humor.

Am Ende meines Stipendium-Jahres besuchte mich ein ehemaliger Kommilitone aus München, der an meinen letzten beiden Filmen als Kameramann mitgewirkt hatte. Er brachte sein Abschlussfilm-Budget der Hochschule mit. Schnell wuchs die Idee für einen weiteren gemeinsamen Film. Es sollte eine romantische Weihnachts-Komödie werden, die – teilweise autobiographisch – meine Erlebnisse als mittelloser Schauspieler in New York behandelte. Wir schrieben das Drehbuch für „Santa Smokes – Ein Engel in New York", führten gemeinsam Regie und ich übernahm die Hauptrolle, weil ohnehin kein anderer diesen unbezahlten Job angenommen hätte. Wir drehten den Film in zwei Wochen im Drei-Mann-Team zusammen mit einem Freund von der Schauspielschule, der multifunktional als Tontechniker, Requisiteur und Darsteller agierte. Trotz der Mini-Crew und des Mini-Budgets wurde „Santa Smokes" auf internationale Filmfestivals eingeladen, gewann Preise und schaffte es in den USA und Deutschland in Programm-Kinos – in solche wie das „Cinema" in Göttingen, in dem ich ein paar Jahre zuvor „Harald und Maude" gesehen hatte. Schließlich lief „Santa Smokes" sieben Jahre in Folge immer wieder zur Weihnachtszeit im deutschen Fernsehen.

> *„Der Film war ein Erfolg bei den Kritikern. Ein anhaltender Durchbruch war er nicht."*

Kurze Zeit später, nachdem ich in Manhattan die Türme des World Trade Centers fallen sah, widmete ich mich zur Beruhigung den warmen Klängen des 30er-Jahre-Jazz. Ich drehte die Doku-Fiktion „Duke's House". Darin geht es um den Geist von Duke Ellington, der in Ellingtons ehemaligem Mietshaus in Harlem, in dem ich selber einige Jahre lebte, bis heute auf die Nachmieter einwirkt. Der Film, bei dem mein jüngerer Bruder Götz (der inzwischen auch von den Liebespfeilen des Kinos getroffen wurde) Kamera führte und in dem Lars Rudolph die Hauptrolle spielte, feierte in New York auf dem Tribeca Film Festival Premiere.

Übrigens: Das Filmfieber hat sich mittlerweile in unserer Familie ausgebreitet. Götz hat kürzlich einen eigenen sehr gelungen Dokumentarfilm fertiggestellt, „Dirigenten – Jede Bewegung zählt!", der im Frühjahr 2016 in deutschen Kinos erscheint. Mein älterer Bruder Frank betätigt sich inzwischen auch ab und zu als Filmemacher im wissenschaftlichen Bereich und sowohl meine Mutter („Strong Shit") als auch meine jüngere Schwester („City Bomber") und ein Neffe und eine Nichte („Santa Smokes") erschienen als Darsteller in Filmen von mir.

Zur gleichen Zeit nahm ich meinen ersten Lehrauftrag an einer amerikanischen Filmschule an. Die Arbeit mit Studenten, die ständig die neuesten Technologien und Erzählformen für ihre Geschichten austesten, erfüllte mich mehr, als ich es je angenommen hätte. Außerdem kann ich seither etwas zurückgeben von dem, was ich selbst an Unterstützung von Mentoren erfahren habe und heute immer noch von geschätzten Kollegen und Freunden erfahre. Inzwischen unterrichte ich an der New York University, am Vermont College of Fine Arts und als Gastdozent an verschiedenen anderen Filmschulen.

The Iran Job
Dennoch wirkten die Terroranschläge des 11. September nach. Ich reise mit meinen Filmen auf Festivals, doch jeder Besuch bestärkte mich in dem Ge-

fühl, dass für mich persönlich in der derzeitigen globalen Stimmung Dokumentationen relevanter waren als die meisten Spielfilme. In der schlagartig veränderten Welt wollte ich Filme machen, die sich mit eben diesen Veränderungen und ihren scheinbar unüberwindlichen internationalen Konflikten auseinandersetzten.

Da kam der Artikel, den mir ein Freund schickte, gerade recht. Er handelte von amerikanischen Basketballspielern, die im Iran Verträge unterschrieben, um dort in der Profiliga zu spielen – auf dem Höhepunkt der diplomatischen Eiszeit zwischen dem Iran, der in Amerika als ein Mitglied der „Achse des Bösen" galt, und Amerika, das im Iran als „großer Satan" bekannt ist. Inmitten der verhärteten politischen Fronten fragte ich mich, ob ein paar abenteuerlustige afro-amerikanische Basketballspieler zu wärmeren Beziehungen zwischen diesen verfeindeten Ländern würden beitragen können. Und selbst falls das nicht klappte, wäre schon die Tatsache allein, dass diese Amerikaner sich freiwillig als Basketball-Diplomaten in die Höhle des Löwen begaben, einen Film wert. Denn hier passierte genau das, was mich an „Harold und Maude" so fasziniert hatte: Normen wurden aus den Angeln gehoben. Gewohntes wurde außer Kraft gesetzt.

Die Idee für meinen ersten Kino-Dokumentarfilm war geboren. Gemeinsam mit meiner Frau, der Produzentin und Filmfestivalkuratorin Sara Nodjoumi, beschloss ich „The Iran Job" zu produzieren. Der Film handelt von Kevin Sheppard, einem amerikanischen Basketball-Profi, der während der „grünen Revolution" im Iran spielt und dabei eine ungewöhnliche Freundschaft mit drei regimekritischen Iranerinnen schließt, die sämtliche seiner Erwartungen auf den Kopf stellen.

Jetzt da der Film (nach vierjähriger Produktionszeit, erfolgreicher Festivaltour, internationaler Kinoauswertung und einigen Preisen) endlich fertig ist, vergesse ich manchmal, wie schwierig es war, ihn auf den Weg zu bringen. Tatsächlich fing ich damals aber erneut bei Null an.

In der Filmszene kannte man mich vor diesem Dokumentarfilm – wenn überhaupt – für meine Spielfilme und als Drehbuchautor. Einige Wenige hatten mich vielleicht auch mal als Schauspieler gesehen. Als Dokumentarfilmer war ich allerdings ein völlig unbeschriebenes Blatt. Doch nun bewarb ich mich um Mittel, die es mir ermöglichen sollten, eine Doku zu drehen. Unverständnis schlug mir von vielen Seiten entgegen. Kaum jemand wollte etwas mit einem Projekt zu tun haben, das in einem als gefährlich eingestuften Land spielen und von einem Regisseur realisiert werden sollte, der noch nie einen Dokumentarfilm gemacht hatte.

Sara und ich machten uns dennoch auf die Suche nach einem geeigneten Kandidaten für die Hauptfigur des Films. Hierbei merkte ich schnell, dass das Casting für einen Dokumentarfilm mindestens so wichtig ist wie für einen Spielfilm. Über ein Jahr suchten wir und drehten mit einigen Anwärtern Probe-Sequenzen. Doch keiner von ihnen konnte uns zufriedenstellen. Und die Auswahl war begrenzt, schließlich wagten nicht viele Basketballer den Sprung in den Iran. Wir waren kurz davor, das Projekt aufzugeben, als wir einen Anruf von einem iranischen Vereinsmanager erhielten mit der Aussage, er hätte soeben Kevin Sheppard aus Amerika unter Vertrag genommen. Einen Tag später skypten wir mit Kevin und innerhalb weniger Sekunden war klar, dass wir endlich den Richtigen gefunden hatten.

„Derartige Glücksgriffe braucht es manchmal, um einen Traum ins Rollen zu bringen."

Allerdings lief auch jetzt nicht alles glatt. Wir bekamen keine Journalistenvisa und die Gefahr, dass meine Frau aufgrund ihres iranischen Passes zwar einreisen, aber nicht mehr ausreisen konnte, war einfach zu groß. Nach vielen Gesprächen entschieden wir, dass ich allein fliegen und nur eine kleine Aufsteckklampe und eine Handkamera mitnehmen würde. So drehte ich wie ein Tourist verkleidet mit einer Miniausrüstung einen Film, aus dem später ein internationaler Kino-Dokumentarfilm wurde. Das Rohmaterial – hunderte von Tapes – ließ ich über meine Mutter in Göttingen nach New York ausfliegen. Ein direkter Versand der Medienträger war aufgrund des Wirtschaftsembargos nicht möglich. Die besten Tapes behielt ich allerdings bei mir, falls beim Versand doch etwas schieflaufen sollte. Diese „Gold Nuggets" schmuggelte ich in meiner Unterwäsche versteckt außer Landes. Der Dreh im Iran war ein Abenteuer wie ich es seit meinen Tramptouren als Teenager nicht mehr erlebt hatte. Umso erleichterter war ich, als ich wieder in New York war und an der Seite meiner Frau das Material sichten konnte.

Sara und ich versuchten nun, die finanziellen Mittel aufzutreiben, um den Film fertigzustellen. In dieser Phase schickte Sara ein kurzes Demo-Band des Rohschnitts an die Produktionsfirma von Abigail Disney, einer Nichte von Walt Disney, frei nach dem Motto: Versuchen kann man's ja mal. Zu unserer großen Überraschung nahm Abigail Disney einige Monate später tatsächlich Kontakt mit uns auf und bat um ein Treffen. Natürlich sagten wir zu und waren nicht wenig überrascht, als sie sich, nachdem sie uns eine Weile interessiert über „The Iran Job" ausgefragt hatte, als Executive Producer des Films anbot. Nicht nur ihre finanziellen Mitteln, sondern vor allem auch ihre Mentorenschaft und persönliche Unterstützung erlaubten es uns schließlich, das Projekt fertigzustellen. (Inzwischen hat Frau Disney an einem meiner aktuellen Kino-Dokumentarfilme, der momentan gedreht wird, erneut die Rolle des Co-Executive Producers übernommen.)

Wann kommt der Durchbruch?
Manche meiner Freunde und Kollegen meinen, „The Iran Job" war eine Art Durchbruch für mich. Ob das wirklich stimmt, muss sich erst noch zeigen. Denn im Film kann man sich nie lange auf Lorbeeren ausruhen. Richtig ist, und darüber bin ich sehr glücklich und dankbar, dass ich für meine neuen Projekte nun genau die Mittel erhalte, um die ich mich vor „The Iran Job" erfolglos beworben hatte. Momentan arbeite ich gleichzeitig an drei Filmen: einem Kinofilm über das vom deutschen Trainer Winnie Schäfer trainierte jamaikanische Fußball-Nationalteam (Arbeitstitel: „The Reggae Boyz"), einer Kino-Dokumentation über einen iranischen Rapmusiker und einem ARD-Projekt über einen jungen Deutsch-Iraker, der mit seiner Performance-Kunst gegen islamischen Extremismus mobil macht.

Nach wie vor glaube ich, dass Dokumentarfilme derzeit – und möglicherweise generell – relevanter sind als Spielfilme. Aber im Grunde halte ich die Unterscheidung für unnötig und sogar für falsch. Denn alle Filme – egal ob fiktional oder dokumentarisch – erzählen Geschichten, oder versuchen es zumindest. Dabei ist meine alte Liebe für das Inszenieren von Schauspielern längst wieder erwacht. Inzwischen steht mir – trotz oder gerade wegen der veränderten Welt, in der wir leben – auch wieder der Sinn nach einem ungewöhnlichen Spiel- oder Genrefilm. Wer weiß, vielleicht in ein, zwei Jahren, wenn die aktuellen drei Projekte fertiggestellt sind …? Man wird ja träumen dürfen.

Ratschläge sind auch Schläge
Für diesen Artikel wurde ich um Ratschläge gebeten, die jungen Leuten, die sich einen möglicherweise ungewöhnlichen Traum verwirklichen wollen, helfen könnten. Wenn es um das Träumen geht, halte ich nicht viel von Ratschlägen, weil sie manchmal eben auch nur Schläge sind, die das Träumen eher verhindern statt anregen können. Und wer es bis hierher durch meinen Artikel geschafft hat, wird ohnehin bereits wissen, dass es mir wichtig erscheint, Träume ernst zu nehmen, sie auch gegen Widerstände zu verfolgen

und dabei auch die Hilfe von Mentoren und Netzwerken zu suchen. Statt mit Plattitüden à la „hart arbeiten, nie aufgeben" ende ich lieber mit einer Szene aus einem meiner Lieblingsfilme. Sollte sich die eine oder der andere daraufhin entscheiden, einen konventionelleren Weg zu verlassen, zugunsten der Erfüllung eines verrückten Traums, übernehme ich keineswegs Verantwortung... Umso mehr drücke ich die Daumen, dass es klappt!

In „Einer flog über das Kuckucksnest" versucht Jack Nicholson einen tonnenschweren Porzellan-Abfluss aus dem Fußboden einer Irrenanstalt zu zerren, um ihn in ein Fenster zu schmeißen. Dadurch will er sich und den anderen Insassen des Kuckucksnests einen Fluchtweg aus der Irrenanstalt bahnen. Natürlich scheitert er. Doch als die anderen Insassen ihn auslachen, sagt er schlicht: „at least I tried – wenigstens habe ich es versucht". Einige Tage später gelingt es einem anderen – kräftigeren – Insassen, den Porzellan-Abfluss aus dem Boden zu reißen und sich damit den Fluchtweg zu bahnen. Nicholson selbst hat es nicht geschafft, aber durch den schieren Versuch hat er andere dazu inspiriert, ihr Schicksal in die eigenen Hände zu nehmen.

Daniela A. Ben Said hat geschafft, wovon viele träumen. Sie ist als Gründerin und Geschäftsführerin der Quid agis* GmbH erfolgreich und gehört laut Spiegel Wissen zu den „Top-Trainern Deutschlands". Sie motiviert, begeistert, trainiert und coacht Menschen mit Energie und Glaubwürdigkeit. Im Jahr 2014 wurde sie als „Female Speaker of the Year" ausgezeichnet.
Ihren Weg aus einer schwierigen Ausgangssituation zu heutigen Erfolgen hat sich Daniela A. Ben Said aus eigener Kraft erkämpft. Welche Erkenntnisse sie dabei gewonnen hat, beschreibt sie in ihrem Artikel. Inzwischen konnte sie sich auch ihren Traum vom Leben auf einem Bauernhof mit vielen Tieren erfüllen. Sie wusste schon als Kind: Irgendwann hilft sie Menschen, „die es nicht so gut haben". Heute gründet sie eine Initiative für benachteiligte Jugendliche.

Daniela A. Ben Said
ZU GROßEN ERFOLGEN AUS EIGENER KRAFT

„ *Die Zukunft gehört denjenigen, die an die Schönheit ihrer Träume glauben.* " Eleanor Roosevelt

Die meisten Menschen haben den Wunsch, jemand anderes zu sein. Das Gras in Nachbars Garten ist immer grüner, die Schlange an der Nachbarkasse ist immer schneller. – Zufriedenheit mit unserem persönlichen Schicksal ist generell schwierig zu vermitteln. Äußerst leicht ist hingegen die Vorstellung, dass das Leben der in der Regenbogenpresse präsentierten Stars und Sternchen erfüllter ist. Deshalb lesen wir die Klatschspalten, deshalb ist BILD erfolgreich, deshalb schlafen unsere Kinder in Bundesliga-Bettwäsche. Nur selten sind wir aktiv in der Auswahl unserer Vorbilder. Wir lassen uns Vorbilder lieber in den von Medien und PR-Profis konstruierten Traumwelten präsentieren. Heute glauben zum Beispiel mehr junge Mädchen an eine Karriere in der Musik- oder Modelbranche, als unser Wirtschaftssystem, iTunes und die zahlreichen Modelabels dieser Welt jemals verkraften könnten. Werden wir irgendwann in naher Zukunft Opfer unserer Visionen, unserer eigenen Psyche, unserer Definition von Glück?

Und damit sind wir auch schon beim Thema des Buches angelangt: Wie werden wir glücklich und erfolgreich? Ich lade dich ein in meine Lebensgeschichte, um dir Mut zu machen!

Deine Voraussetzungen für die Umsetzung deiner Visionen, Träume und Ideen sind nicht gut? – Mach es TROTZDEM!
Du bist anders? – Mach es TROTZDEM!
Andere sagen: „Das geht nicht"? – Mach es TROTZDEM!
So wie ich.

Als Tochter einer Deutschen und eines Tunesiers wuchs ich in einer Zeit auf, in der die Fußballstadien noch nicht mit den heute allgegenwärtigen „No to racism"-Transparenten zugekleistert waren.

Schon im Kindergarten gab man mir das Gefühl, weniger wert zu sein als andere Kinder. „Ben Said, du Bastard. Du bist kein Kind Gottes", fuhr mich einmal eine Nonne in einer Kirche an. Da war ich gerade mal fünf Jahre alt, dennoch hat sich dieses Erlebnis eingebrannt und mich nachhaltig geprägt. Immer und überall begegneten mir Vorurteile, oft stieß ich auf Ablehnung. In der Grundschule wollte niemand neben mir sitzen, im Gymnasium wurde gar ein Anti-Ben-Said-Club gegründet.

Mein Lehrer skandierte mir gegenüber schon sehr früh die Parole „einmal Gosse, immer Gosse" – und das leider auch vor versammelter Klasse. Pädagogisch sehr wertvoll, und so brannte sich dieser Stempel schon sehr früh in meine Seele ein. Meine Mitschüler mieden mich als Konsequenz wie der Teufel das Weihwasser; das Leben einer Einzelgängerin war für mich unwiderruflich vorbestimmt. Jeder Psychologe wird anhand zahlreicher Studien beweisen können, dass solche Seelen für alle Zeiten dazu verdammt sind, ein Leben ohne einen Hauch von Selbstbewusstsein zu führen.

Oder aber zu explodieren. Und genau dafür habe ich mich eines Tages entschieden. Warum das aus heutiger Sicht richtig war und welche psychologischen Hürden zu nehmen waren, davon erzähle ich dir!

Heute bin ich Unternehmerin. Ich spreche auf 200 Veranstaltungen pro Jahr. Ich habe 17 Mitarbeiter und einen drei Hektar großen Hof mit vielen Tieren, auf dem ich lebe, arbeite und auf dem Seminare und Coachings abgehalten werden. Und ich habe den tollsten Mann der Welt. Dass sich mein Leben so positiv entwickelt, hat niemand erwartet. Am wenigsten wohl ich selbst.

Tatsächlich hatte ich lange große Selbstzweifel. Ich fühlte mich minderwertig und verwandte den Großteil meiner Energie darauf so zu sein wie die anderen. Ich stellte mich mit dem deutschen Nachnamen meiner Großmutter vor. Wurde Grufti oder Punk, nur um irgendwo dazuzugehören.

Tief in meinem Inneren aber war da ein rebellisches Ich, das sich immer wieder Bahn brach. Und langsam, ganz langsam wuchs in mir die Erkenntnis, dass es gar nicht schlimm war, anders zu ein. Mehr noch: Dass ich mein Anderssein nutzen konnte!

In einem 15 Quadratmeter großen Kellerbüro wurde ich mit „Ben Said Coaching" zur Unternehmerin. Um Kunden zu gewinnen, stand ich schon mal mit einem Infostand im Lebensmittelladen neben der Gemüsetheke. Meine vermeintliche Bürde machte ich zum Motto und zur Maxime: Daniela A. Ben Said. Unerwartet. Überraschend. Anders.

Wie viele Menschen träumen den Traum, ein anderes Leben zu führen? Wie viele Menschen träumen davon, einen anderen Beruf auszuüben, einen, der sie endlich glücklich macht? Die Leidenschaft zum Beruf zu machen, endlich selbstständig zu sein, keine Vorgesetzten mehr zu haben, die Befehle erteilen: All das hat auch eine dunkle Seite. Denn ab sofort heißt es, Entscheidungen allein zu treffen. Und es heißt gleichzeitig, Probleme allein zu lösen – die kleinen wie die großen. Nach dem Lösen der Probleme, der lästigen Buchführung und den Stunden im Stau auf dem Weg zum Kundengespräch bleibt ein Zeitanteil von rund 30 Prozent für das gelebte Hobby. Reicht dir das?

Wer seinen Traum wahr machen möchte, sollte den Wechsel frühzeitig von allen Seiten beleuchten.
Dreidimensional. Und vergiss die Zeit nicht! Denn die Einflüsse, die nach dem Wechsel von außen auf uns einwirken werden, sollten wir nicht unterschätzen. Das Vorhaben gelingt nur, wenn wir es schaffen, diese Einflüsse nüchtern zu bewerten. Die Medien haben uns beispielsweise so oft die Erfolgsstory von Steve Jobs gepredigt, dass ein Programmierer glaubt, eine Idee und eine Garage seien alles, was er braucht, um im Bereich Technologie erfolgreich zu sein. Doch noch einmal: Niemand wird eine Entscheidung treffen können, die frei von äußeren Einflüssen ist. Denn sobald man seine Gedanken kundtut, wird das direkte Umfeld reagieren und die Diskussion mit gutgemeinten Ratschlägen eröffnen.

Wer bereit ist, bei Einkommen und Status Abstriche hinzunehmen, hat die erste Hürde bereits genommen. Das, was die meisten jedoch falsch einschätzen, sind die Folgen des Scheiterns: Wie geht man mit Spott und Schuldzuweisungen um? Gibt es einen Plan B für das Worst-Case-Szenario? Sind die Türen für den Weg zurück für immer verschlossen?

Viele glauben, dass alles, was sie verdienen, irgendwann kommt, wenn sie nur lange genug darauf warten. Manche erheben Geduld zur Religion. Da sollen wir als Kleinkinder artig abwarten, bis wir an der Reihe sind, da schmücken sich Politiker mit ihrer „Politik der ruhigen Hand".

Ich sage dir: Nur mit Geduld wäre ich nicht weitergekommen. Meine ständige Ungeduld, mein Wille, etwas zu schaffen und auch mein Trotz haben mich weit nach vorne gebracht.

Quintessenz: Es leben die Ungeduld, der Ehrgeiz, die Neugierde. Mache große Pläne und verfolge sie mit Nachdruck. Lass dich nicht abspeisen und nicht vertrösten. Warte nicht auf den richtigen Zeitpunkt, sondern schaffe ihn dir.

Ja, plane Schwierigkeiten mit ein. Sie kommen! Und meist alle zusammen. DANN brauchst du Geduld und Vertrauen. Vertrauen darauf, dass alles zum richtigen Zeitpunkt kommt. Du weißt doch:

„Am Ende wird alles gut und wenn es noch nicht gut ist – ist es noch nicht das Ende!" Oscar Wilde

Ich habe so viele Fehler gemacht und unendliche Firmenkrisen erlebt.
Im Jahr 2001 wollte ich mich professioneller aufstellen mit einem neuen Namen für mein Unternehmen. Ben Said Coaching schien mir zu profan. Eine Werbeagentur schlug „Quo vadis" vor und ich steckte mein gesamtes Erspartes in die Gestaltung und den Druck neuen Briefpapiers, neuer Visitenkarten und so weiter. Als ich damit an die Öffentlichkeit ging, bekam ich kurze Zeit später Post von einem Teppichhändler aus Leipzig, der sich den Namen „Quo vadis" für Ausbildungen bereits gesichert hatte. Geld für einen Anwalt hatte ich keines, für eine Umfirmierung erst recht nicht und ein befreundeter Jurastudent riet mir, die Unterlassungserklärung zu unterschreiben und erst mal im Kleinen hier so weiter zu machen – das bekäme der Teppichhändler doch gar nicht mit. Zwei Monate nach Unterzeichnung rief eine vermeintliche Interessentin an und bat um ein Angebot. Hochmotiviert sandte ich meine „Quo vadis"-Unterlagen dorthin! Um es kurz zu machen: Es war die Sekretärin des Teppichhändlers, der mich testen wollte, ob ich mich an die unterschriebene Unterlassungserklärung auch halten würde. Die Strafe: 150.000,00 Euro. Meine Insolvenz vor Augen besann ich mich auf meine Fähigkeiten im Kon-

flikt- und Krisenmanagement. Ich rief also den Händler persönlich an. Er ließ sich auf 10.000,00 Euro herunterhandeln. Weil ich auch diese Summe nicht besaß, stürzte ich mich mit Adressen aus den „Gelben Seiten" in die Kaltakquise. Nach 147 Absagen buchte mich ein Startup-Unternehmen für 15.000,00 Euro. Da waren sie, die 10.000,00 Euro für den Händler und 5.000,00 Euro für neue Geschäftsunterlagen waren auch noch übrig.

Diese unselige Geschichte brachte mich an den Rand des Abgrunds, doch eben nur an den Rand.

Sind Krisen gleichbedeutend mit Katastrophen? Betrachtet man die Herkunft des Wortes, lautet die Antwort klar „nein". Der altgriechische Begriff „krísis" bedeutet nichts anderes als „Beurteilung" und „Entscheidung". Krisen sind demnach nicht an und für sich etwas Negatives. Die alten Griechen verstanden sie vielmehr als eine Art Zuspitzung, als Moment, in dem Entscheidungen getroffen, Probleme gemeistert und Hürden überwunden werden müssen. Jeder Mensch erlebt in seiner persönlichen Entwicklung derart „kritische" Zeiten: Scheidewege, prägende Erlebnisse, Trennungen, Verluste, Überforderungen. Krisen sind Bestandteil des Lebens.

Die Frage ist nur: Wie gehen wir damit um?

> *„Aus Krisen erwachsen auch immer neue Kräfte"*

hat die ehemalige Bundesministerin für Jugend, Familie und Gesundheit und Präsidentin des Deutschen Bundestages Rita Süssmuth einmal gesagt. Und formuliert damit, was Experten schon lange vermuten: Krisen sind wichtig für unsere Weiterentwicklung. Und haben wir sie überwunden, gehen wir in der Regel gestärkt aus ihnen hervor. Für jemanden, der gerade mitten im Schlamassel steckt, vielleicht kein hilfreicher, aber zumindest ein tröstlicher Gedanke.

Auch wenn jeder Verlauf sich ein wenig anders gestaltet: In der Regel durchlaufen Krisen vier verschiedene Phasen. Anfangs wollen wir die Krise nicht wahrhaben, wir leugnen und verweigern uns den Veränderungen. In der zweiten Phase lässt sich die Krise nicht mehr deckeln. Es ist die Zeit der großen Gefühle. Wut und Angst erfassen uns. Wir hadern, schimpfen und fühlen uns doch ohnmächtig und hilflos in Anbetracht der Probleme, denen wir nun gegenüberstehen. In der dritten Phase werden wir langsam wieder aktiver. Es beginnt die Zeit der Neuorientierung. Wir suchen nach Auswegen, nach Lösungsmöglichkeiten. Wir treffen Entscheidungen. Erst in der vierten und letzten Phase pendeln wir uns langsam wieder ein, finden ein neues Gleichgewicht. Am Ende dieser Phase können wir – vielleicht schon mit etwas Abstand – auch die guten Seiten der Situation sehen.

Ich habe damals gelernt:
1. Ich beherrsche Kaltakquise.
2. Durchhalten bringt Erfolg.
3. Aus Fehlern kann ich lernen.
4. Mache keinen Fehler zweimal.

Für dich: Nutze schwierige Zeiten, um alles auf den Prüfstand zu stellen.
Der Verlust eines nahestehenden Menschen, eine Krankheit, eine Trennung, eine Kündigung – es gibt ganz unterschiedliche Auslöser für persönliche Krisen. Manchmal ist es einfach der Eintritt in eine neue Lebensphase, die uns bisherige Ziele, Beziehungen, Rollen und Werte auf den Prüfstand stellen lässt.

Problematisch ist nicht die Krise an und für sich. Problematisch ist es nur, wenn wir in den ersten beiden Phasen steckenbleiben, uns Veränderungen nachhaltig verweigern und unsere Gefühle nicht konstruktiv kanalisieren können. Wir es eben nicht schaffen, uns nach einer Zeit der Angst, Wut und Trauer neu zu orientieren.

Die zentrale Frage lautet also: Verharren wir in der Opferrolle? Bleiben wir passiv oder werden wir wieder zu Akteuren unseres Lebens. Bewältigungskompetenz nennen Fachleute die Eigenschaft, Probleme zu überwinden.
Das kann folgendermaßen aussehen:

- Analysiere: Was läuft gerade falsch? Was genau ist das Problem? Welchen Anteil habe ich selbst an der Situation? Muss ich meine bisherigen Ziele überdenken?

- Besinne dich auf das Wesentliche: Was und wer ist mir wirklich wichtig? Was kann, was muss ich ändern? Auf welche Stärken kann ich bauen?

- Justiere dich neu: Was sind meine (neuen) Ziele? Welche Etappen muss ich auf dem Weg meistern? Welche Grenzen muss ich ziehen? Was muss ich loslassen um voranzukommen?

Manche Menschen gehen den Weg allein, andere suchen sich (professionelle) Unterstützung dabei. Die Ergebnisse einer Krise können dabei durchaus positiv sein: Wir haben gelernt, mehr auf unsere Gesundheit zu achten. Wir haben erfahren, dass unser Partner zu uns hält, auch in schwierigen Zeiten. Wir haben unsere innere Stärke kennengelernt. Wir teilen unsere Zeit besser ein und so weiter.

Zusammenfassend lässt sich sagen: Um an einer Krise zu wachsen, müssen wir lernen, sie anzunehmen und als Chance zu sehen. Wie hat es der Schweizer Schriftsteller Max Frisch einmal so schön formuliert:

„*Eine Krise ist ein produktiver Zustand Man muss ihr nur den Beigeschmack der Katastrophe nehmen.*"

Ich wünsche dir viel Kraft und Energie. Glaube an dich und vertraue deinen Fähigkeiten. Wenn du dann doch an dir zweifelst (das passiert auch mir immer und immer wieder), suche dir Menschen, die an dich glauben und dich an deine Fähigkeiten erinnern!

MEINE DREAMPIONS EMPFEHLUNGEN

Plane die Umsetzung deines Traumes. Betrachte auch die Option des Scheiterns.
Überlege dir genau, was auf dich zukommt und wie du darauf reagieren willst. Wie gehst du damit um, wenn dein Plan nicht aufgeht? Wenn du dein persönliches Worst-Case-Szenario kennst, kannst du auch dafür planen. Das verschafft neue Perspektiven. Und mit einem Plan B schläft es sich besser.

Gib Gas wenn du erfolgreich sein willst.
Wenn du geduldig darauf wartest, dass andere auf dich zukommen, kommst du nicht weit. Wer Großes erreichen will, braucht Ehrgeiz, Energie und Ungeduld. Egal wo du heute stehst – setz dir Ziele, die dich wirklich begeistern und arbeite mit voller Kraft daran, sie zu erreichen. Ich habe bis zu meinem ersten großen Auftrag 148 Anläufe gebraucht.

Trau dich, anders zu sein.
Mein Infostand im Lebensmittelladen war ungewöhnlich. Aber er ist aufgefallen. Ich versuche seitdem bewusst, anders an Dinge heranzugehen als andere – im Vertrieb, bei Vorträgen, im Coaching... Was du tust, muss nicht allen gefallen. Aber wenn du anders bist, erinnern sich die Leute an dich und du stichst aus der Masse hervor.

Nutze Krisen als Chance.
Wenn du die vier Phasen einer Krise vor Augen hast, kannst du schneller wieder aktiv werden. Egal wie schwierig eine Situation ist – konzentriere dich auf deine Stärken und suche nach Lösungen. Und nutze die Chancen aus Krisen zu lernen. So machst du keinen Fehler zweimal.

Bleib dran und wachse mit deinem Traum.
In der Anfangsphase ist alles neu, täglich sammelst du neue Erfahrungen. Wenn der Traum langsam Wirklichkeit wird und wächst, ändern sich die Herausforderungen. Um der Verantwortung für 17 Mitarbeiter und viele Tiere auf meinem Bauernhof gerecht zu werden, lerne ich ständig neue Dinge. So kann ich weitere Träume, wie meine Initiative für benachteiligte Jugendliche, verwirklichen. Zurücklehnen ist keine Option. Es lohnt sich, dranzubleiben!

Ben Hadamovsky verkaufte allen Besitz in Deutschland, um mit seiner Frau und seinen zwei Kindern auf einem kleinen Boot um die Welt zu segeln. In seinem Artikel beschreibt er die Auslöser und unerwarteten Abenteuer der insgesamt 5 Jahre dauernden Traumreise. Die Erfahrungen der Reise haben ihn am Ende seinem eigentlichen Lebenstraum näher gebracht.

Ben Hadamovsky
IMMER NUR VORWÄRTS SEGELN - EIN FAMILIENABENTEUER

„Was hat dich dazu bewogen, dir deinen Traum von einer Weltumsegelung zu erfüllen?", werde ich oft gefragt, wenn ich irgendwo in Deutschland einen Vortrag über dieses Abenteuer halte. Und ebenso oft antworte ich darauf: „Das war kein Traum. Es war mehr so eine fixe Idee, eine von denen, die Nebel am Horizont gleichen. Völlig irrational. Mein eigentlicher Traum war, anders zu leben."

Dann stehe ich da, dutzende Augenpaare auf mich gerichtet, und ich höre das verwirrte Gemurmel einiger Anwesender, die nicht nachvollziehen können, dass wir etwas so Verrücktes getan haben, obwohl wir es gar nicht wirklich geplant hatten, obwohl es nicht der Traum per se war. Und ich möchte den Menschen erklären, wie es dazu kam und dass es genau so perfekt war. Ich möchte sie ermutigen, es mir gleich zu tun, ihnen auch Erfüllung ermöglichen. Also fange ich an zu erzählen.

Unzufrieden mit mir und der Welt
Eigentlich ging es uns ja gut. Ich war freiberuflicher Bauleiter und Farbdesigner, verdiente nicht schlecht, und meine Frau Carola war zu Hause bei den Kindern. Wir waren abgesichert, hatten eine Eigentumswohnung, eine nette Summe Erspartes. Doch plötzlich kam 2004 die Krise in der Baubranche und ich war gezwungen, wochenlang zu Hause herumzusitzen. Nicht arbeiten zu dürfen, obwohl ich eigentlich wollte – das hatte ich in der Form noch nicht erlebt. Die Situation war wie eine Krankheit für mich. Ich hing ohne Aussicht auf baldige Besserung daheim, mein Ärger wuchs von Tag zu Tag und damit auch Carolas Unzufriedenheit. Wir zweifelten auf einmal alles an:

- den hohen Konsumstandard, den man leben sollte, wenn man Geld besaß,
- den westlichen Lebensstil mit seiner Unfähigkeit, in irgendeiner Weise Nachhaltigkeit zu leben,
- die Gesellschaftsform, in die wir hineingewachsen waren und in die auch unsere Kinder hineinwachsen sollten,
- den Sinn von Arbeit, nur um Geld zu verdienen,
- den äußeren Zwang, für das Alter vorsorgen zu müssen anstatt in der Gegenwart zu leben.

Was wäre, wenn ...
Wir entwickelten ein Grund-Unbehagen mit unserem Dasein, und unsere täglich wachsende Frustration brachte uns schließlich dazu, eine sogenannte Zukunfts-Werkstatt auszuprobieren. In dieser Übung nimmt man sich ein paar Stunden Zeit und spinnt ein wenig herum, was man gerne machen würde, wenn es keine ‚Hindernisse' wie Arbeit, Geld, Kinder, Verwandte und Vernunft gäbe. Was, wenn auf einmal alle Konventionen und Erwartungen an mich als guten Familienvater und als guten Deutschen wegfielen? Was, wenn ich tun könnte, was immer ich wollte? Was wäre mein existenzieller Impuls? Was wäre der Wunsch meiner Frau?

Als wir genug in uns hineingehorcht hatten, stellten wir uns gegenseitig unseren Traum vor: Carolas Vorstellung war ein Leben auf dem Bauernhof, nicht als klassische Bauern, sondern auf einem schönen Hof in ländlicher Umgebung und zusammen als Familie. Meine Arbeit hatte mich bisher dazu gezwungen, ständig auf Montage unterwegs zu sein, teils kam ich nur alle zwei Wochen zu einem verlängerten Wochenende nach Hause. Und dann musste Familie auf Knopfdruck funktionieren. Ihr Traum war, dass ich täglich anwesend und ansprechbar sein könnte, dass wir beide Zeit für die Kinder hätten.

Mein Traum dagegen war weniger konkret. Schon immer hatte ich mich auf dem Meer besonders wohl gefühlt, mochte die Weite um mich herum, die Nähe zur Natur. Mein Vater besaß ein Boot, und ich konnte mir nichts Schöneres vorstellen, als ein eigenes Schiff zu besitzen. Einfach losfahren, in eine Richtung, nicht beim Start schon ans Umkehren in drei Wochen denken müssen. Bloß vorwärts für eine lange Zeit. Eine sehr lange Zeit. Aber ich wusste, dass dieser Traum nicht durchführbar war. Er war irrational und einfach an zu viele Bedingungen gebunden.

Die Entscheidung für das Irrationale
Carola sah das anders. Sie hatte mir schon eine Weile dabei zugesehen, wie ich immer tiefer in meiner Unzufriedenheit und meiner depressiven Stimmung versank. Deshalb machte sie Nägel mit Köpfen.

„Der Bauernhof läuft nicht weg", sagte sie. „Lass uns segeln gehen. Eine Auszeit mit den Kindern nehmen."

Ich war völlig perplex. Da saß sie, meine wundervolle Frau, und beschloss, dass es das Beste wäre, wir würden dieser komplett wahnsinnigen Idee Raum geben: Wir verkaufen die Wohnung, das Auto, die Möbel – einfach alles, was wir nicht auf der Reise brauchen. Dann nehmen wir das Geld, kaufen ein Schiff und versegeln den Rest.

> *Wir verbringen Zeit miteinander, leben als Familie zusammen.*

Das klang so verlockend. Und weil es so verlockend klang und Carola von Anfang an mitzog, setzten wir diesen Traum schließlich in die Tat um.

Abschied vom Ballast – in vielerlei Hinsicht
Nachdem die Entscheidung getroffen war, ging es los: Wir verkauften Spielsachen, Elektrogeräte, überflüssige Kleidung. Danach das Auto, die ersten Möbel. Es war ein komisches Gefühl, sich von so vielen Dingen auf einmal zu trennen, und zum Teil auch ein wenig beängstigend.

Doch je mehr wir loswurden, desto mehr stellte sich eine gewisse Hochstimmung bei uns ein. Es war eine solch befreiende Erfahrung, sich nicht mehr von all dem weltlichen Hab und Gut bestimmen und definieren zu lassen. Mit jedem Teil, das wir veräußert hatten, ging es uns besser. Obendrein mussten wir ja auch radikal reduzieren. Auf ein knapp 10 Meter großes Boot passt einfach keine Wohnungseinrichtung mitsamt Waschmaschine, Spielzeug und was sonst noch alles in unsere damaligen vier Wände gepfercht war. Wir mussten lernen, uns einzuschränken, und zwar extrem.

Zwei Jahre hatten wir uns Zeit gegeben, um den Haushalt aufzulösen, ein Schiff zu kaufen und uns klar zu werden, wo genau wir eigentlich hinwollten. Wir waren voll freudiger Erwartung, hatten sozusagen „Blut geleckt" und erzählten natürlich nach und nach den nächsten Angehörigen von unserem Plan. Und da tauchten sie auf, die ersten wirklich großen Hindernisse.

Gegenwind erfordert auch an Land besondere Anstrengungen

Wir hatten mit positiven Rückmeldungen gerechnet, mit einer ähnlichen Begeisterung, wie wir sie angesichts unserer Zukunft empfanden. Immerhin hatte uns die Entscheidung einiges an Mut abverlangt. Doch die Reaktionen, die wir erhielten, nahmen uns im wahrsten Sinne des Wortes den Wind aus den Segeln. Von einer „Katastrophe" war da die Rede, von egozentrischem, unverantwortlichem Verhalten gegenüber anderen. Wir würden die Kinder entwurzeln, sie den Familien entreißen und sie unmenschlichen Gefahren aussetzen.

Manche fühlten sich provoziert, in ihrem Lebensbild und ihrer Lebensweise kritisiert. Wir stellten deren Vorstellungen von Realität und Normalität infrage, und darauf reagierten sie mit Angst und Ablehnung.

Ganz wenige boten ihre Hilfe an und zeigten die Begeisterung, die wir erwartet hatten und die wir gerade jetzt so dringend benötigten. Mein Vater war sogar richtig neidisch. Er ist Arzt und hat mir die Liebe zum Meer und die Lust am Segeln vererbt. Sein Traum war es immer, einmal solch große Segeltouren angehen zu können. Allerdings war er derart fest verankert in seinen starren Strukturen, für ihn war es bereits harte Arbeit, sich drei Wochen im Jahr für diese Leidenschaft freischaufeln zu können. Dass Carola und ich diesen Schritt nun einfach wagen würden, das imponierte ihm schon sehr.

Zwei Jahre hatten wir also angesetzt – und merkten bereits nach ein paar Wochen, dass wir dem Druck nicht standhalten würden. Vor allem mir gingen die negative Einstellung und die Kritik von nahezu allen Seiten ordentlich an die Substanz. Wir traten die Flucht nach vorne an und nach nur 13 Monaten Vorbereitungszeit legten wir ab.

Das Abenteuer beginnt

Wir segelten ab Bremen, zu viert auf zehn Metern Schiff. Nils, unser Sohn, war gerade drei Jahre alt, unsere Tochter Lisa eineinhalb. Sie hatten nicht die geringsten Bedenken, ihr Zuhause gegen ein neues einzutauschen, ihre großen Zimmer gegen ein schaukelndes Boot. „Lasse" nannten wir das gute Stück und es brachte uns sicher nach Portugal. Dort verbrachten wir den ersten Winter und lernten mühsam, uns an den doch sehr umständlichen Alltag auf einem kleinen Segelboot zu gewöhnen.

Unterwegs merkten wir schnell, dass uns das vorherige Abspecken von weltlichen Gütern nun sehr viel Nutzen brachte, denn das Leben auf diesem kleinen Schiff glich einem Leben auf einem anderen Planeten. Wenn man zu viel mitnahm, büßte man die Seetüchtigkeit ein. Die Erde funktioniert im großen Maßstab ja genauso: Sobald eine gewisse Kapazität an Bewohnern überschritten ist, nehmen die Ressourcen schneller ab, als man sie ersetzen kann. Der Planet ist zu voll und läuft mit der Zeit leer. Auf einem Boot holt einen diese Realität nur sehr viel zügiger ein. Auf einmal musst du berechnen, wie lange der Wassertank für vier Personen hält beziehungsweise wie viel jeder pro Tag höchstens verbrauchen darf. Du musst die Nahrungsmittel kalkulieren, darfst keine schnell verderblichen Speisen mitnehmen und nichts, das kompliziert in der Zubereitung ist. Und plötzlich ereilt dich die Erkenntnis, wie bedeutsam gerade diese endlichen Ressourcen tatsächlich sind.

> *„Du fragst dich: Was ist wirklich wichtig für meine Familie und mich? Was brauchen wir überhaupt?"*

Es führt eine so grundlegende Veränderung in deinem Verhalten herbei, dass es dir nach drei Wochen auf hoher See nicht einmal im Traum einfallen würde, eine braune Banane wegzuwerfen. Wir schufen unseren eigenen kleinen Mikrokosmos und mussten ihn erhalten.

Und jetzt?
Wie erwähnt, waren wir nicht mit dem Ziel vor Augen losgefahren, die Welt zu umsegeln. Der Plan lautete: Wir haben zwei Jahre Zeit und schauen einfach, wo wir landen, und bleiben, wo es uns gefällt. Nachdem wir den Winter an der Algarve verbracht hatten und im folgenden Sommer zu den Kanaren weitergesegelt waren, kam die Frage auf: Was machen wir jetzt? Zurück wollten wir nicht, also blieb nur vorwärts. Und vorwärts hieß in diesem Fall, die Fahrt über den Atlantik zu wagen.

Über den Atlantik segeln. Drei Wochen Wasser ohne Ende. Keine Möglichkeit, irgendwo an Land zu gehen. Keine Möglichkeit für Privatsphäre auf den 10 Metern Boot. Von jetzt auf gleich sollte ich der perfekte Familienvater sein, wo ich das doch die Jahre zuvor höchstens an den Wochenenden gelebt hatte. Aber das war nicht die einzige Angst, die mich plagte. Was, wenn etwas mit dem Schiff passiert, wir in Stürme geraten, auf Treibgut laufen, ernstlich krank werden?

Und dann war da noch diese inoffizielle Statistik, die besagt, dass bei 50% der Paare, die von den Kanaren in die Karibik segeln, die Frau sofort nach der

Ankunft in den nächsten Flieger Richtung Heimat steigt und der Mann allein weitersegelt. 25% Prozent der Paare steigen zusammen in das nächstbeste Flugzeug nachhause und verkaufen ihr Schiff (Mein Tipp: kauft euer Boot in der Karibik von solchen Leuten!). Bloß die restlichen 25% überstehen diesen enormen Härtetest und segeln gemeinsam weiter.

Trotz aller Ängste und Zweifel entschlossen wir uns, dieses scheinbare Hochrisiko-Unternehmen anzugehen.

3 Wochen Atlantik – Eigene Fantasie ersetzt externe Unterhaltung

Die drei Tage Seekrankheit zu Beginn überspringe ich und lande gleich bei der größten Überraschung der Atlantiküberquerung: unseren Kindern.

Natürlich wurde ihnen schnell langweilig, immerhin waren sie es gewohnt, abgelenkt zu werden. Wenn sie zu Hause einmal nicht wussten, was sie tun sollten, wurde ein neues Spielzeug aus der Kiste gekramt, ein anderes Buch geholt. Auf dem Boot waren die Möglichkeiten mehr als begrenzt. Ein Teil der Lösung waren die Fortsetzungsgeschichten, welche sich Carola Tag für Tag ausdachte. Das hat Carola die ganzen 5 Jahre lang gemacht und es hat nie seinen Reiz verloren! Geschichten erfinden und erzählen, das wurde auch bei den Kindern zu einer beliebten Tätigkeit.

Zudem wurde durch die Beschränkung eine schier unerschöpfliche Fantasie freigesetzt. Man langweilt sich eben maximal 30 Minuten. Dann wird das so langweilig, dass einem doch noch eine neue Idee kommt. Die unscheinbarsten Hilfsmittel oder Dinge des alltäglichen Lebens wurden zu Spielzeug, mit dem sie sich stundenlang beschäftigen konnten. Muscheln, Stöckchen, Sand – alles erhielt im Spiel eine neue Dimension, und nicht selten am nächsten Tag wieder eine völlig andere. Die Langeweile führte zu einem Einfallsreichtum, der meine Frau und mich zum Staunen brachte, und wir verstanden: Sie war eine Chance für die Kinder, eigene Impulse zu entwickeln, ja, die Kinder hatten in gewisser Form ein Recht auf diese Langeweile! Sie war kein Versagen von uns Eltern, sondern vielmehr eine Grundvoraussetzung für Kreativität. Viel Neues kam in diesen 21 Tagen auf offener See in die Welt, das allein durch die Kraft der Fantasie geschaffen worden war. Ohne die nervtötende Langeweile wäre das kaum möglich gewesen.

Trotz dieser Entdeckung war ich froh, nach über drei Wochen endlich Land am Horizont erkennen zu können. Ich wusste, wir hatten einen gewaltigen Ozean überquert. Auf einmal hatten fester Boden unter den Füßen und – nach all dem Blau – die Farbe Grün eine ganz andere Bedeutung bekommen. Dieses Ankommen war einer der emotionalsten Momente dieser Reise.

Unsere ganz persönliche Antwort auf die Statistik der Atlantiksegler war übrigens eindeutig: Als ich Carola und die Kinder kurz vor dem Landfall auf Martinique fragte, ob wir denn jetzt das Schiff verkaufen sollten, um endlich nach Hause zu fliegen, ertönte lautes Protestgeheul. Von den Kindern kam es:

> *Wir wollen nie mehr zurück an Land!*

Carola war etwas realistischer, aber auch sie meinte, dass wir jetzt doch gut nach Neuseeland weitersegeln könnten. So entstand sozusagen in Etappen letztlich eine Weltumseglung. Unterstützt wurde das durch die Erfahrung, dass wir deutlich weniger Geld benötigten, als wir ursprünglich gedacht hatten und so unser Budget auf fünf Jahre strecken konnten.

Volle Fahrt voraus statt Rückwärtsgang
Wir fuhren weiter, vorbei an Panama auf die wunderschönen Galapagos-Inseln, wo der Motor unseres treuen Lasse seinen Geist aufgab. Aber auch das war nur eine weitere wichtige Lektion für mich als typisch zurückhaltenden Deutschen: Ich war niemand, der gerne um Hilfe bat. Nun musste ich das allerdings tun, wenn unsere Reise nicht an diesem Punkt ihr Ende finden sollte. Also suchte ich mir Unterstützung, übers Satellitentelefon und vor Ort, und lernte, wie man einen Dieselmotor repariert. Nie hätte ich gedacht, dass ich so etwas einmal schaffen könnte.

Auf eines unserer Abenteuer hätten wir gerne verzichtet: Vor unserer Reise waren wir vor den Piraten in der Karibik gewarnt worden, durch deren Angriffe pro Jahr 4 bis 5 Menschen sterben. Auch im Golf von Aden gab es Piraten, allerdings konzentrierten sie sich auf große Frachter, kidnappten diese und erpressten damit hohe Lösegelder. Die Risiken in der Karibik hatten wir überstanden und wir waren uns ziemlich sicher, dass nun niemand unser kleines, bereits in die Jahre gekommenes Segelboot mit einem großen Frachter verwechseln würde. Als die Piraten dann aber hinter uns auftauchten, rutschte uns allen das Herz in die Hose. Und dort blieb es auch für die nächsten fünf Tage während unserer Fahrt durch den Golf. Zweimal tauchten sie auf und schienen zu überlegen, ob sie uns nicht doch überfallen sollten. Im Nachhinein gesehen hatten wir immenses Glück, denn nur zwei Wochen nach diesem Erlebnis wurde tatsächlich das erste Segelboot dort gekapert und bei der Befreiungsaktion durch die französische Marine kam sogar ein Mensch ums Leben.

Der Rückweg und die Gefahren der Zivilisation

Auf dem Rückweg durch das Mittelmeer wurden wir nochmals aufgehalten: Rein zufällig trafen wir durch widrige Winde auf eine griechische Insel, die auf unserer nicht sehr detaillierten Seekarte gar nicht verzeichnet war. Kastellorizo hieß das Kleinod, wir verliebten uns auf Anhieb und entschieden: „Hier bleiben wir erst einmal!" Nils und Lisa gingen zur Schule, Carola lernte von den Einheimischen alles über Kräuter und Gewürze und ich arbeitete als Tischler. Es war eine perfekte Zeit – und sie endete mit einem Knall.

Carola wollte eigentlich bloß ihre Eltern besuchen und verlor bei einer Routine-OP beinahe ihr Leben. In einem scheinbar so sicheren Krankenhaus in Deutschland. Wir waren 5 Jahre lang um die Welt gereist, hatten drei Wochen ununterbrochen auf See überstanden, kaputte Motoren und Piraten, und ausgerechnet zu Hause passierte dann so etwas. Da war der Beweis, dass die Jahre auf See kein Hochrisiko-Unternehmen gewesen waren. Auf See konnten wir alle Gefahren abschätzen, die aus der Natur oder der Technik des eigenen Schiffs entstanden, und sie mit ein wenig Vorsorge extrem minimieren. Bei einer OP allerdings gibt man sein Glück in die Hände anderer, man liefert sich aus. Wie übrigens auch auf der Autobahn. Nach meiner Einschätzung ist es riskanter mit dem Auto von Hamburg nach München zu fahren, als den Atlantik zu überqueren. Nur ist das eine eben normal und allgemein akzeptiert, während die Atlantiküberquerung als großes Abenteuer gilt.

Heute

Um zu der Bezeichnung „Traum" zurückzukommen: Heute versuche ich mehr, meinen Traum im Alltag zu leben. Seit unserer fünfjährigen Familienweltumsegelung träume ich davon, Menschen mit meiner Begeisterung für das einfache Leben auf einem Segelboot anzustecken. Jetzt biete ich Segelausflüge für Männer, Paare und Familien an, bei denen wir z.B. eine Woche in der dänischen Südsee verbringen. Die Schönheit und Kraft des Meeres lehrt mich auf jeder Reise neu Respekt und Demut vor den Elementen.

„Den sicheren Hafen zu verlassen setzt ungeahnte Fähigkeiten frei."

Jenseits der Komfortzone entdecken wir, dass wir weit mehr vermögen, als wir uns selbst zugetraut hatten. Diese Erfahrung möchte ich an möglichst viele Menschen weiter geben. Außerdem reise ich mit Vorträgen durch das Land, unter dem Vorwand, von unserer Weltumsegelung zu erzählen. Dabei versuche ich meine Zuhörer vielmehr zu ermutigen, ihre eigenen Träume so groß und wichtig werden zu lassen, dass ihre Freude und Lust an der Umsetzung größer wird als die Ängste davor.

MEINE DREAMPIONS EMPFEHLUNGEN

Nimm deine Träume ernst!
Du musst nicht die Menschheit retten. Folge deinen Träumen, bringe alle Kraft auf, die nötig ist, um dein Ziel zu erreichen. Wenn du selbst glücklich und erfüllt bist, hast du die Welt verändert!

Ein gesundes Maß an Information!
Gerade, wenn du so kritikanfällig und leicht aus der Fassung zu bringen bist wie ich, solltest du dich nicht zu sehr für alle Eventualitäten rüsten. Das Internet, deine Familie oder Freunde, jeder hat immer einen Grund vorzuweisen, warum nicht funktionieren kann, was du planst. Dabei kann alles funktionieren, wenn du die richtige Begeisterung mitbringst.

Lege die Angst ab, etwas falsch zu machen!
Habe keine Angst, Fehler zu begehen. Nur ein Narr lacht über Fehler, denn er ist zu feige überhaupt etwas zu versuchen. Fehler zu begehen, ist das normale Lebensrisiko und immer eine Chance neues zu lernen.

Lerne, mit entstehenden Konflikten konstruktiv umzugehen!
Auf engstem Raum entstehen zwangsläufig Probleme im Umgang miteinander. Wenn du ihnen aus dem Weg gehst, wirst du sie nie lösen können. Lass dich auf Konflikte ein, arbeite damit.

Stell dir die Frage: Was wäre heute wichtig, wenn ich morgen tot wäre?

Als Kind saß David Wolf vor dem Fernseher und schaute voller Bewunderung den Stars in der National Hockey League (NHL) zu. Im Alter von 25 Jahren durfte er selber in der besten Eishockey-Liga der Welt mitmischen. Der Weg dorthin war steinig. Der Angreifer musste mehreren Trainern beweisen, dass in ihm mehr steckt als nur ein Kämpfer für die vierte Reihe.

David Wolf (mit Oliver Jensen)
DER TRAUM VON DER NHL

Solange ich zurückdenken kann, stehe ich auf dem Eis. Mit zwei Jahren streifte ich mir erstmals Schlittschuhe über. Damals konnte ich noch nicht ahnen, wohin mich der Sport führen würde. Dabei war mein Weg ein wenig vorgezeichnet. Auch mein Vater Manfred Wolf war Eishockeyspieler und bei den Olympischen Winterspielen 1988 dabei. Witzigerweise in Calgary, wo ich mir gut 26 Jahre später den Traum von der NHL erfüllen konnte. Mit sieben oder acht Jahren realisierte ich, dass ich auf dem Eis vielleicht etwas besser bin als andere. Damals begann auch das Interesse am professionellen Eishockey. Ich sah mir nicht nur die Spiele in der Bundesliga an, sondern auch die Highlights aus der NHL. Mein Vater hatte ganz viele Kassetten von der Hockey Night in Kanada, die ich mir gerne ansah. Spieler wie Wayne Gretzky faszinierten mich. Damals sagte ich mir: Es ist mein Ziel, selber irgendwann in der stärksten Liga der Welt zu spielen. Ich kann rückblickend behaupten, dieses Ziel immer verfolgt und die Hoffnung nie aufgegeben zu haben.

Jede Trainingseinheit als Spiel sehen
Es war nicht einfach, mich bei den Jungadlern, dem Jugendteam des Mannheimer Bundesligisten, durchzusetzen. Das war ein ganz anderes Niveau und Tempo als bei meinem Verein zuvor. Dass ich dennoch im zweiten Jahr Leistungsträger wurde, hatte einen einfachen Grund: Ich arbeitete mehr als die anderen! Dass ich Talent hatte, war mir klar. Ansonsten wäre ich nicht aufgenommen worden. Ich wusste aber auch, dass ich gegenüber den Gleichaltrigen, die bereits im Jahr zuvor aufgenommen wurden, einiges aufzuholen hatte. Also machte ich direkt nach dem Eishockeytraining Krafttraining. Gerade auch in den Sommerferien, weil kurz danach die Saison begann. Auf dem Eis war mein Ehrgeiz ohnehin so groß, dass ich

immer über meine Grenzen ging. Ich sah wirklich jede Trainingseinheit als Spiel. Das mache ich heute noch so. Diese Einstellung brachte mich voran.

Ich kann rückblickend sagen: Nur die Spieler, die so eine Einstellung hatten, sind auch heute im Profi-Eishockey unterwegs. Andere Jungs, bei denen mit 15 oder 16 Jahren irgendwann die Mädchen und Partys ins Spiel kamen, haben es nicht so weit gebracht. Ich habe solche Dinge hintenan gestellt. Als ich das erste Mal richtig Alkohol trank, war ich knapp 18 Jahre alt. Die zweieinhalb Jahre zuvor hatte ich keine Party gemacht. Das Wichtige ist: Ich habe das nie als Verzicht empfunden. Eishockey hat mir so viel Spaß gemacht, dass ich an andere Dinge überhaupt nicht gedacht habe.

Crimmitschau war eine neue Welt
In der Saison 2007/2008, kurz vor meinem 18. Geburtstag, bin ich zum ETC Crimmitschau in die 2. Bundesliga gegangen. Das war keine einfache Zeit. Ich war etwa sieben Stunden von meiner Familie in Mannheim entfernt. Alles war neu für mich. Auch im Verein. Bei den Jungadlern wurde uns Nachwuchsspielern alles abgenommen. In Crimmitschau hingegen musste ich in der Kabine praktisch um jede Rolle Tape betteln. Immerhin lief es auf dem Eis gut – zumindest in der ersten Saison. Im zweiten Jahr gab es einen Trainerwechsel. Mit den neuen Trainern kam ich nicht zurecht. Sie wollten, dass ich die Rolle des Kämpfers übernehme. Ich sollte hart in die Zweikämpfe gehen und ordentlich herumtrommeln. Ich war unzufrieden mit dieser Rolle. Denn ich wusste, dass ich mehr kann. Ich habe gute Hände und hatte mich auch läuferisch immer weiterentwickelt. Glücklicherweise zeigte ich genau das, als wir gegen die Hannover Scorpions spielten. Eine Woche später meldete sich deren Trainer Hans Zach und bot mir einen Vertrag an.

Ich bin ein Mensch, der sich nie schnell zufrieden gibt. Als mir in Hannover mitgeteilt wurde, dass ich zunächst nur in der 2. Liga spielen sollte, nahm ich das als Ansporn, mich für die erste Mannschaft in der erstklassigen Deutschen Eishockey-Liga (DEL) zu empfehlen. Ich hatte wieder das gleiche Erfolgsrezept wie einige Jahre zuvor bei den Jungadlern in Mannheim: Einfach mehr arbeiten als andere. In der Saisonvorbereitung lieferte ich gute Leistungen ab, sodass ich direkt in der DEL zum Einsatz kam. Am Ende der Saison feierten wir den Titelgewinn. Es war der Wahnsinn! Ich war 20 Jahre alt und war bereits Deutscher Meister.

Leider folgt nach einem Hoch oft ein Tief. So war es auch diesmal. Der alte Trainer war plötzlich weg, ein neuer Trainer kam. Der neue Mann hinter der Bande war Toni Krinner. Und mit dem kam ich leider überhaupt nicht zurecht.

Ich erinnere mich, wie er mich einmal zu einem Gespräch ins Büro rief und sagte: "David, du wirst bei mir niemals die erste Geige spielen. Du wirst nie mehr als zehn Tore oder Vorlagen in einer Saison machen. Für mich bleibst du der Trommler." Nachdem ich die Saison zuvor so erfolgreich abgeschlossen hatte, war das ein echter Rückschlag. Ich bekam viel weniger Eiszeit als zuvor. Es gab nur eine Option: Ich musste erneut den Verein wechseln, um mich weiterentwickeln zu können. Diesmal fiel die Wahl auf die Hamburg Freezers.

Neuer Verein, alte Vorurteile

Ich kam mit breiter Brust nach Hamburg, war voller Selbstvertrauen und wollte nun wieder richtig angreifen. Und was geschah? Der damalige Trainer Benoit Laporte sagte mir das Gleiche wie Krinner zuvor in Hannover. Ich sollte wieder der Trommler sein und lediglich in der vierten Reihe spielen. Das bedeutet: Wenig Eiszeit, nicht die besten Mitspieler und wenig Gelegenheit, um spielerisch zu glänzen. Ich akzeptierte diese Rolle nie – weder in Hannover noch in Hamburg. Das war für meine Karriere ganz wichtig. Schließlich war es mein Ziel, von Deutschland aus in die NHL zu gelangen. Die amerikanischen Teams verpflichten niemanden, der nur ein harter Fighter ist. Man muss ein kompletter Eishockeyspieler sein, die Hände mitbringen, das Spielverständnis, den Torriecher, und man muss harte Checks fahren. All das wollte ich gut beherrschen. Nach jedem Training schnappte ich mir ein paar Pucks und arbeitete an meinem Schuss oder ging laufen. Da wären wir wieder bei der harten Arbeit. Ohne geht es einfach nicht. Das Ergebnis: Gemeinsam mit meinen Reihenpartnern Jerome Flaake und Garrett Festerling nahmen wir die Liga auseinander.

Meinen ersten Kontakt zur NHL hatte ich im Jahre 2012. Damals war ich zum Development Camp der Toronto Maple Leafs eingeladen. Das ist ein spezielles Trainingslager für junge Spieler. Konkret wurde es aber erst Ende 2013, als wir mit den Hamburg Freezers nach einem schwachen Saisonstart immer besser in Fahrt kamen. Über meinen Berater erfuhr ich, dass sich einige Scouts aus der NHL meine Spiele anschauten. Kurz darauf hatte ich ein Gespräch mit einem Scout der Calgary Flames. Später kamen weitere Scouts von anderen Vereinen hinzu. Letztendlich kam ich zu dem Entschluss, dass Calgary für mich am besten passte, weil es da gerade einen kleinen Umbruch gab. Ich unterschrieb dort einen Zwei-Wege-Vertrag. Das heißt: Fanden die Trainer mich gut, würde ich in der NHL spielen dürfen und dementsprechend bezahlt werden. Klappte es nicht, würde ich für die zweite Mannschaft in der zweitklassigen AHL spielen – und viel weniger Geld verdienen.

Glen Falls statt Calgary

Mein Gott war ich nervös, als das Trainingslager bei den Calgary Flames begann. Man muss sich vorstellen: Bei jeder Trainingseinheit standen oben hinter der Glasscheibe 30 Verantwortliche, die jeden Schritt von mir analysierten und notierten. Das kannte ich aus Deutschland nicht. Ich hatte zwar alles unternommen, um gut vorbereitet nach Kanada zu kommen. Ich hatte sogar die Saisonvorbereitung bei den Freezers absolviert, weil diese einen Monat früher begann. Ich war meinem Traum so nahe. Nichts wollte ich dem Zufall überlassen. Aber im Trainingscamp fand ich einfach nicht zu meinem Spiel. Zudem musste ich mich daran gewöhnen, dass die Eisfläche in Nordamerika kleiner ist als in Deutschland. Es war also keine Überraschung, als ich hinunter in die AHL geschickt wurde. Meine Aufgabe war es nun, mich mit guten Leistungen wieder für die NHL zu empfehlen.

Das Farmteam der Calgary Flames waren die Adirondack Flames. Ich befand mich nun in der amerikanischen Kleinstadt Glen Falls – weit weg von der Weltstadt Calgary, wo ich eigentlich spielen wollte. Das war eine ordentliche Umstellung. Statt vor 20.000 Zuschauern zu spielen, waren die Hallen in der AHL nur spärlich besucht. Statt komfortabel zu den Auswärtsspielen zu fliegen, waren wir per Bus unterwegs. Und das tagelang. Wir trainierten zum Beispiel morgens noch in Glen Falls, dann saßen wir tagsüber im Bus nach Utica und hatten abends ein Spiel. Den Tag darauf ging es weiter nach Rochester und dann nach Toronto. Wir saßen also ständig im Bus. Unser längster Road Trip ging über zehn Tage. Das ist schon sehr anstrengend. Zumal wir teilweise erst nachts um drei Uhr im Hotel ankamen, morgens wieder aufstehen mussten und dann am Abend ein Spiel hatten.

Die Saison begann mit einer Gehirnerschütterung

Auch sportlich hätte es besser laufen können. Ich verpasste den Saisonbeginn, weil ich mir eine Gehirnerschütterung zuzog. Als ich wieder zurückkam, steckte mich der Trainer in die vierte Reihe. Nicht unbedingt die beste Voraussetzung, um mich für die NHL zu empfehlen. Also ging ich in das Trainerzimmer und sagte: „Hör zu, ich weiß nicht, warum ihr mich verpflichtet habt, aber ich bin kein Spieler für die vierte Reihe. Wenn du mein bestes Eishockey sehen willst, musst du mich in eine der ersten beiden Reihen stecken." Zwei Wochen musste ich auf meine Gelegenheit warten. Als wir zwei Spiele in Folge verloren hatten und der Trainer etwas verändern musste, kam er meiner Bitte nach und stellte mich in die erste Reihe. Gleich im ersten Spiel erzielte ich zwei Tore – von diesem Zeitpunkt an ging es bergauf.

Dann kam der 24. Januar: Wir spielten gegen die Rochester Americans. Ich erzielte zwei Tore und wurde zum Star of the Game ernannt. Kurz nach Spielende wurde ich in das Büro gerufen. Der komplette Trainerstab der Adirondack Flames sowie ein Assistant Manager der Calgary Flames warteten auf mich und teilten mir mit, dass ich nun zurück zu den Calgary Flames in die NHL durfte. Ich musste fast weinen, als ich von der Berufung erfuhr. Beim 4:2 gegen die Edmonton Oilers wurde mein Traum vom NHL-Debüt Realität. Es war unbeschreiblich: 18.000 Zuschauer kamen zu dem kanadischen Derby. Plötzlich stand ich zwischen all den großen NHL-Spielern, die ich ansonsten nur von der Playstation kannte. Ich war voller Adrenalin. Und das Wichtigste war: Ich habe jedem bewiesen, dass ich in der NHL spielen kann.

Rückkehr nicht ausgeschlossen

Vier Spiele habe ich in der stärksten Liga der Welt absolviert – darunter war sogar ein Playoff-Spiel gegen die Anaheim Ducks. Ich hätte vermutlich noch mehr Einsätze bekommen, wären nicht einige Verletzte in die Mannschaft zurückgekehrt. Nach Saisonende lief mein Vertrag aus. Gerne hätte ich einen neuen NHL-Vertrag unterschrieben. Die Möglichkeit war vorhanden. Doch die Calgary Flames boten mir lediglich einen Zwei-Wege-Vertrag an. Das heißt: Es würde die Gefahr bestehen, dass ich wieder runter in die AHL geschickt wurde und dementsprechend wenig Geld verdiente. Das war mir zu unsicher. Es gab andere Teams, die mir einen Ein-Weg-Vertrag für die NHL anbieten wollten. Allerdings hätten die Calgary Flames dafür die Rechte an mir abgeben müssen. Und das taten sie nicht. Also kehrte ich zu den Hamburg Freezers zurück. Hier in Hamburg fühle ich mich sehr wohl. Dennoch kann ich meine Rückkehr in die NHL nie ganz ausschließen. Die NHL ist die NHL – that is the show. Jeder Eishockeyspieler möchte dort spielen. Ich habe nun das beruhigende Wissen, mir meinen Traum von der NHL erfüllt zu haben.

„Eishockey ist ein Männersport. Wenn du damit nicht klar kommst, geh zum Tennis." Bryan Marchment

MEINE DREAMPIONS EMPFEHLUNGEN

Wenn du hart arbeitest, wirst du am Ende des Tages belohnt.
Möchte man es weiter bringen als die anderen, muss man auch mehr arbeiten. Ich habe immer Sonderschichten eingelegt, um zum Beispiel als Jugendlicher Muskeln aufzubauen oder um später an meinem Schuss zu arbeiten.

Gehe deinen eigenen Weg.
Als ich aus dem Jugendalter heraus war, hätte ich bereits bei den Adlern Mannheim in der 1. Liga einen Vertrag unterschreiben können. Aber mir war klar, dass ich dort keine Einsätze erhalten würde. Daher ging ich den Umweg über die 2. Liga. Viele dachten, meine Karriere wäre bald vorbei, wenn ich zu einem erfolglosen Zweitligisten wie Crimmitschau ginge. Doch für mich war es die richtige Entscheidung. Dort konnte ich spielen und mich weiterentwickeln.

Man muss verzichten können.
Hätte ich in meiner Jugend Party gemacht oder mich ständig mit Mädchen beschäftigt, wäre ich vermutlich nie Profi geworden. Man muss entscheiden, was einem wichtiger ist. Bei mir stand Eishockey im Vordergrund.

Äußere deine Ansprüche.
Viele Trainer wollten mich in die Schublade des Trommlers stecken. Ich wusste immer, dass ich mehr kann. Wenn man seinen Fähigkeiten vertraut, muss man das äußern. Genau deshalb habe ich mit den jeweiligen Trainern das Gespräch gesucht. Ansonsten wäre ich ein Spieler in der vierten Reihe geblieben, der es nie in die NHL geschafft hätte. Wichtig ist allerdings, sich auch richtig einschätzen zu können. Wenn jemand hohe Ansprüche äußert, denen er nicht gerecht werden kann, macht er sich unbeliebt.

Glaube an deinen Traum.
Für mich steht der Glaube an erster Stelle. Das ist nicht nur im Eishockey und im Sport so, sondern in jedem Beruf. Du kannst alles schaffen, wenn du daran glaubst und hart arbeitest. Nur deshalb bin ich so weit gekommen.

Moritz Maurus war schon immer offen für besondere Erfahrungen. So entschied er sich auch nach den ersten Berufsjahren gegen ein weiterführendes Studium und für die praktische Erfahrung im Wachstumsmarkt China. In seinem Artikel beschreibt Moritz sein neues Leben im Reich der Mitte und warum sich seine Investition in die eigenen Fähigkeiten ausgezahlt hat.

Moritz Maurus
ANGEKOMMEN IM LAND DES LÄCHELNS UND DES WACHSTUM

„ *Besser auf neuen Wegen etwas stolpern als auf alten Pfaden auf der Stelle zu treten.* "

Dieses chinesische Sprichwort drückt sehr gut aus, weshalb ich mich damals entschieden habe, dem Reich der Mitte eine Chance zu geben. Das Wachstum des Landes ist überall spürbar, oftmals greifbar, und macht das Leben und Arbeiten in China sehr spannend. Gegensätze aller Art liegen eng beieinander, zwischen alter und moderner Kultur, zwischen traumhaften Landschaften und Umweltverschmutzung, zwischen pulsierenden globalen Metropolen und eher traditionellem Leben in anonymen Millionenstädten und Millionendörfern. Und auch sonst ist vieles anders in diesem riesigen Land, das meine Heimat Deutschland mehr als 26 mal in sich aufnehmen könnte. Seit über zehn Jahren lebe ich nun bereits in China, und noch immer ist kein Ende dieses Abenteuers in Sicht.

Unbefriedigender Stillstand
Normal war für mich schon als Kind oft gleichbedeutend mit langweilig. Seit ich denken kann, reise ich gerne und viel und nutze dabei Möglichkeiten, bei denen andere eher dankend den Kopf schütteln. Da ich Stillstand ungern ertrage, war es im Grunde nur eine Frage der Zeit, bis ich auch im Berufsleben wieder etwas wagen würde. Nach dem Studium hatte ich als Finanzmanager bei einem international tätigen Konzern in Frankfurt am Main begonnen. Die Arbeit machte mir Spaß, die Kollegen waren nett, aber nach einiger Zeit

wollte ich wieder neue Dinge lernen, mich weiterentwickeln. Zudem wollte ich mehr von der Welt sehen, denn ich fühlte mich zu jung, um jetzt schon an einem Ort in Deutschland für viele Jahre sesshaft zu werden. Nein, das wollte ich nicht. Zumindest noch nicht. Wenn eines Tages Frau und Kinder ein Thema sein würden, mochte ich das anders sehen. Doch ich war flexibel, begeisterungsfähig und die Welt rief nach mir.

Die Entscheidung wegzugehen hatte ich also schnell gefällt. Nur in welchem Rahmen, das blieb zunächst unklar. Ich hatte während meines Studiums bereits sechs Monate in Indien verbracht und konnte mir gut vorstellen, mich für ein paar Jahre dort niederzulassen. Doch leider gab es innerhalb unseres Konzerns auf absehbare Zeit keine Möglichkeit, nach Indien zu wechseln. Eine Alternative war ein Studium im Ausland zum Master of Business Administration, kurz MBA. Hier könnte ich in einer intensiven Lernzeit in kurzer Zeit mein Wissen über wirtschaftliche Zusammenhänge ausbauen. Der Kontakt aber auch die Konkurrenz zu den besten Studenten vieler Länder würde mich herausfordern und ich würde sehen, wie weit ich kommen konnte, wenn ich mich an meine Grenzen brachte. Doch kurz bevor ich mich wirklich intensiv mit dem Gedanken ‚zweites Studium' auseinandersetzte, erhielt ich das Angebot von meinem Chef, nach China zu gehen.

Abenteuerlust

China. Das klang nicht nur am ersten Tag, sondern auch noch am zweiten und dritten sehr verlockend. Ich wollte ja dorthin, wo Wachstum war, wo man am Puls der Zeit arbeiten konnte. All das bot mir dieses Angebot. Hilfreich war sicherlich, dass ich kurz zuvor mit Freunden eine Rucksack-Tour durch China gemacht hatte, mir das Land demnach nicht völlig fremd war.

Gut, dachte ich, dann mache ich das. Ich gehe für ein paar Jahre nach China. Aber ich wollte keinesfalls in eine dieser westlich orientierten Großstädte versetzt werden, die im Grunde ebenso funktionierten, wie ich es von Städten aus Europa kannte. Ich hatte ja gerade das Bedürfnis mich selbst herauszufordern und wollte herausfinden, ob ich mich einer völlig anderen Kultur anpassen könnte. Nach einiger Überlegung entschied ich mich für Guangzhou, die damals knapp über zehn Millionen Einwohner fassende Partnerstadt Frankfurts.

Als ich Verwandten und Freunden von meinem Entschluss erzählte, schlugen mir meterhohe Wellen der Verwunderung entgegen. Okay, dass Moritz verrückte Dinge mag, das war ihnen bekannt. Außerdem war es in meinem Bekanntenkreis nicht unüblich, Deutschland aus Karrieregründen zu verlassen. Einige meiner Freunde waren bereits nach Großbritannien, Neuseeland, Südafrika oder in die USA ausgewandert, da war es nicht weltbewegend, dass ich ebenfalls solch einen Weg einschlagen wollte. Doch das Ziel überraschte alle umso mehr. Eine Industriestadt inmitten der Werkbank der Welt mit einem viel niedrigeren Ausländeranteil als Shanghai oder Peking? Ich begegnete diesen verblüfften Zwischenrufen mit dem Einwand, dass ich ja höchstens zwei, drei Jahre dort bleiben wollte und sicher nicht der Erste wäre, der einen außergewöhnlichen Ort gewählt hätte. Das leuchtete den meisten ein und ich erhielt alle Unterstützung, die ich mir wünschte. Meine Mutter freute sich sogar darauf, mich baldmöglichst in China besuchen zu können.

Investitionen
Was mir persönlich mehr Kopfzerbrechen bereitete als die Stadt war die Tatsache, dass ich in Deutschland kündigen musste und demzufolge das Rundum-Sorglos-Paket der staatlichen und betrieblichen Sicherheitsnetze verlor. In Guangzhou würde ich wie ein normaler chinesischer Mitarbeiter bezahlt werden, was ungefähr meinem halben Bruttogehalt aus Deutschland entsprach. Nun, Kopfzerbrechen ist nicht das richtige Wort. Ich hatte mir in meinen ersten Berufsjahren ein kleines Geldpolster angespart und wäre ja auch bereit gewesen, dieses im Falle eines MBA-Studiums für Studiengebühren und Lebenshaltung zu investieren. Ich sah es so: In China bekam ich ein Gehalt anstatt Studiengebühren zahlen zu müssen. Auch wenn sich mein Finanzpolster reduzieren würde, weil ich einen gewissen Lebensstandard beibehalten wollte, würde ich von dem Leben in einem aufstrebenden Land profitieren, wahrscheinlich sogar weit mehr als von einem MBA.

Ich zögerte keinen Augenblick, mein Erspartes sozusagen in mich selbst, die Erweiterung meiner Kenntnisse und das Sammeln von Erfahrungen zu investieren.

Endlich in Guangzhou angekommen, störte mich das Gehalt ehrlich gesagt auch nicht weiter. Ich hatte über einen Makler eine Wohnung gefunden, die größer und schöner als meine Frankfurter Wohnung war. Zwar stand nicht jeden Tag ein dickes Steak auf dem Speiseplan, sondern umso häufiger Nudeln und Reis, doch viel anders kannte ich das aus Frankfurt auch nicht. Falls ich mir zwischendurch doch einmal etwas leisten wollte, griff ich eben auf mein Erspartes zu. Das reduzierte sich übrigens nicht so sehr, wie ich befürchtet hatte. Im Gegenteil, schon vor Ablauf des ersten Jahres konnte ich meine Rücklagen sogar wieder aufbessern, da mein Gehalt entsprechend der wirtschaftlichen Entwicklung im Lande viel schneller anstieg als ich das von Europa gewohnt war.

Eine andere Welt

Länger dauerte dagegen das endgültige Ankommen in der Fremde.

Wolkenkratzer war ich zwar von Frankfurt gewohnt, aber da standen nun plötzlich Hunderte eng aneinander gedrängt, jeder von ihnen 30 bis 40 Stockwerke hoch. Dicht an dicht lebten die Menschen hier, und das war völlig normal. In meinem Haus wohnten vor allem Chinesen und Taiwanesen, was die Kommunikation sehr schwierig gestaltete. Doch ich war ja nicht in erster Linie hergekommen, um Konversation zu betreiben. Zunächst musste ich mich in meinem Job zurechtfinden. Ich beschloss, die Sprache während der ersten sechs Monate außer Acht zu lassen.

Interessant ist, dass ich seit meinem Umzug kein eigenes Auto mehr besitze, obwohl ich inzwischen den chinesischen Führerschein erhalten habe. Die Verkehrsanbindung mit Bussen, Bahnen und Taxis war sensationell.

Umso weniger spannend dagegen die kulturelle Infrastruktur. In Guangzhou suchte man vergeblich nach einer größeren Auswahl an Kneipen oder Bars, die Worte Theater oder Oper schienen den meisten ziemlich fremd zu sein, und ich verstand auch ziemlich bald, warum. Als ich am Freitagabend nach meiner ersten Arbeitswoche ein paar Kollegen fragte, ob wir nicht zusammen den Irish Pub besuchen wollten, den ich in der Nähe unseres Firmensitzes ausgemacht hatte, erntete ich nur fassungslose Blicke. Man ging in der Freizeit nicht in Bars oder verfolgte andere anstrengende Aktivitäten, man entspannte sich zu Hause. Essen gehen oder auch mal zum gemeinsamen Karaokesingen, das war durchaus möglich, mehr allerdings nicht. Wenn ich meinen Kollegen montags von meinen Wochenend-Erlebnissen erzählte, die Wandern, Sport oder Ausflüge in die Umgebung einschlossen, hörte man mir zwar aufmerksam zu, aber nur äußerst selten hatte einer der Kollegen ebenfalls etwas Aufregendes unternommen. Für mich war das nichts, aber zum Glück lag Hong Kong gerade einmal zwei Zugstunden entfernt – ich konnte also alle ein/zwei Monate ein paar Tage in dieser sehr westlichen Stadt Luft und Kraft tanken.

In Guangzhou spielt übrigens das Essen eine sehr wichtige Rolle. Meine deutschen Kollegen hatten mir zum Abschied eine Karte mit dem Witz geschenkt, dass in Guangzhou alles gegessen werde, was vier Beine hätte (außer Stühlen), fliege könnte (außer Flugzeugen) und schwimmen könnte (außer Schiffen). Ich muss sagen, dass dieser Witz sehr gut das tatsächliche

Angebot auf den hiesigen Märkten und Speisekarten beschrieb. Allerdings schmeckt das kantonische Essen wunderbar und ich vermisse es, wenn ich gerade nicht in China bin. Besonders mag ich den Morgentee. Der Name klingt nach einem einfachen Frühstück, es ist aber in Wahrheit eine unendliche Reihung von vielfältigen kleinen, meist dampfenden Köstlichkeiten und einem ununterbrochenen Strom frisch gebrühten Tees. So ein Morgentee kann gut zwei Stunden dauern und ist oft der Höhepunkt des Wochenendes.

Die Menschen
Von Anfang an recht schwierig war es, mit Chinesen in persönlichen Kontakt zu kommen. Die meisten lebten in ihrem angestammten Bekannten- oder Familienkreis, und da kamen auch nur im Notfall neue Gesichter hinzu. Anfangs war ich deshalb wirklich dankbar für den deutsch-chinesischen Kulturkreis, den einige Kollegen ins Leben gerufen hatten. Die Handelskammer bot ebenfalls Aktivitäten für Deutsche an, aber ich wollte meine Zeit ja nicht nur mit ‚Ausländern' verbringen. Den Kontakt zu Familie und Freunden in Deutschland hielt ich viel disziplinierter als zuvor, man besuchte sich in Abständen und wir telefonierten regelmäßiger als vorher. Nun wollte ich Chinesen kennenlernen und das geht am besten in der Landessprache.

Sechs Monate nach meiner Ankunft suchte ich mir einen Sprachlehrer. Einzelunterricht – die schlechteste Entscheidung, die ich bis dahin getroffen hatte. Mir fehlte der Wettbewerb, der Vergleich mit anderen beim individuellen Fortschritt. Mein Lehrer lobte mich zwar permanent, doch mehr als ein paar Worte und Zeichen verstand ich nach über einem Jahr noch immer nicht. Immerhin hatte ich inzwischen verstanden, dass Smalltalk in China eine ganz andere Bedeutung hat als in Europa. Wenn man hier einen Kollegen um einen Gefallen bitten möchte, schreibt man keine E-Mail, sondern man sucht ihn persönlich auf. Und wenn man dann vor ihm steht, fällt man keinesfalls mit der Tür ins Haus, sondern man spricht erst einmal darüber, wie der Tag so gewesen ist. Man unterhält sich über dies und das – und erst dann bringt man sein Anliegen vor. Tut man das nicht und wählt den direkten deutschen Weg, erhält man mit ziemlicher Sicherheit keine hilfreiche Antwort.

„ Gehst du zur Tür hinaus, frag nach dem Weg; kommst du in ein Dorf, frage nach den Sitten!"

Chinesisches Sprichwort.

Shanghai

Zwei bis drei Jahre China hatte ich ursprünglich geplant und danach wollte ich zurück in die Heimat. Allerdings gefiel es mir in China beruflich so gut, dass ich nach zweieinhalb Jahren zwar Guangzhou verließ, aber nicht nach Hause flog, sondern einen Job in Shanghai annahm.

Shanghai war das absolute Gegenteil zu meinen vorherigen Erfahrungen. Nicht nur, dass man hier einen völlig anderen Dialekt sprach, auch ähnelte das kulturelle Angebot viel mehr der westlichen Welt. Man ging abends weg, unternahm etwas am Wochenende und es gab gemischte Gruppen, in denen sich Ausländer und Einheimische zusammenfanden. Ich schloss Freundschaften, von denen viele bis heute halten. Mein Leben war plötzlich sehr viel leichter geworden.

Ich buchte einen weiteren Sprachkurs, zunächst erneut Einzelunterricht. Diesmal hatte ich allerdings eine viel engagiertere Lehrerin, die vor allem Wert auf das Hören und Sprechen legte. Sobald ich mich sicher genug fühlte, belegte ich einen Gruppenkurs. Hier fand ich endlich den ersehnten Ansporn, der mir das Lernen extrem vereinfachte. Beim abendlichen Weggehen konnte ich meine Sprachkenntnisse gleich anwenden, und an einem dieser Abende lernte ich schließlich meine heutige Frau kennen. Unsere Hochzeit war der bisher schönste Moment, den mir China geschenkt hat.

Fünfeinhalb Jahre lebte ich in Shanghai, wohnte in einer von außen unscheinbar aussehenden aber innen sehr stilvoll renovierten Wohnung und erlaubte mir auch wieder etwas mehr Luxus. Denn einer der positiven Nebeneffekte am gewaltigen Wirtschaftswachstum Chinas ist, dass mein anfänglicher Gehaltsverzicht längst mehr als überkompensiert war.

Und nach wie vor lernte ich dazu: Die Euphorie und Zuversicht, die in diesem Land herrschen, sind in Shanghai sogar noch greifbarer. Man spornt sich gegenseitig an, vergleicht gute mit sehr guten Zahlen und streckt die Hand nach immer größeren Zielen aus. Dabei ist es nicht wichtig, dass immer alles hundertprozentig wie geplant abläuft, nur das Ergebnis zählt. Und solange das positiv ist, ist alles gut. Schnell im Markt zu sein, ist die oberste Prämisse, miteinander Höchstleistungen in Angriff zu nehmen, ein Privileg.

Ausblick

Nachdem mein Projekt in Shanghai beendet war, zogen wir zurück nach Guangzhou. Wenn zwei Personen in einer Beziehung großen Wert auf ihre Karriere legen, ist es schwierig, einen gemeinsamen Weg zu finden. In China ist es deshalb üblich, dass man Fernbeziehungen führt und sich teils nur zweimal im Monat sieht. Das stand für meine Frau und mich nie zur Debatte. Für meine Frau ist der Umzug ein ebenso großer Einschnitt, wie er es für mich damals war, denn noch immer kann man Guangzhou nicht mit Shanghai vergleichen. Allmählich gleicht sich der Lebensstil zwar an, aber wir mögen es auch so, wie es momentan ist. Wir fühlen uns sicher, was zum einen an der Omnipräsenz der staatlichen Sicherheitsorgane, zum anderen jedoch auch an der Mentalität der Bewohner liegt. Obwohl alles schnell gehen muss und jeder ein Ziel erreichen will, möchte man trotzdem keinesfalls ernsthafte Probleme verursachen. Hauptsache, alles ist im Fluss und man kommt voran.

Werden wir bis zum Ende unseres Lebens hier leben? Höchstwahrscheinlich nein, denn auch das wäre Stillstand und den mag ich immer noch nicht. Ein ganz anderes Land könnten wir uns beide vorstellen, aber auch eine Rückkehr nach Europa ist nicht ausgeschlossen. Wir sind weiter offen für spannende Herausforderungen, die uns persönlich weiterbringen. Jetzt noch mehr als vor meiner Zeit in China, da ich gesehen habe, dass das vermeintliche Risiko, in ein komplett fremdes Land zu gehen, gar keines gewesen ist. Und auch die Investition in mich selbst, statt in ein weiteres Studium oder gar die Altersvorsorge, hat sich für mich ausgezahlt, so dass ich mich immer wieder so entscheiden würde!

> *„Die Ketten der Gewohnheit sind zu leicht, um sie wahrzunehmen, bis sie zu schwer sind, um sie zu zerbrechen."* Warren Buffett

MEINE DREAMPIONS EMPFEHLUNGEN

Etwas wagen!
Manchmal musst du deine Bedenken einfach überwinden und einen Schritt gehen, der auf den ersten Blick nicht ganz leicht erscheint. Mein Mantra diesbezüglich lautet: „Wenn andere das schaffen, dann schaffe ich das auch!"

Freiheiten schaffen!
Immer ein gewisses Maß an Unabhängigkeit bewahren. Sei es finanziell durch bescheidene materielle Ansprüche oder mit einer breiten fachlichen und kulturellen Bildung, die einem immer neue Alternativen eröffnet.

Zeit miteinander verbringen!
Zeit ist immer kostbar, aber das sollte uns nicht daran hindern, sie in Gesellschaft zu verbringen. Man lernt nicht nur unheimlich viel im Gespräch mit anderen, sondern erhält auch stets etwas zurück.

An das Gute im Menschen glauben!
Egal, ob ich auf Reisen war oder mich in meiner neuen Heimat einmal nicht zurechtgefunden habe. Ich habe immer jemanden gefunden, der mir gerne weiterhalf. Selbst wenn wir nicht die gleiche Sprache sprachen, konnten wir uns doch verständigen. 99.9% der Menschen stehen einem neutral oder positiv gegenüber und es ist toll, dass man sich als Fremder darauf verlassen kann!

2. TRAUMORTE

> *„Wer an der Küste bleibt, kann keine neuen Ozeane entdecken."*
> *Magellan*

Zu Zeiten des portugiesischen Seefahrers Ferdinand Magellan im 15./16. Jahrhundert waren Reisen in ferne Länder große, oft Jahre dauernde Abenteuer mit ungewissem Ausgang. Allein die vermutete Meerenge zwischen dem südamerikanischen Festland und der Insel Feuerland, die heute als Magellanstraße bekannt ist, suchte der Seefahrer monatelang mit seiner Flotte. Heute ist das Reisen weniger kompliziert, es geht schneller und es gibt nur noch wenige Orte auf der Welt, auf die noch kein Mensch einen Fuß gesetzt hat. Doch es muss ja nicht immer ein großer Schritt für die Menschheit sein, wenn du deinen persönlichen Traumort findest.

Die Suche nach dem eigenen Traumort ist ein individueller Weg. Manchen reicht ein Urlaub. Die Rancher Mike & Petra Kägi haben sich jedoch nach einem Urlaub und einem Testjahr für das Auswandern und eine neue Heimat entschieden. Finanzberater Norbert Schiebelhut verliebte sich während eines Praktikums zunächst in das Land und dann in die Frau seiner Träume. Sportagent Dean Walle hat seine Wahlheimat durch die Liebe zur Sonne und zum Basketball gefunden. Doch auch eine Auszeit-Reise an spannende Ziele wie bei Marlene Augschöll und David Kullack bringt lebenslange traumhafte Erinnerungen. Wer sich nicht entscheiden will, kann wie Weltenbummler Karim Ladak Schritt für Schritt die ganze Welt entdecken – ein Traumort nach dem anderen.

DREAM*pions*

Rancher Mike & Petra Kägi

Echte Cowboys geben nicht auf

Weltenbummler Karim Ladak

Der kosmopolitische Nomade

Finanzberater Norbert Schiebelhut

Leben, wo andere Urlaub machen

Sportagent Dean Walle

Das Leben ist eine Achterbahnfahrt

Aussteiger auf Zeit Marlene Augschöll & David Kullack

In den Schluchten des Balkan

Mike und Petra Kägi wanderten aus der Schweiz nach Texas aus und bieten heute auf ihrer Abenteuerranch den Gästen echtes amerikanisches Cowboyleben mit Pferden und Motoren. In ihrem Artikel beschreiben sie den langen Weg, der sie erst im dritten Anlauf zu ihrem Traum führte.

Mike und Petra Kägi
ECHTE COWBOYS GEBEN NICHT AUF

Valley View Ranch, Palo Pinto, Texas. Mein Traum. Gerade einmal eineinhalb Stunden vom internationalen Flughafen Dallas/Fort Worth entfernt, breitet sich die Ranch über 15 Hektar Land aus und stellt all das dar, was ich (Mike) mir in den letzten 20 Jahren erträumt habe. Hier leben Pferde, Kühe, Hunde, Katzen und Hängebauchschweine, man hört den tiefen Ton starker Motoren und irgendwo schießt jemand mit einem Gewehr auf nebeneinander aufgereihte Büchsen.

Wenn ich morgens mit einem Kaffee in der Hand auf meiner Terrasse stehe und in den Sonnenaufgang blicke oder abends am Lagerfeuer einen langen Tag ausklingen lasse, dann weiß ich: Ich bin angekommen. Nach einer jahrelangen Odyssee mit vielen Höhen und Tiefen habe ich gefunden, wonach ich gesucht habe, sogar in zweierlei Hinsicht. Und obwohl ich einen schwierigen Weg zum Traum hatte, würde ich keine meiner Entscheidungen rückgängig machen, selbst wenn ich die Möglichkeit dazu hätte. Denn wie sagt man so schön: „Hindsight is 20/20", was so viel bedeutet wie: Hinterher ist man immer klüger.

Der Ruf des Wilden Westens
Ich bin ein risikofreudiger Mensch. So lange ich denken kann, habe ich weder Herausforderungen gescheut noch Angst davor gehabt, etwas Neues auszuprobieren. Ganz im Gegenteil: Für mich war es normal, meine Grenzen auszuloten und dadurch herauszufinden, wohin mein Weg führte. Vielleicht liegt das an dem Motto „Lebe deine Träume", welches ich mir bereits seit meiner Jugend zu Herzen nehme und das einfach keinen Platz für Angst lässt. Geholfen hat aber sicherlich auch, dass ich gelernt habe, meine Risiken zu kalkulieren.

Mit nicht einmal 30 Jahren machte ich mich in der Schweiz mit einer

Gebäudereinigungsfirma selbständig und war mit dieser auch durchaus erfolgreich. So erfolgreich, dass ich mir mein Hobby Reisen problemlos leisten konnte. Die USA, das ‚Land der unbegrenzten Möglichkeiten', hatten es mir besonders angetan und bei einem meiner Aufenthalte geriet ich nach Texas. Die weiten, teils unberührten Landschaften und die scheinbar grenzenlose Freiheit faszinierten mich dermaßen, dass ich gleich 14 Tage hängen blieb. Ich fühlte mich in meine Kindheit zurückversetzt, als ich mit Hingabe alte Westernfilme angeschaut und mir gewünscht hatte, eines Tages selbst mit dem Pferd über die offene Prärie galoppieren zu können.

Auch nach meiner Rückkehr in die Schweiz ließ mich die Faszination Texas nicht mehr los und ich verbrachte jeden meiner kommenden Urlaube dort. Bald ahnte ich, dass mir Urlaube auf Dauer nicht genügen würden. Ich wollte dieses Leben nicht bloß für ein paar Wochen genießen, sondern für Monate, vielleicht sogar länger. Meine Firma dafür aufzugeben kam damals allerdings nicht infrage, deshalb blieb mir nur eine Auswanderung auf Probe. Ein Jahr lang versuchte ich, die Firma in der Schweiz und das Leben in den USA unter einen Hut zu bringen – vergeblich. Mit einem Klumpen im Magen kehrte ich in die Schweiz zurück und nahm mein altes Leben wieder auf. Aber der Traum, langfristig etwas zu verändern, ließ mich nicht mehr los. Die Vorstellung, in der Schweiz alt zu werden und mir eines Tages Vorwürfe machen zu müssen, meine Chancen nicht ausreichend genutzt zu haben, wurde schließlich so übermächtig, dass ich entschied: „Jetzt muss was passieren."

> *„Ein Mann muss tun,*
> *was ein Mann tun muss!"* — John Wayne

Rund vier Jahre nach meinem Probejahr in Texas verkaufte ich mein Unternehmen, löste meinen Haushalt auf und wanderte in die USA aus.

Cowboy im 21. Jahrhundert

Während meiner Urlaube und meines Probejahres waren mir die Ranches in Texas mit ihren freien, offenen Flächen ans Herz gewachsen. Ich begann mir verschiedene Ranches anzusehen, doch viele kamen aufgrund ihrer Größe oder Lage nicht infrage. Meine Ansprüche waren hoch, denn mein Plan sah folgendermaßen aus:

Das Gebiet sollte höchstens eineinhalb Stunden vom nächsten internationalen Flughafen entfernt liegen. Ich wollte Aktiv-Urlaube anbieten, bei denen sowohl Männer als auch Frauen ihre Freizeit mit unterschiedlichen Aktivitäten verbringen und einfach Spaß haben konnten. Idealerweise wollte ich all diese Freizeitbeschäftigungen direkt auf der Ranch anbieten.

Ich wollte selbst ein richtiges Cowboyleben führen, mit Rindern, Pferden, Hunden und allem, was sonst noch so dazu gehört. Ein Cowboy im 21. Jahrhundert. Zudem musste das Gelände groß genug sein, um eine Garage samt Hebebühne beherbergen zu können, denn wenn ich einmal dabei war, mir meine Träume zu erfüllen, dann gleich richtig. Seit Jahren schwärmte ich von einer eigenen Oldtimer-Sammlung, die auch von den Gästen genutzt werden konnte – und Autos benötigten Platz.

> *„2.0 Liter ist nicht die Größe eines Motors sondern eines Softdrinks!"* US-Car Regel

Es dauerte eine Weile, bis ich etwas Passendes gefunden hatte, das ich meinen Vorstellungen entsprechend ausbauen konnte. Voller Elan machte ich mich ans Werk und lud bald darauf die ersten Gäste ein. Einen Haken gab es trotzdem noch: Aufgrund meines Visums durfte ich kein Geld mit amerikanischen Kunden verdienen, ich musste mich also auf die Bewirtung von Europäern konzentrieren. Aber das war zu diesem Zeitpunkt kein Problem, die Nachfrage war da.

Andere Ranches boten meist Wochenendaufenthalte für Amerikaner an. Doch kein Europäer würde mindestens zehn Stunden Anreise für ein Wochenende in Kauf nehmen. Deshalb bot ich von Anfang an auch Aufenthalte über mehrere Wochen an. Petra war eine der Ersten, die das in Anspruch nahmen.

Petra

Petra kommt wie ich aus der Schweiz. Sie hatte Urlaub in Texas gebucht, um ein paar Wochen ihrem stressigen Großraumbüro-Alltag zu entfliehen. Westernreiten wollte sie, ein bisschen Kanufahren und wandern gehen, die Natur genießen. Eben abschalten vom Angestellten-Dasein. Da sie in einem kleinen Dorf aufgewachsen war, mochte sie die Weite, den Umgang mit den Tieren und die Harmonie, die das Leben auf einer Ranch mit sich brachte. Und glücklicherweise mochte sie mich.

Nach ihrem Urlaub flog Petra zurück in die Schweiz, kündigte ihren Job und kam wieder zu mir nach Texas, obwohl ihr nichts davon auch nur annähernd so leicht fiel, wie es mir gefallen war. Die Schweizer sind allgemein sehr von ihrem Bedürfnis nach Sicherheit geleitet, und Petra bildete da zunächst keine Ausnahme. Doch die Kombination aus Ranchleben und Mike Kägi brachte sie dazu, über diesen gewaltigen Schatten zu springen und mir dabei zu helfen, meinen – nein, unseren Traum weiter auszubauen. Denn von diesem Zeitpunkt an zogen wir wie eine Einheit immer gemeinsam an einem Strang, egal was geschah. Und aus dieser Geschichte in Ich-Form wurde ein „Wir".

Gegenwind

Unser Konzept für die Ranch lautete: Pferde und Motoren. Die Pferde würden vor allem Frauen und Jugendliche anlocken, die Motoren eher die Männerwelt. Und es funktionierte. Langsam aber sicher arbeiteten wir uns vorwärts, erweiterten zusammen die Ranch und unseren Bestand an Tieren.

Dann marschierte George W. Bush in den Irak ein.

Wie bereits erwähnt, hatten wir uns wegen der Visa auf europäische Kunden spezialisiert, doch auf einmal taten wir uns schwer unsere Gästehäuser auszulasten. Vor dieser Zeit war Amerika trotz 9/11 eines der Traumreiseziele für Europäer gewesen, jetzt wollte kaum jemand mehr ‚das Land, das in den Krieg zog' besuchen. Schließlich besuchten uns nur noch Amerikaner am Wochenende, was unsere Einnahmen einbrechen ließ. Leider waren auch unsere Visa kurz vor dem Auslaufen und wurden aufgrund der neuen geschäftlichen Situation nicht verlängert. Wir mussten einsehen, dass unser Traum in diesem Moment ausgeträumt war. Vier Jahre hatten wir die Ranch bewirtschaftet, nun hieß es Abschied nehmen von unserem persönlichen Paradies.

Es ist ein sehr bedrückendes Gefühl, wenn man alles zum Verkauf anbieten muss, das man sich mühevoll erarbeitet hat und das einem wichtig ist. Pferde, Kühe, Autos, die Ranch – alles. Wir konnten nur dafür sorgen, dass die Tiere in liebevolle Hände kamen. Zudem mussten wir Menschen Lebewohl sagen, die unsere Freunde geworden waren. Nur unseren Hund nahmen wir mit zurück in die Schweiz, wo wir als Angestellte in verschiedenen Firmen erneut Fuß zu fassen versuchten. Das gelang uns zwar erstaunlich gut – wir arbeiteten uns beide in den kommenden vier Jahren einige Positionen nach oben. Aber im Hinterkopf war da noch immer dieses Gefühl der Freiheit und

Glückseligkeit, das uns die Ranch geschenkt hatte und hier einfach fehlte.

Wir verbrachten ein paar Urlaube in Texas, doch das verstärkte unser ohnehin gewaltiges Fernweh bloß und brachte mehr Frust als Freude. Umso größer war die Begeisterung, als Mike die Chance erhielt, im Rahmen seiner damaligen Geschäftsführertätigkeit in einem international tätigen Konzern, in die USA versetzt zu werden. Nur einen Moment zögerten wir, als Petra fragte, ob wir das wirklich wollten, zurückgehen und schon wieder von vorne anfangen. Immerhin waren wir in der Schweiz gut situiert, hatten ein Haus, ein neues Leben. Aber es war nur ein kurzer Moment, wir nickten und sagten: „Klar."

Die einzige Bedingung, die wir an Mikes Arbeitgeber stellten, war die Beantragung einer Greencard. Ein weiteres Mal mit diesem Damoklesschwert ‚ablaufendes Visum' über dem Kopf wollten wir es nicht wagen. Seine Firma stimmte zu und schaltete auch gleich ihre Anwälte ein, um die Angelegenheit zu regeln. Währenddessen bereiteten wir alles für den anstehenden Übersee-Umzug vor.

Die Reaktionen unseres Umfeldes auf unsere neuerliche Auswanderung konnten kaum unterschiedlicher sein. Teilweise wurden wir belächelt, teilweise für völlig verrückt erklärt, dieses Risiko auf uns zu nehmen, und teilweise für unseren Mut bewundert. Als ich (Mike) dieses Wort ‚Mut' hörte, musste ich lächeln. Mut und Wahnsinn liegen für mich nah beieinander. Also was war es, das uns beide in diesem Augenblick antrieb? Wahrscheinlich doch eher der Wahnsinn, denn gerade als ich den Container mit unseren Habseligkeiten abschloss, erhielt ich einen Anruf von einem der Firmenanwälte mit der Nachricht, die Ausstellung der Greencard sei abgelehnt worden.

Für und wider, auf und ab

Da standen wir nun – eigentlich hatten wir entschieden, nur zu gehen, wenn uns die Greencard sicher war. Und nun erneut dieser Rückschlag. Wir überlegten, wie es weitergehen sollte, und entschieden uns, es trotzdem zu versuchen und uns erst einmal mit einem Arbeitsvisum zufrieden zu geben. Wenigstens hatten wir die Möglichkeit, dorthin zurückzukehren, wo es uns hinzog, auch wenn es vorerst nach Atlanta, Georgia ging. Alles andere würde sich dann schon irgendwann vor Ort klären. Bloß trat dieses ‚irgendwann' nicht ein. 3 Jahre vergingen und als ich (Mike) eines Tages nach Hause kam sagte ich zu Petra: „Ich kann so nicht weitermachen."

Die Arbeit ödete mich an, ich hatte zum achtzehnten Mal in Folge nicht bei der jährlichen Greencard-Lotterie gewonnen und ein Ende dieser Odyssee schien nicht absehbar. Obwohl wir in den USA lebten, waren wir ebenso weit entfernt von unserem Traum einer eigenen Ranch wie zuvor in der Schweiz. Ich wollte nicht mehr.

Wieder sprang Petra über ihren Schatten und stand mir bei, ohne mit der Wimper zu zucken. „Dann musst du kündigen", erwiderte sie. „Wir gehen zurück in die Schweiz und bauen uns da etwas auf."

Sie wollte mir tatsächlich ein zweites Mal in unsere alte Heimat folgen. Ich war unglaublich froh über ihre Unterstützung und nahm sie auch dankend an. Noch am gleichen Abend schrieb ich meine Kündigung und schickte sie weg – Entscheidung getroffen! Ein paar Tage später erhielt ich den Bescheid, dass es Ungereimtheiten bei der Ziehung der Greencard-Lotterie gegeben und man sie aus dem Grund wiederholt habe. Dabei sei mein Name gezogen worden.

Ich hatte die Greencard gewonnen! Nach achtzehn Jahren Hoffnung und Unsicherheit – acht davon gemeinsam – standen wir jetzt endlich vor dem Ziel. Ein unbeschreiblich schönes Gefühl!

Allerdings war in der Zwischenzeit meine Kündigung bereits von meiner Firma akzeptiert worden, was bedeutete, dass mein Arbeitsvisum nicht mehr gültig war. Wir mussten also trotz Lotteriegewinn zurück in die Schweiz, uns dort bei der US-Botschaft vorstellen und die Greencard beantragen. Während wir auf unseren Bescheid warteten, lebten wir provisorisch in unserer alten Heimat. Wir suchten uns Arbeit, um die Zeit zu überbrücken, und wurden mit jedem Tag unruhiger. Ein Monat verging, dann zwei, vier, sieben, acht. Nachdem wir neun Monate gewartet hatten, verließ uns der Mut. Wir dachten, dass unsere Unterlagen und mit ihnen unser Traum nun endgültig verschüttgegangen waren und gaben uns geschlagen. Die Erleichterung war riesig, als am nächsten Tag der Anruf von der Botschaft kam mit der Ankündigung, dass nun alles in trockenen Tüchern wäre.

Valley View Ranch

Der Flug nach Amerika – diesmal für immer – war einer der emotionalsten Momente, vor allem für Petra. Wie Heimkommen fühlte sich das an. Kaum hatten wir unser Haus in Georgia verkauft, waren wir auch schon auf dem Weg nach Texas, um uns auf die Suche nach einer Ranch zu machen. Wir fanden unser Schmuckstück in Palo Pinto – inmitten texanischer Natur, auf einem Hügel abseits aller Hektik, mit Sicht auf Wiesen und Wälder sowie dem Gefühl der langersehnten Freiheit. Wir begannen zielstrebig mit den Vorbereitungen für die ersten Gäste. Denn der Plan hatte sich in der Zwischenzeit nicht wesentlich verändert. Wir wollten nach wie vor Ranchurlaub unter dem Motto „Pferde und Motoren" anbieten. Dazu ließen wir drei Gästehäuser auf dem Grundstück errichten, deren Innenausbau wir selbst übernahmen. Wir kauften Quads für den Offroad-Spaß und schafften uns Pferde, Kühe, Hängebauchschweine an – wobei manche der Vierbeiner eher uns fanden. Außerdem errichteten wir eine große Halle für die US-Classic Cars sowie unsere Harley. Alles lief wie geschmiert; und das tut es noch immer.

> *„Texas ist nicht nur ein Staat, sondern eine Geisteshaltung."* — John Steinbeck

Unsere Gäste sind begeistert, sich nach Lust und Laune (das Wetter spielt bei uns keine Rolle, die Sonne scheint fast immer) auszuwählen, welchen Traumtag sie gerne erleben wollen. Im Oldtimer Cabrio über den Highway cruisen oder doch lieber auf der Harley die Umgebung erkunden? Sich den Cowboyhut aufsetzen und in den Sonnenuntergang reiten, zwischendurch eine kurze Schießpause mit einer Winchester einlegen oder doch lieber eine Offroad-Runde fahren? Die Tage werden dann meist mit einem Barbecue auf der Ranch oder einem Abendessen in einem der zahlreichen Steakhouses abgeschlossen.

Auch für uns bleiben die Tage spannend, wenn auch oft anstrengend: Während Petra sich hauptsächlich um die Verpflegung und Betreuung der Gäste kümmert, habe ich mir im Laufe der Zeit einen Namen in der Oldtimerbranche gemacht. Ich übernehme Inspektionen für Kunden in den gesamten USA, führe Kaufpreisverhandlungen im Auftrag durch und exportiere bis zu 50 Autos pro Jahr in die Schweiz. Neben unseren Wagen habe ich so auch „meine" immer wechselnde Oldtimer-Sammlung. Nach vierzehn Jahren Rollercoaster sind wir nun endlich angekommen. Und diesmal können wir mit Sicherheit sagen, dass wir auch in fünf Jahren noch hier sein werden.

UNSERE DREAMPIONS EMPFEHLUNGEN

Einen guten Plan zugrunde legen!
Wir selbst haben mit einem 5-Jahres-Business-Plan gearbeitet, um uns sowohl unser Budget vor Augen zu führen als auch die Möglichkeit zu haben, uns bei Bedarf nach dem aktuellen Stand erkundigen zu können. Ohne guten Plan riskierst du, dich hoffnungslos zu verzetteln.

Alle Beteiligten müssen zu 100% hinter dem Traum stehen!
Wenn in einer Beziehung nicht beide von dem Traum überzeugt sind, ziehen sie auch nicht gleich stark am selben Strang. Man muss ehrlich zueinander sein und Kompromisse finden.

Sich bestmöglich informieren!
Wer auswandern will, sollte sich so gut wie möglich über das Zielland informieren. Du solltest nicht nur die Sprache kennen, sondern dich auf Kulturunterschiede vorbereiten und bereit sein, dich anzupassen. Ein paar Wochen Urlaub genügen da nicht. Ein Probejahr kann die richtigen Einblicke geben.

Fehlschläge erkennen und rechtzeitig auf sie reagieren!
Fehlschläge gehören dazu und sind nicht zwingend das Ende eines Traums. Unsere Erfahrung ist allerdings, dass man rechtzeitig die Reißleine ziehen und von vorne beginnen sollte, statt einen Traum bis zum bitteren Ende zu verfolgen. Lieber einen Schritt zurücktreten und sich über eine andere Route erneut auf den Weg machen.

Das Ziel nicht aus den Augen verlieren!
Als wir damals unsere erste Ranch verkaufen mussten, habe ich vor dem Abflug Richtung Schweiz meinen Hut und meine Stiefel bei Freunden an der Garderobe abgestellt. Bis zu unserer Rückkehr ein paar Jahre später standen sie dort und erinnerten uns immer wieder daran, was das Ziel war. Das half uns, an uns selbst zu glauben.

Dean Walle lebt seit zehn Jahren in Los Angeles und arbeitet dort als Berater für professionelle Basketballspieler. Die Sportkultur, das Wetter, das Meer und die Energie der Menschen ließen ihn davon träumen, seine Heimatstadt Osnabrück zu verlassen und in die USA auszuwandern. Doch um den Traum wirklich umzusetzen, brauchte es einen persönlichen Tiefpunkt. Heute ist Dean amerikanischer Staatsbürger, trifft viele interessante Menschen, lernt weiterhin regelmäßig dazu – und genießt jeden Tag als wenn es der letzte wäre.

Dean Walle
DAS LEBEN IST EINE ACHTERBAHNFAHRT

> *Träume als wenn du ewig lebst, lebe als wenn dir nur noch diesen Tag bleibt.*
> — *James Dean*

Osnabrück ist eine Stadt mit langer Basketball-Tradition und auch ich fing früh an, dem orangen Leder nachzulaufen. Erste Erfolge stellten sich ein, meine Begeisterung war groß und ich träumte früh davon, irgendwann einmal in der Bundesliga zu spielen. Nach Ablauf meiner Zeit als Jugendspieler schaffte ich tatsächlich diesen Sprung – doch dem verheißungsvollen Start folgten viele Rückschläge. Insgesamt verlief meine Spielerkarriere leider nicht so, wie ich es mir vorgestellt hatte. Eine schwere Hüftarthrose und ehrlicherweise begrenztes Talent zwangen mich im Alter von 26 Jahren, einen anderen Berufsweg einzuschlagen. Natürlich hätte ich mein angefangenes Studium oder eine Ausbildung beenden können, aber ich wollte unbedingt dem Basketball auf höchstem Level verbunden bleiben. Der Zufall kam mir zu Hilfe: Ich sah eine Anzeige des Magazins BASKET und bewarb mich auf die ausgeschriebene Position als Volontär. Glücklicherweise wurde ich trotz mangelnder journalistischer Kenntnisse genommen. Ich absolvierte das 2-jährige Volontariat, doch merkte ich, dass ein Journalist nicht so nah am Basketball ist, wie ich es gerne wollte. Gegenüber der Presse bauen Spieler, Trainer und Funktionäre häufig eine Mauer auf. Das störte mich.

Auf meinen jetzigen Beruf brachten mich damals andere: Spieler, die ich in meiner aktiven Zeit kennengelernt hatte, fragten mich während meiner Zeit als Volontär immer wieder, ob ich nicht ihr Agent werden wollte. Ich war gut vernetzt und befreundete Spieler vertrauten mir auf Anhieb. Sportlich war ich durchaus qualifiziert. Aber obwohl ich kurzzeitig selbst einen Spielerberater hatte, wusste ich gar nicht richtig, was man in dem Beruf eigentlich macht und welcher Qualifikationen es bedarf. Deswegen verwies ich diese Spieler anfangs an andere Agenten.

Dann gab es tatsächlich einen Hollywood-Moment, der meine berufliche Laufbahn für immer beeinflussen sollte. Ich sah zufällig den Film „Jerry Maguire – Spiel des Lebens" im deutschen Fernsehen. Tom Cruise spielt darin einen Spieleragenten, der seine große Agentur verlässt, um eigene Ideen zu verwirklichen. Maguire bekommt nur einen Klienten, den er aber am Ende „zum Schotter führt". Die Nähe zum Sport, Kontakt mit Menschen zu haben und das „Alles oder Nichts" in diesem Beruf – das gefiel mir.

Eine Idee war geboren. Ich wollte Agent werden. Andere Menschen, die in die Selbständigkeit gehen, haben meist schon Erfahrung in den relevanten Berufsinhalten gesammelt, ihnen fehlen anfangs aber noch die Kunden oder Klienten. Bei mir war es umgekehrt: Gleich zu Beginn bekam ich die Zusage diverser hochkarätiger Bundesliga-Spieler. Unter anderem von Steven Hutchinson, der wenige Wochen später zum Spieler des Jahres der Bundesliga ausgezeichnet wurde. Es sprach sich herum, dass ich als Berater tätig war und es folgten etablierte Nationalspieler, erfahrene US-Amerikaner und auch viele deutsche Talente. Mit jedem neu verhandelten Vertrag vergrößerten sich mein Erfahrungsschatz und mein Netzwerk. Es entstanden viele tiefe Freundschaften.

Aber es war nicht alles Gold, was da so glänzte. Ich war ständig bei Spielen, Trainingseinheiten, Meisterschaftsfeiern, Geburtstagen, Hochzeiten und einfach permanent unterwegs. Meine Aufgabe nahm ich sehr ernst. Vielleicht zu ernst. Jährlich über 60.000 Kilometer mit dem Auto. Diverse Flüge und Zugfahrten. Und 24 Stunden pro Tag telefonisch erreichbar. Bei meinen Touren durch die Lande wusste ich teilweise nicht mehr, ob ich gerade in Bamberg oder Ludwigsburg aufwachte. Manchmal fiel mir um 18 Uhr auf, dass ich an dem Tag noch nichts gegessen hatte. Trainer, Spieler und Agenten aus der ganzen Welt riefen an und wollten etwas von mir. Wenn Vertragsverhandlungen nicht nach Wunsch liefen und das Management eines Vereins sowie der Spieler mich gleichzeitig unter Druck setzten, konnte ich schon mal ganze Nächte nicht schlafen. Schlafentzug, unregelmäßige Nahrungsaufnahme und der teilweise extrem hohe Stress nagten an mir.

Im Sommer 2005 war es dann soweit: Kurz nach einem Hobby-Kick mit Freunden fiel ich auf dem Weg zur Kabine um. Einfach so. Mir war schwarz vor Augen. Mein Körper zitterte. Ich lag auf dem Boden wie ein Käfer und war nicht in der Lage alleine aufzustehen. Der Krankenwagen brachte mich ins Krankenhaus, wo ich drei Tage auf Herz und Nieren durchgecheckt wurde. Diagnose vom Chefarzt: Burnout. Körperlich alles in Ordnung, aber psychisch ein Wrack. Der Kollaps sei ein Warnzeichen des Körpers. Ich müsse mein Leben ändern. Gleiches gab mir eine Psychologin zu verstehen, die ich daraufhin konsultierte. Als ich sie bei meinem zweiten Termin fragte, was denn mit mir verkehrt sei, sagte sie, das müsse ich selbst herausfinden. „Warum bin ich denn dann bei Ihnen?", entgegnete ich ihr ungeduldig. Dann machte sie etwas, was ich in dem Moment als Quatsch ansah, aber was tatsächlich geholfen hat. Sie schlug vor, dass ich eine Torte auf ein Blatt Papier malen und Sachen, die mir wichtig im Leben sind, mit entsprechender Tortenstückgröße bedenken sollte. Bei der Übung machte es auf einmal „Klick". Ich muss das machen, was mir wichtig ist im Leben, was mir Spaß macht!

> *„Am Ende bedauern wir nur die nicht genutzten Gelegenheiten, die aus Angst nicht begonnenen Freundschaften und die zu lange aufgeschobenen Entscheidungen."*
>
> Lewis Carroll

Trotz einer gut laufenden Basketballagentur nahm ich mir die nötige Auszeit. Ich setzte mich in den Flieger nach Los Angeles, um mir Gedanken über meine Zukunft zu machen. Erst mal für drei Monate. Ohne Visum. In dem Wissen, dass ich vielleicht alle meine Spieler und damit meine finanzielle Basis verlieren könnte. Es war mir egal. Ich wollte einfach raus aus dem Hamsterrad und nicht einfach so weitermachen, mit dem Gefühl, nie richtig gelebt zu haben. Dazu muss ich sagen, dass meine Mutter im Alter von 43 Jahren an Lungenkrebs verstarb und mich die Vorstellung eines frühen Todes durchaus bedrückte. Wenn ich schon irgendwann sterben muss, dann wenigstens mit aufregenden Eindrücken eines Lebens im Ausland.

Im Kopf spielte ich verschiedene Szenarien durch. Barcelona, Kapstadt,

Sydney, New York – entweder keine Basketballkultur oder schlechtes Wetter. Ich wollte eine Basketballhochburg mit einem Ozean und viel Licht. Deswegen zog es mich an einen Ort, den ich schon von früher kannte – Los Angeles. Als 16-jähriger Austauschschüler hatte ich diese wunderbare Metropole kennengelernt. Eine Stadt mit Sonne, Meer, Strand, Bergen, den Basketballteams der Lakers, der Clippers und der UCLA Bruins, polykulturell und mit einer anderen, viel positiveren Einstellung zum Leben.

Bereits am dritten Tag, nach einem Jog am Hermosa Beach, erlebte ich diesen Moment, an dem mir alles ganz klar wurde. Ich schaute mich um. Ein Dogsitter mit acht Hunden, eine Inline-Skaterin im Bikini, ein stark tätowierter Typ auf einem Beach Cruiser, das Rauschen des Meeres. Die Sonne. Und für den Abend hatte ich über Beziehungen Freikarten zum Spiel der Lakers bekommen. Wie ein Stein fiel plötzlich alles von mir ab. Ein Gefühl der Freude, das mir einen sofortigen Energieschub gab. Auf einmal wusste ich genau, was ich wollte. Hier bleiben! Eine Arbeitserlaubnis bekommen und einen Job finden. Ich hatte den Traum gefunden, nach dem ich so lange gesucht hatte.

„Wo ein Wille ist, ist auch ein Weg... nach L.A."

Nach knapp 90 Tagen war mein Abenteuer L.A. erst einmal beendet, da mein Touristenvisum abgelaufen war. Kaum zurück in Deutschland arbeitete ich fieberhaft an Möglichkeiten, wie ich mir den Traum vom Leben in den USA ermöglichen konnte. Klar, ich hatte Ersparnisse. Doch die würden nicht ewig reichen. Das war sicher. Also vereinbarte ich einen Termin im amerikanischen Konsulat in Frankfurt. Ohne richtig zu wissen, was für ein Visum für mich das richtige sei, musste ich ein Formular ausfüllen und dann einige Fragen des Generalkonsuls beantworten. Er riet mir, mich für ein 10-Jahresvisum zu bewerben. B1 in lieu auf H1-B (oder so ähnlich) hieß es. Parallel nahm ich wie jedes Jahr an der Green-Card-Lotterie teil, bei der ich es schon sechs Mal erfolglos probiert hatte. 50.000 Green Cards werden auf diesem Wege jährlich an die Welt verteilt unter mehreren Millionen Lotterieteilnehmern.

Eine Woche später erhielt ich Post. Ein 10-Jahresvisum war in meinen Reisepass geheftet. Einziges Problem – ich durfte zwar jeweils sechs Monate am Stück in den USA verweilen, aber nicht für ein dort ansässiges Unternehmen arbeiten und erst recht kein Geld verdienen. Mit dem neuen Visum reiste ich nach L.A. Als Optimist war ich mir sicher, dass ich schon irgendwie eine Lösung für die Hürde "Arbeitserlaubnis" finden würde. Ich kannte viele Leute, hatte ein gutes Netzwerk. Vom Gefühl her war es also nur eine Frage der Zeit. Aber sechs Monate lang passierte nichts. Keine Chance, an einen Arbeitgeber zu kommen, der für mich eine Arbeitsgenehmigung beantragen wollte. Im Zuge meiner Bemühungen suchte ich einen Immigrationsanwalt auf, der mir zur Heirat einer US-Bürgerin riet. Er meinte, dies sei der leichteste Weg zur grünen Karte. Doch die Negativfolgen im Falle des Aufliegens einer unechten Heirat schreckten mich ab.

Plötzlich waren all diese Strategien aber nicht mehr nötig: Kurz vor Ablauf meiner sechs Monate in den USA rief mich mein Vater an. Ich hätte Post aus Kentucky bekommen. Und siehe da, ich hatte tatsächlich die Green-Card-Lotterie gewonnen! Ich war total aus dem Häuschen, jedoch kamen mir auch Zweifel. War das Schreiben tatsächlich echt oder nur einer dieser Betrüger-Briefe, von denen ich gehört hatte? Sollte ich wirklich in der Lotterie gewonnen haben? Würde ich die Anforderungen erfüllen? Man muss vor Erhalt der legendären grünen Karte nämlich noch diverse Hürden überwinden. Unter anderem medizinische Tests, ein Interview mit dem Konsulat, einen finanziellen Statuscheck und ein polizeiliches Führungszeugnis. Am Ende dauerte es noch etwa sechs Monate, bis der Prozess abgeschlossen war. Doch dann war es endlich soweit. Ich hatte das Recht gewonnen, zehn Jahre in den USA arbeiten und leben zu dürfen und nach fünf Jahren amerikanischer Staatsbürger zu werden. Ich hatte es endlich geschafft. Das Land der unbegrenzten Möglichkeiten hatte mir die Tür geöffnet und mich rein gelassen.

> *Wenn du an ein positives Ergebnis glaubst, wirst du Möglichkeiten sehen. Wenn du an einen Misserfolg glaubst, wirst du nur Schwierigkeiten sehen.* " Wayne Dyer

Derzeit lebe ich etwa fünf Autominuten vom Strand entfernt in einer Mietwohnung. Morgens stehe ich früh auf und gehe um 7 Uhr Basketball spielen mit Freunden und Bekannten. Sportliche Betätigung gehört für mich einfach zum Tagesablauf dazu. Danach gehe ich runter zum Strand, plane den Tag, führe Telefonate und beantworte Emails. Dann fahre ich nach Hause, bereite mich auf Termine vor und schaue Basketball – entweder am Computer oder in den Sporthallen. Nach all den Jahren gehe ich immer noch unheimlich gerne zu NBA- oder College-Spielen, aber auch zu Partien der lokalen High Schools. Von der Basis L.A. aus gelingt es mir zudem gut, Berufliches und Privates miteinander zu verbinden. Basketballturniere in Las Vegas, Miami, auf Hawaii und an der Ostküste gibt es immer wieder. Reisen macht mir Spaß. Auch wenn es meistens für mich mit Arbeit verbunden ist.

Los Angeles ist natürlich nicht nur aus sportlichen Gründen eine super Stadt. Konzerte, Kunst und Kultur, Filmpremieren und Partys. Am gleichen Tag surfen und im Schnee sein zu können ist schon beeindruckend. Die Stadt der Engel ist für viele ein Moloch ohne Stadtkern und mit nie enden wollendem Verkehr. Es dauert bestimmt ein Jahr, bis man Los Angeles verstanden hat. Viele kleine Inseln – Hollywood, Downtown, die Strandkommunen und alles Mögliche dazwischen – die alle sehr unterschiedlich sind. Eine Stadt im ständigen Wechsel. Über 1000 Restaurants, die nichts mit Fast Food zu tun haben. Menschen aus aller Welt. Es gibt nichts, was es nicht gibt. Deutsches Brot, belgisches Bier, französischer Wein, mexikanische Tacos, amerikanische Burger! In Beverly Hills kaufte neulich neben mir eine Asiatin für 5000 Dollar ein Halsband ... für ihren Hund. In den Lounges von Santa Monica oder Hollywood schlürft man mit teilweise atemberaubendem Ausblick Cocktails. Die Stadt ist wie eine Kommode mit unendlich vielen Schubladen. Vielleicht die einzige Stadt, die mit der Zeit immer interessanter wird.

Seit meinen ersten Tagen dort gab es immer wieder Höhen und Tiefen, aber insgesamt bin ich extrem froh, das Risiko eingegangen zu sein. Immer als ich dachte, jetzt geht es nicht weiter, passierte etwas extrem Gutes. Ich war eine Zeit lang externer Scouting-Direktor der EWE Baskets Oldenburg, arbeitete parallel als Journalist für das Magazin FIVE und hatte dadurch jahrelang Saisonakkreditierungen für die Los Angeles Lakers und Clippers. Ich war bei den Meisterschaften der Dallas Mavericks und Los Angeles Lakers live dabei – für jeden Basketballfan ist das ein Traum und ich konnte ihn leben. Als es bei Oldenburg nicht mehr weiterging, rief mich die NBA an und fragte mich, ob ich nicht die deutsche Version ihrer Website NBA.com (NBA.de) mit aufbauen möchte. Klar! Als das Thema durch war, fragte mein damaliger Spieler Toby Bailey, ob wir nicht in den USA eine Agentur aufbauen möchten. Seit 2011 arbeiten wir nun als Geschäftspartner zusammen und haben mittlerweile einen guten Spielerstamm in Europa und Asien aufgebaut.

„Akzeptiere was ist, lass hinter dir was war und vertraue dem, was kommen wird." Sonia Ricotti

Für viele sind ein hohes Einkommen, ein großes Haus, eine Yacht, etc. enorm wichtig. Diese materiellen Dinge bestimmen für viele, ob jemand erfolgreich ist oder nicht. Das ist in den USA bestimmt noch mehr der Fall als in Deutschland. Für mich war und ist das allerdings absolut sekundär. Freiheit und Unabhängigkeit sind meine absolute Priorität. Gesund und glücklich zu sein ist mein Ziel. Sich in einer anderen Kultur zurecht zu finden und eine andere Sprache zu verinnerlichen, ist meiner Meinung nach ebenfalls ein Erfolg. Ich habe in meinen knapp 10 Jahren USA viel über mich gelernt und bin immer bereit für neue Herausforderungen. Wer weiß schon, was als nächstes kommt? Ich lasse alles auf mich zukommen, erfreue mich bester Gesundheit und genieße jeden freien Moment in der Sonne von Kalifornien. Und das Wichtigste: Ich bin glücklich!

Gibt es ein Patentrezept, um sein Glück zu finden? Wahrscheinlich nicht. Aber ich ermutige jeden, der unglücklich ist, einen neuen Weg zu gehen und etwas zu versuchen. Das Leben ist zu kurz, um unglücklich und unzufrieden zu sein.

„Seems it never rains in Southern California..." Albert Hammond

MEINE DREAMPIONS EMPFEHLUNGEN

Höre auf deinen Körper: Er weiß oft am besten, was richtig für dich ist.
Du kannst deine Situation rational analysieren und sie mit Freunden besprechen. Doch dein Kopf wird dich nicht immer zu der für dich wirklich richtigen Lösung führen – weil er zu viele Sichtweisen filtert und am Ende auch berücksichtigt, was ‚man' tun sollte. Dein Körper dagegen weiß immer, dass du nicht ‚man' bist, sondern dein Leben leben musst. Mein Burnout zeigte mir deutlich, dass ich etwas ändern muss.

Plane nicht zu viel, aber sei vorbereitet bei sich bietenden Chancen.
Die Planung der großen Schritte ist oft sinnvoll, aber du kannst nicht alles vorhersehen. Oft ist es besser, dich einfach in ein Abenteuer zu stürzen als die Umsetzung des Traums immer weiter aufzuschieben.

Bilde dir frühzeitig ein Netzwerk über eine Balance aus Geben und Nehmen.
Allein kann man viele Dinge erreichen. Gemeinsam mit anderen geht es aber leichter, schneller und man bekommt oft ungeahnte Möglichkeiten. Wenn du erst im entscheidenden Moment auf die Suche nach Unterstützern gehst, ist die Wahrscheinlichkeit gering, dass sie dir helfen. Wenn jemand allerdings einen Gefallen erwidern kann, wird er dies gerne tun.

Erlaube dir stolz darauf zu sein, dass du deinen Traum lebst.
Kein Leben ist perfekt und kein Mensch ist in allen Bereichen erfolgreich. Deshalb steht es auch nur jedem selbst zu, die Entwicklung des eigenen Lebens zu beurteilen. Wenn du deinen Traum erkannt hast und ihn lebst, ist das mehr als viele Menschen von sich behaupten können – und darauf kannst du stolz sein.

Norbert Schiebelhut träumte schon länger von einem Leben mit mediterranem Flair, doch erst die Liebe brachte ihn dazu, diesen Traum umzusetzen. Mittlerweile lebt er seit 18 Jahren mit seiner Familie auf Mallorca und arbeitet dort als Berater und Unternehmer. In seinem Artikel beschreibt er, wie es ihm gelang, auf der paradiesischen Insel Leben und Arbeiten zu kombinieren und sich erfolgreich zu integrieren.

Norbert Schiebelhut
DORT LEBEN, WO ANDERE URLAUB MACHEN

Den Traum, einmal im sonnigen Süden zu leben und zu arbeiten, hatte ich schon seit längerem und er festigte sich im Laufe der Zeit immer mehr. Ein Leben unter blauem Himmel, der Genuss von leckerer, mediterraner Küche, die Nähe zum Meer, das typisch südländische Flair, die Lebensart – all dies zog mich seit meiner Kindheit, geprägt von vielen Sommerurlauben auf den Balearen, magisch an. Traumhaft stellte ich es mir vor, einmal mit dem eigenen Cabrio entlang der Promenade des traumhaft schönen Naturhafens von Mahón, Menorca zu fahren.

Die Gelegenheit – manchmal realisieren sich Träume schneller als geplant
Dass ich letztlich sehr schnell dazu kam, meinen Traum umzusetzen, war nicht geplant. Nach Abitur und einer Ausbildung zum Bankkaufmann hatte ich eigentlich eine Laufbahn als Steuerberater und Wirtschaftsprüfer angestrebt und ein BWL-Studium in Frankfurt begonnen. Während eines Praktikums in Madrid bekam ich die Gelegenheit, einmal in Spanien zu leben und zu arbeiten. Diese Erfahrung stellte meine Zukunftspläne auf den Kopf, denn statt der vorgesehenen Karriere in Deutschland wuchs der Wunsch, zumindest einen Teil meines Lebens in Spanien zu verbringen. Mich begeisterten die offene Art der Spanier, ihre Leichtigkeit Arbeit und Leben zu verbinden, der klare, blaue Himmel, das Licht, weit weg von der in Deutschland üblichen „grauen Suppe", das Flair der Weltstadt Madrid, ihr kulturelles Angebot und die Freundlichkeit der Menschen.

Aus diesem Grund nahm ich nach Abschluss meines Studiums ein Angebot der größten, zur Dresdner Bank gehörigen Hypothekenbank an. Dort hatte ich die Gelegenheit, nach einem Traineeprogramm in der Auslandsabteilung der Bank arbeiten zu können, mit dem klaren Ziel, später nach Spanien versetzt zu werden. Dies war im September 1995. Im Oktober 1996 lernte ich im Rahmen einer Geschäftsreise nach Mallorca meine heutige Frau kennen.

Trotz der räumlichen Entfernung entwickelte sich unsere Beziehung blendend und wir fühlten schnell, dass wir miteinander leben wollten. Wir mussten also eine Entscheidung treffen, in welchem Land wir zusammenzogen. Das Verpflanzen einer spanischen Blume in das doch oft trübe deutsche Klima erschien uns nicht sehr empfehlenswert, so dass nur die Lösung blieb, dass ich mir einen Job auf Mallorca suchte. Somit wurde es nun langsam Ernst mit dem Umzug ins Ausland und ich begann, mich intensiver mit dem Thema auseinanderzusetzen. Als ich die Entscheidung meinen Eltern verkündete, waren diese nicht unbedingt begeistert. Da sie selbst das Land und meine zukünftige Frau schätzen und lieben gelernt hatten, konnten sie meinen Traum aber gut nachvollziehen und unterstützten mich natürlich. In meinem Freundeskreis freute man sich sehr für mich – und augenzwinkernd weiß ich, dass auch etwas Eigennutz dabei war, denn gerade Mallorca ist ja auch ein sehr attraktiver Ort, um mal einen guten Freund zu besuchen.

Die Umsetzung – kurzfristige Nachteile zahlen sich langfristig aus
Als ersten Schritt begann ich, den lokalen Arbeitsmarkt auszuloten, und in kurzer Zeit hatte ich drei interessante Jobangebote vorliegen. Es half, dass ich aufgrund meiner Ausbildung, meiner Sprachkenntnisse und meiner Auslandserfahrung gut vorbereitet und fachlich breit aufgestellt war. Mit solchen Voraussetzungen war es in der damaligen Zeit einer boomenden spanischen Wirtschaft nicht ungewöhnlich, als Ausländer interessante Jobangebote zu bekommen.

Durch meine drei Optionen war ich in der glücklichen Situation, nicht den erstbesten Job annehmen zu müssen. Stattdessen konnte ich eine Entscheidung nach meinen eigenen Kriterien treffen – und diese waren auf den ersten Blick etwas ungewöhnlich: Ich entschied mich nämlich für das finanziell schlechteste der drei Angebote, denn es war das perspektivisch interessanteste. Die Aufgabe bei Ernst & Young, einem der großen Beratungs- und Wirtschaftsprüfungs-Unternehmen, war faszinierend und fachlich sowie sprachlich herausfordernd. Besonders wichtig war mir aber, dass mir E&Y die Möglichkeit gab, mich in kürzester Zeit in die lokale Wirtschaft zu integrieren. So konnte ich mir ein Kontaktnetz etablieren, welches mir heute noch sehr nützlich ist.

Die Entscheidung war getroffen, der Umzug hatte gut geklappt, und an meinem ersten Arbeitstag spürte ich, wie weit ich auf dem Weg zu meinem Traum schon gekommen war: Ich hatte wirklich die morgendliche S-Bahn-Fahrt ins Frankfurter Bankenviertel mit einem 15-minütigen Spaziergang durch die Altstadt von Palma, bis ins Büro von E&Y in der Prachtstraße Jaime III, getauscht! Gerade die ersten Tage und Wochen genoss ich jeden Schritt meines Fußwegs ins Büro. Jedes Mal, wenn ich die prächtige Kathedrale sah, konnte ich meine Glücksgefühle kaum bändigen.

Nach knapp zwei Jahren bei E&Y erlag ich dem Werben eines großen deutschen Touristikkonzerns, der mich in sein spanisches Management berief. Nach einigen sehr interessanten Jahren mit viel Reisetätigkeit durch das gesamte Land bekam ich dann das Angebot, in die Konzernzentrale nach Deutschland zu wechseln. Dort sah man für mich bessere Entwicklungsmöglichkeiten und den nächsten Karriereschritt. Nachdem ich zweimal den Rufen nicht gefolgt war, wurde mir klar, dass ich meinen Traum „Mallorca" nicht für eine Konzernkarriere opfern wollte. Es wurde mir bewusst, dass ich den nächsten Schritt gehen musste und ich machte mich als Unternehmer und Berater selbständig. Heute berate ich (überwiegend deutsche) Family-Offices bei ihren Investitionen in Spanien, schaffe die in Spanien notwendigen handelsrechtlichen und steuerlichen Grundlagen und helfe deutschen Unternehmen, ihre Geschäftstätigkeit in Spanien aufzubauen. Als Unternehmer bin ich zudem in den Bereichen Erneuerbare Energien und Immobilien tätig.

Die schwierigen Momente – auch im Paradies gibt es sie
Seit knapp zwei Jahrzehnten lebe ich mittlerweile mit meiner Frau und unseren beiden Söhnen in Spanien. Aus heutiger Sicht habe ich sicher viele Dinge richtig gemacht. Selbstverständlich gab es aber auch Zweifel und Rückschläge, die das Leben und Arbeiten im selbstgewählten Paradies infrage stellten. Anfangs hatte ich Zweifel, ob es richtig war, die allgemeine wirtschaftliche Sicherheit und die individuelle Absicherung in Deutschland aufzugeben. Später waren es eher Existenzängste, als ich mich vor dem Gang in die Selbständigkeit befand. Natürlich hoffte ich immer, dass sich alles gut entwickeln würde, eine Sicherheit hatte ich aber nicht. Deshalb war es mir wichtig, einen Plan B zu haben – und dieser war für mich die mögliche Rückkehr nach Deutschland. Diese Möglichkeit war immer eine Art Fallschirm, den ich zwar bisher nicht gebraucht habe, aber immer gerne bei mir hatte.

Sicherlich hätten mich bei einer tatsächlichen Rückkehr ganz andere Zweifel eingeholt, wie das Gefühl, in Spanien gescheitert zu sein. Gerade zu Beginn meiner Zeit in Spanien arbeitete ich deshalb härter und länger als je zuvor, um meinen Ansprüchen und den Ansprüchen der Arbeitgeber gerecht zu werden – und dadurch die Wahrscheinlichkeit zu erhöhen, dass mir die Umsetzung meines Traums wirklich gelingt.

Heute habe ich eine tolle Familie und einen guten Job, bin sehr gut in das mallorquinische Leben integriert und lebe an einem fantastischen Ort. Dennoch habe ich ab und zu das Gefühl eine Art „Heimatloser" zu sein. Mein ehemaliger Wohnort in Deutschland ist mir selbstverständlich weiterhin heimisch und vertraut. Der Abstand wird aber mit jedem Jahr größer und ich fühle mich zunehmend ein wenig fremder. In Spanien fühle ich mich sehr wohl, bin mir aber bewusst, dass es niemals meine Heimat sein wird, die meiner Meinung nach dort ist, wo man aufgewachsen ist und seine Wurzeln hat.

Umso wichtiger war für mich von Anfang an die Integration in das mallorquinische Leben. Aus diesem Grunde hatte ich mir gleich nach Ankunft auf der Insel einen Sportverein gesucht, einerseits, um fit zu bleiben und andererseits, um meine Integration zu beschleunigen. Genauso besuchen unsere Söhne eine spanische Schule, da meine Frau und ich wollten, dass sie in einem natürlichen Umfeld aufwachsen und nicht in einer Art Ghetto, in welchem sich viele zugezogene Ausländer aufhalten.

Mein Fazit – komm nach Mallorca, wenn Du das Paradies ertragen kannst
Wenn ich nun nach gut 18 Jahren auf der Insel zurückblicke, von einer Ecke meines Gartens über den Pool auf mein Haus schaue, meine Frau und meine Kinder dort sehe, den blauen Himmel über mir habe, eine angenehme Temperatur und eine mediterrane Brise spüre, dann erfüllt mich eine gewisse Zufriedenheit und Stolz. Es hat sich gelohnt und es war die für uns richtige Entscheidung, dass ich damals den Mut hatte, meinem Traum zu folgen, das Abenteuer Mallorca zu wagen, meinen Weg auf der Insel zu gehen und vor allem eine tolle Familie zu gründen.

Wenn ich jetzt mit meinem Cabrio über den Paseo Marítimo von Palma de Mallorca fahre und die beeindruckende Kathedrale vor mir sehe, freue ich mich sehr darüber, im Paradies zu leben.

Die Schriftstellerin Gertrude Stein antwortete einst Ihrem Kollegen Robert Graves auf seine Frage, ob er nach Mallorca kommen solle: „Ven a Mallorca si eres capaz de soportar el paraíso"! Was so viel heißt wie:

„Komm' nach Mallorca, wenn du in der Lage bist das Paradies zu ertragen!"

MEINE DREAMPIONS EMPFEHLUNGEN

Auswandern ist anders als Urlaub, besonders die Integration ist wichtig.
Der Schritt zum Leben und Arbeiten im Ausland sollte gut durchdacht und geplant sein. Der wichtigste Bestandteil dabei ist die Sprache, damit man weiß, was um einen herum geschieht. Sie ist dringend notwendig, um sich in sein Gastland zu integrieren und sich diesem auch kulturell anzunähern. Ebenfalls sollte der Respekt vor dem Gastland auch mit einer Art Demut einhergehen. Die Sprache ist dazu das notwendige Handwerkszeug.

Als Auswanderer musst du Realitäten erkennen und Stärken einbringen.
Es ist wichtig, eine gute Ausbildung mit ins Ausland zu nehmen, da es schwieriger ist, einen Job im Ausland zu bekommen als im eigenen Heimatland. Die Einheimischen müssen einen Vorteil erkennen, wenn sie dem Ausländer einen Job anbieten.

Du solltest dir auch bewusst sein, dass gerade in Spanien für weniger Verdienst erheblich länger gearbeitet wird. Oftmals sind auch die Arbeitsbedingungen und die rechtliche Absicherung nicht mit der aus Deutschland bekannten Situation zu vergleichen. Die Wirtschaftskrise hat genau diese Punkte nochmals verstärkt.

Meist passt sich der Auswanderer dem Land an, selten ist es umgekehrt.
Offenheit ist absolut wichtig, ebenso wie Toleranz und Einfühlungsvermögen. Wer als Kolonialherr auftritt, der wird es nicht einfach haben, sich zu integrieren, respektiert und anerkannt zu werden.

Karim Ladak liebt das Reisen. Nachdem er in 10 verschiedenen Ländern gelebt und über 120 Länder bereist hat, sieht er sich selbst vor allem als Weltbürger. In seinem Artikel lässt er uns an seinen größten Abenteuern teilhaben und beschreibt, wie sein Reisefieber entstand und wieso es ihn bis heute nicht losgelassen hat.

Karim Ladak
DER KOSMOPOLITISCHE NOMADE

Viele träumen davon, um die Welt zu reisen. Trotzdem tun es nur sehr wenige von uns.

Ach, das Reisen. Lernen, erkunden, die Welt entdecken, die Menschheit verstehen, Spaß haben, Abenteuer erleben, sich fallen lassen, die Schuhe ausziehen, die Unterschiede würdigen, verschiedene Kulturen zelebrieren, Vorurteile verlernen, Grenzen durchbrechen, Schluchten überbrücken, Unwissenheit heilen, Bildung gewinnen. Reisen ist Musik für meine Seele und Nahrung für meinen Verstand. Es ist in meinem Blut.

Ich glaube, dass unser Leben dadurch geformt wird, wer wir sind, durch die Träume, die wir träumen und die Erfahrungen, die wir sammeln.

Mein Reisefieber entwickelt sich
Geboren wurde ich in Kigoma, einer kleinen Stadt in Tansania an der Ostküste des Sees Tanganyika. Meine liebsten Erinnerungen an meine Kindheit sind die Reisen nach Dar-es-Salam mit der Ostafrikanischen Eisenbahn. Das war eine wunderbare Zwei-Tages-Reise voller Vorfreude, begleitet von den Pfiffen der Dampflokomotive, die stolz ihren Weg durch die afrikanische Wildnis ankündigte. Der Zug hielt unzählige Male für etwa eine Minute und ich werde mich immer an die Klänge erinnern, die von den Bahnsteigen in den Zug drangen. Sie reichten von „Maskini mama maskini" – einer Bitte der Dorf-Bettler – bis hin zu den schrillen Rufen der Obstverkäufer, die „Machenza, Embe und Ubuyu" (Mandarinen, Mangos und Baobab – die Früchte des Affenbrotbaumes) schrien. Menschen verhandelten durch die offenen Fenster und als der Zug sich wieder in Bewegung setzte, rannten die Verkäufer einfach mit, in der Hoffnung noch einen letzten Verkauf zu erreichen. Jedoch – ich schweife ab. Wenn mir damals jemand gesagt hätte, dass ich in meinem Leben 120 ver-

schiedene Länder besuchen und in 10 davon tatsächlich leben würde, wäre das für mich eine unbegreifliche Vorstellung gewesen.

Als ich 9 Jahre alt war, zogen wir von Kigoma nach Dar-es-Salam, den Regierungssitz von Tansania. Anschließend ging es nach Nairobi, dann nach Kanada, wo ich die High School besuchte und mein Bachelor-Studium abschloss. Danach studierte ich Klassische Arabistik an der Hebräischen Universität in Jerusalem. Zu diesem Zeitpunkt brach der Reise-Virus in mir aus. Ich hatte Glück, denn meine Eltern hatten etwas Startkapital für mich zurückgelegt, eigentlich damit ich mir ein Haus kaufen konnte. Ich entschied mich jedoch, es auszugeben, um die Welt zu sehen. Also zog ich weiter nach Paris und studierte an der Sorbonne. Dann ging es nach England, wo ich mein Masterstudium beendete, und danach zurück nach Toronto, wo ich 1984 anfing zu arbeiten. Anders als viele andere sparte ich nicht für ein Auto, sondern um zu reisen. ‚Work hard, play hard'. Einige Jahre später zog es mich beruflich nach Bombay und danach nach Kobe in Japan. Ich kam zurück nach Kanada, nur um kurz darauf nach Moskau und anschließend nach Bukarest umzuziehen. Ein Wirbelsturm um die Welt in 40 Jahren.

> *„Die beste Bildung findet ein gescheiter Mensch auf Reisen."*
>
> *Johann Wolfgang von Goethe*

Perspektiven eines globalen Lebens
Das klingt glamourös. In Wirklichkeit war es jedoch eine sehr schwierige und gewagte Entscheidung, mein ‚Leben' immer wieder einzupacken und in diese fremden Orte umzuziehen, an denen ich keine einzige Menschenseele kannte, speziell als alleinstehender schwuler Mann. Warum schwierig? Zunächst weil ich mir über die Zeit mein eigenes Unterstützer-Netzwerk aufgebaut hatte, das sowohl aus meiner Familie als auch aus Freunden und Bekannten bestand, die mein Rückhalt waren. Im Gegensatz zu dem, was viele denken, dass es als alleinstehender Mann immer einfach ist umzuziehen, ist es viel härter. Denn anders als eine Kernfamilie kann ich mein Netzwerk aus Freunden und Bekannten nicht einfach umsiedeln. Zweitens gibt es in vielen Ländern keine islamischen Moscheen, keine süd-asiatischen Gemeinden und keine Schwulenszene. Tatsächlich ist es in einigen Ländern eine Straftat, homosexuell zu sein. Also musste ich an jedem dieser Orte meinen Lebensstil umstellen und

neu aufbauen. Zurückblickend bedauere ich nichts davon. Die neuen Erkenntnisse und Vorteile überwiegen gegenüber den Risiken und den seelischen Wunden. Außerdem wurde ich unabhängig, lernte die wichtige Lektion des Allein-Lebens und übernahm die volle Verantwortung für meine eigenen Entscheidungen. Ich fühle mich, als hätte ich mir einen Doktortitel für das Leben verdient. Jedes einzelne dieser Länder gab mir verschiedene Geschenke mit auf meinen Weg.

Ich genoss die Erfahrungen in Jerusalem, reiste kreuz und quer durch Israel, verstand die religiöse, kulturelle und politische Landschaft, nahm die Schönheit des Felsendoms in mir auf, genau wie die Bedeutung der Klagemauer, die Geschichte der Grabeskirche, die Ausdehnung der Wüste Sinai, die Philosophie der Kibbuze, die pulsierenden Korallen des Roten Meeres, den Sonnenaufgang am Masada, am Rande des Judäischen Gebirges mit Blick über das Tote Meer, und natürlich einen Besuch des Sees Genezareth. Ich war neben einem katholischen Priester aus Berkeley die einzige nichtjüdische Person in der Reisegruppe, mit der ich vieles davon erleben durfte. Für mich als Moslem war diese Erfahrung augenöffnend.

> „*Wenn du das Glück hattest, als junger Mensch in Paris zu leben, dann trägst du die Stadt für den Rest deines Lebens in dir.*"
>
> *Ernest Hemingway, 1950*

Paris ist ein Paradies für Fußgänger. Die Stadt drängt sich geradezu auf, sie zu Fuß zu erkunden. Ich spazierte durch die Museen – ich verliebte mich damals in die impressionistischen Arbeiten im Kunstmuseum „Jeu de Paume", hatte meine erste Begegnung mit dem Surrealismus durch Salvador Dalí, verstand Beharrlichkeit durch Monets „Wasserlilien" und die Gefühle von Gestein durch Auguste Rodin. Diskussionen im Studentenviertel Quartier Latin halfen mein Verständnis für die linke Politik zu formen und dafür, wie die Tageszeitung „Le Monde" die Welt aus einer Perspektive sah, in der Frankreich und die französischen Kolonien das Zentrum des Universums waren. Für mich, der ich in einer englischen Kolonie geboren wurde, war es eine gesellschaftliche Offenbarung in Frankreich zu leben.

London setzte mich der überwältigenden Welt des Theaters aus. Die Studententickets waren billig, also waren wir ein- bis zweimal pro Woche im Westend. Was für ein Genuss!!! Die andere einzigartige Eigenschaft von London ist, dass es als Treffpunkt fungiert. Ständig traf ich Leute aus allen Gesellschaftsschichten. Das war fast so bildend und hat so viel Spaß gemacht wie das Reisen. Es ist entscheidend, dass wir den Kontakt zu Menschen suchen, die einen anderen Hintergrund haben, aus anderen Kulturen kommen, und uns nicht immer nur mit denen umgeben, die so sind wie wir. Man muss auch die großen Städte hinter sich lassen und das Land erkunden. Die Menschen aus dem Süden sind von einem ganz anderen Schlag als die Leute aus den Midlands oder aus dem Norden. Ich lernte die Vielfalt der gesprochenen Akzente schätzen und musste mich mit der harten Realität auseinandersetzen, dass einige mich nicht verstanden. Sprach denn nicht jeder Englisch wie die Queen?

Indien war die spirituelle Reise zu meinen Wurzeln. Ich hatte bis dahin nicht verstanden, warum ich südasiatische Literatur und Tanz liebte, warum ich mich dort so zu Hause fühlte, warum die Region auf mich eine unbeschreibliche Anziehungskraft ausübte – sie tat es einfach. Menschen lieben Indien – oder sie hassen es. Ich vergötterte es. Den Hintergrund der unglaublich reichen Geschichte zu verstehen, der Architektur, der Technik, des wissenschaftlichen Fortschritts, wie diese Gesellschaft es geschafft hatte, das britische Empire zu überleben und daraus hervorzugehen – diese unglaubliche Stärke und Widerstandsfähigkeit, wow! Ich genoss es, die fantastischen Skulpturen mit eigenen Augen zu sehen und die geschichtsträchtigen Orte wie Ajanta, Ellora, Halebid, Belur, Khajuraho, Fatehpur Sikri, Konark, Golkonda, die Dilwara-Tempel, Sanchi – sie alle geben ausdrucksstark die Geschichte und Kultur des Landes wider. Es gibt endlose Geschichten, die hier durch Kunst erzählt werden. Auf der anderen Seite konnte ich meine bescheidenen Wurzeln im ländlichen Indien kennenlernen, dort wo mein Vater und der Vater meiner Mutter geboren wurden. Menschen in diesen Teilen der Welt kommen mit sehr wenig aus und sind trotzdem in vielerlei Hinsicht glücklicher als die Menschen, die man auf dem Sunset Boulevard antrifft.

Moskau und im Anschluss Bukarest eröffneten mir Einblicke nach Osteuropa – eine Welt, die von vielen noch weitgehend unentdeckt ist. Ich verliebte mich in Moskau, eine Stadt, die man nicht nur sieht, sondern fühlt. Während Istanbul dafür berühmt ist, dass es auf der Grenze zwischen Europa und Asien liegt, ist dies in Russland weniger sichtbar. Wie Winston Churchill sagte, Moskau ist „ein Rätsel, in ein Geheimnis gehüllt, umgeben von einem Mysterium". Je mehr man erkundet, umso weniger versteht man. Durch den Kreml zu laufen ist wie eine Zeitreise. Die Juwelen lassen einen die Augen aufreißen, aber es sind die Architektur und die Kirchen, die einen wirklich packen. Ich stattete dem Goldenen Ring einen kurzen Besuch ab, wenn auch nur Sergijew Possad mit seinem blauen Dom und Susdal, das aus dem 13. Jahrhundert komplett erhalten ist. Ich reiste zum Baikalsee, einem der unberührtesten Seen, und weiter nach Osten bis nach Kamtschatka. Ich erinnere mich gut an Dolina Geiserow, das Tal der Geysire – ich sah die Quellen 30 Meter in die Höhe explodieren, die schmelzend-heißen bunten Pfützen und die farbenprächtigen Blumen. Mutter Natur hat diesen Planeten mit enormer Schönheit gesegnet, für die es keine Worte gibt und die selbst ein Disney-Film nicht einfangen kann.

Geboren um zu reisen
Ich hatte Reisen inzwischen zu meiner primären Berufung erklärt. Bis dahin hatte ich 70 Länder besucht und wusste, dass ich diese Zahl im Laufe meines Lebens mindestens noch verdoppeln wollte. Das Länder-Zählen macht nicht viel Sinn, wenn man die Länder nicht wirklich erlebt, dennoch ist es eine Maßeinheit, die die meisten Menschen verstehen. Es gibt Länder wie die Türkei, Costa Rica, Jordanien und Marokko, bei denen ich das Gefühl habe, sie weitgehend kennengelernt zu haben. Und es gibt Länder wie den Kosovo oder Südkorea, die ich nur kurz besucht habe. Es ist jedoch besonders wichtig, dass wir die Geschichte, die Politik und die Kultur verstehen, denn beim Reisen geht es nicht nur darum, die Sehenswürdigkeiten zu besuchen. Es geht darum, die Vielfalt unseres Planeten kennen und schätzen zu lernen.

> *„Reisen veredelt den Geist und räumt mit unseren Vorurteilen auf."* Oscar Wilde

Ziele sollte sich jeder selbst setzten. Sie könnten darauf basieren, alle Bauwerke der Welt zu besuchen, die älter als 1000 Jahre sind, oder die besten Nationalparks der Welt zu durchstreifen, die ältesten Zugfahrten der Welt zu erleben oder die Weltwunder mit eigenen Augen zu sehen. Jeder sollte seiner eigenen Leidenschaft folgen. Ich erinnere mich zum Beispiel besonders an die Burgen und wundervollen Kirchen in Deutschland, bei denen ich mir besondere Mühe gab, viele von ihnen zu sehen. Die Burg Hohenzollern hat mich sehr beeindruckt – ein Gebäude, das einen atemberaubenden Ausblick, überwältigende Architektur und eindrucksvolle Geschichte an einem Ort vereinigt. Eine Fahrt entlang des Rheins oder ein Streifzug durch Bayern versetzte mich zurück in eine andere Zeit.

Rumänien ist wahrscheinlich eine der ‚durchlässigsten' Kulturen, die es gibt. Das liegt zum Teil an der Affinität für Fremdsprachen, vielleicht eine Folge von verschiedenen Einflüssen, denen das Land ausgesetzt war – römisch, osmanisch, österreich-ungarisch. Rumänen sind Lebenskünstler und eine erfrischende Erinnerung, dass wir arbeiten um zu leben und nicht leben um zu arbeiten.

Dieser Einblick half mir sehr und bestätigte mich in meinem Vorhaben, einen vorzeitigen Ruhestand anzustreben. Ich wage die These, dass viele Leute Angst davor haben, in Rente zu gehen, weil sie die Leere fürchten, die dann kommt. Schließlich sind wir Gewohnheitstiere. Ich wollte reisen und mehr von der Welt sehen, mich für ein Ziel engagieren, das mir etwas bedeutete, statt für den finanziellen Gewinn zu arbeiten. Ich wollte meine Beratung aufbauen und mehr Zeit darauf verwenden, mein Geld so auszugeben, wie ich es mir vorstellte. Trotz vor Angst eiskalter Füße war ich in der Lage, dieses Ziel mit 55 zu erreichen. Die schwierigste Entscheidung war es, mich davon zu verabschieden, immer mehr Geld zu verdienen. Doch ich war fest entschlossen, nicht für immer dem Geld hinterherzulaufen, und überzeugt, dass es im Leben viel mehr gibt, als Münzen zu zählen. Das ist einfacher gesagt als getan, aber es ist sehr wirkungsvoll und unglaublich befreiend.

Zeit zum Weltenbummeln
Ich nutzte die Situation voll aus, blieb in Europa und reiste südlich bis nach Malta und nördlich bis nach Island, das Gletscherparadies. Dann verbrachte ich drei Wochen in Kanada, machte mich aber gleich wieder auf den Weg nach Vietnam, Kambodscha und Laos und gewann meinen ersten flüchtigen Eindruck von diesen Kulturen. Nach einer kurzen Verschnaufpause ging es weiter mit einer langen Reise nach Australien, Neuseeland und den Südpazifik, von dort aus durch Südasien und auf dem Rückweg durch Katar und die Vereinigten Arabischen Emirate. Im Anschluss reiste ich nach Südamerika, ‚verschlang' Cartagena in Kolumbien, die Iguazú-Wasserfälle in Brasilien, die Galapagos-Inseln und erreichte mein 100-Länder-Ziel in Peru, wo ich Cusco trotz der schwindelerregenden Höhen genoss. Meine Freunde machten sich inzwischen darüber lustig, dass meine Rückkehr nach Kanada nicht mehr war als Einbildung – ich war ja doch nie zu Hause. Doch Spaß beiseite – ich lebte meinen Traum.

Was ist für mich das Faszinierende am Reisen? Ich liebe die Überraschungen und den Reiz des Neuen. Während ich mir durch Bilder und Reiseberichte Appetit holen kann, ist es etwas ganz Anderes wirklich vor Ort zu sein. Sobald ich an einem neuen Ort ankomme, unternehme ich immer einen langen Spaziergang, schlendere ohne Stadtplan umher und folge nur meinem Gefühl. Dieser Spaziergang ist ein Ritual ohne Leitfaden, bei dem ich versuche alle Erfahrungen und Gefühle des Ortes in mir aufzunehmen. Und ich mache Fotos. Fotos erlauben mir einzutauchen, sie verbinden mich mit der Umgebung. Die Medien beschreiben die Welt in nur wenigen Dimensionen, meist verbunden mit Hautfarbe, Glaube oder Land. Unsere Welt hat mehr zu bieten als das, nicht nur #Hashtags und @Twitter-Nachrichten. Wenn ich reise und darüber schreibe, ist es mein Bestreben, mich selbst als einen Weltbürger widerzuspiegeln und ich lehne es ab, mich auf wenige Kategorien meiner Identität reduzieren zu lassen.

„Reisen ist besonders schön, wenn man nicht weiß, wohin es geht. Aber am allerschönsten ist es, wenn man nicht mehr weiß, woher man kommt." Lao-Tse

MEINE DREAMPIONS EMPFEHLUNGEN

Spare!

Dieser Punkt ist offensichtlich. Lege ein separates Sparkonto für deine Reisen an. Viele Menschen sparen für die Ausbildung ihrer Kinder oder für die Rente oder einen Alterswohnsitz. Du solltest deine Priorität bewusst auswählen. Wenn es dir mit dem Reisen ernst ist, dann fang an Geld beiseite zu legen, es wirklich zu tun. Reisen ist eine Investition in dich selbst und in die Menschen, die du liebst. Es ist kein willkürlicher Luxus. Triff deine Wahl. Seltener essen gehen, ein Anzug weniger, das Badezimmer doch nicht umbauen. Als ich nach Toronto zurückzog, suchte ich mir eine kleinere Wohnung und reinvestierte die Ersparnisse ins Reisen.

Setze dir kühne Ziele!

Ein bequem zu erreichendes Ziel wird dich nicht zu dramatischen Veränderungen zwingen, es wird dich nur am Rande berühren. Entwirf deinen eigenen Weg. Geh kalkulierbare Risiken ein, besonders wenn du Länder abseits der ausgetretenen Pfade bereist. Als ich nach Papua-Neuguinea fuhr, befürchteten meine Bekannten, ich würde gegessen werden!!! Sie waren ebenso besorgt, als ich nach Honduras reiste („Oh, diese Drogenhändler") oder mich ein paar Tage vor den unruhigen Wahlen in Bangladesch aufhielt („Geh bloß nicht auf die Straße"). Wie bei jeder Entscheidung solltest du alles mit deinem Kopf, deinem Herzen und deinem Bauchgefühl prüfen. Zwei von drei gewinnen.

Trau dir etwas zu!

Verlasse deine Komfortzone. Mir geht es zum Beispiel in der Sonne gar nicht gut, ich hasse Hitze, habe Höhenangst und ein nur halb-funktionsfähiges Knie. Als ich in Namibia auf eine Düne klettern sollte, fühlte ich mich furchtbar, 51 Prozent „Nein", 49 Prozent „Ja". Es war das Gleiche, als ich im philippinischen Borocay durchs Feuer lief. Mit diesen 2 Prozent musst du dich auseinandersetzen, sie sind dein „Komfort-Hebel". Das Gefühl, es geschafft zu haben, hilft dir dich lebendiger zu fühlen und dein Selbstvertrauen zu steigern. Ich war in Panik, als ich Fallschirmspringen ging, meine Beine versagten an der Tür ihren Dienst. Gleichzeitig war es eines der berauschendsten Erlebnisse meines Lebens.

Warte nicht auf den perfekten Zeitpunkt!

Stell die inneren Stimmen ab, die sagen „nächstes Jahr" oder „warte bis zur Rente". Versuche lieber, so viel wie möglich in kürzeren Zeiteinheiten zu erleben. Sobald du auf der ‚Reise-Welle' bist, findest du jede Menge Hilfe und Unterstützung von Gleichgesinnten. Außerdem weiß keiner, was die Zukunft bringt. Beginne heute. Warten ist ein riskanter Ansatz, du könntest ein ewiger Aufschieber sein.

Reise smart!

Hier geht es nicht darum, was du einpackst, sondern darum, wie du deine Zeit verbringst. Meine Reisen bestehen aus randvollen Tagen, nicht viel anders als ein Arbeitstag. Verbringe weniger Zeit mit dem Herumfahren, sondern schöpfe die Tage vor Ort voll aus. Die täglichen Übernachtungskosten addieren sich auf und ebenso der Einkommensverlust, wenn du nicht arbeitest. Als Angestellter sind Urlaubstage knapp. Finde einen lokalen Veranstalter, der dir einen hervorragenden Reiseführer vermittelt. Das mag etwas mehr kosten, aber es ist wie ein Privatlehrer, der für ein paar Tage nur dir zur Verfügung steht. Nutze jede Stunde.

„Zum Reisen braucht man Geld, denn es ist so teuer." Das ist ein Satz, den ich immer wieder höre. Ich stimme voll und ganz zu. Aber Geld ist nicht die einzige Voraussetzung für das Reisen. Man braucht auch einen angeborenen Drang, die Motivation, die körperliche Fähigkeit und, sehr wichtig, einen Sinn für das Abenteuer und die Bereitschaft zum Lernen – wie ein moderner Columbus. Eine ähnliche Aussage ist, dass einige Reiseziele sehr teuer sind. Das stimmt. Aber auch auf den Malediven und in vielen anderen Gegenden gibt es Lösungen, die für kleinere Reisebudgets passend sind. Snacks oder auch Alkohol in den lokalen Läden zu kaufen spart eine Menge. Oder deiner Lieblingshotelkette treu zu bleiben und sich so eine Platin-Mitgliedschaft zu verdienen bietet enorme Vorteile und liefert auf Dauer spürbare Einsparungen.

Die Zusammenfassung ist, dass Reisen eine Investition in das Leben ist. Stell dir vor, wie cool es ist, so ziemlich jeden in der Welt treffen zu können und dich mit ihr oder ihm über ihre Kultur und ihr Heimatland unterhalten zu können. Um das tun zu können, musst du es wirklich wollen. Entscheide dich bewusst und du wirst einen Weg finden. Du wirst es niemals bereuen.

Die Südtirolerin Marlene Augschöll und der aus Oberbayern stammende David Kullack entschlossen sich, eine Auszeit von ihren Berufen zu nehmen und sich den Traum von einer langen Reise zu erfüllen. Im umgebauten VW-Bus erkunden sie den Balkan, lernen Länder und Leute kennen und gewinnen neue Perspektiven über das Leben und sich selbst.

Marlene Augschöll und David Kullack
IN DEN SCHLUCHTEN DES BALKAN

Albanien. So muss sich das Gefühl purer Freiheit anfühlen. Wir sitzen vor unserem VW-Bus am Strand, die Sonne scheint uns ins Gesicht und in der Luft liegt der Geruch des Lagerfeuers, auf dem wir gerade Tee kochen. Mathieu, einer der Franzosen, die wir beim Trampen mitgenommen haben, jongliert mit Keulen, Arnaud baut sich eine Angel zum Fischen. Der Zufall hat uns zusammengewürfelt und an diesen wunderbaren Ort gebracht.

Eine tiefe Schlucht schlängelt sich zum Meer. An der Stelle, wo sie ins Meer mündet, öffnet sich ein breiter und menschenleerer Sandstrand, rechts und links umgeben von schroffen Felsen. Weiter den Canyon hinein liegt ein wunderschöner, paradiesischer Garten mit Olivenbäumen, Farnen und Zitruspflanzen. Im Garten selbst sind wir von Vogelgezwitscher umgeben, das von den Felswänden widerhallt. Nachts hören wir das Meeresrauschen und blicken in den Sternenhimmel. Am Morgen wachen wir auf und wissen nicht, was uns der Tag bringen wird. Wir sind frei, unseren inneren Impulsen und der Kreativität freien Lauf zu lassen. So finden wir uns einmal beim Fischen auf einem Tretboot und ein andermal bei der Olivenernte wieder. Wir wissen noch nicht, wie lange wir hier bleiben werden. Dem inneren Rhythmus folgend gestalten wir unseren Tag und spüren, wann es Zeit ist zu gehen.

Wir, David und Marlene, haben vorerst alle Verpflichtungen in Deutschland aufgegeben und uns mit dem VW-Bus auf eine große Reise gemacht. Mittlerweile sind wir seit vier Monaten unterwegs und haben noch Zeit für weitere vier Monate. Wir wollen langsam reisen und uns Zeit nehmen, um Land und Leute kennenzulernen. Wenn es uns irgendwo besonders gefällt, bleiben wir länger. Da unser Budget sehr begrenzt ist, müssen wir unsere Ausgaben so gering wie möglich halten. Wir haben alles Nötige in unserem Bus, auf Campingplätze sind wir also nicht angewiesen.

Warum reisen und warum diese Reise?

David: Nach dem Abitur wollte ich eigentlich für längere Zeit nach Australien oder Neuseeland, ein Abenteuer erleben. Die Reise hatte ich damals mit einem sehr guten Freund geplant. Wir hatten bereits eine Packliste, mit den Gedanken war ich schon auf der anderen Seite der Erde. Leider wurde aus unserer Reise nichts. Meinem Freund wurde die Reise ausgeredet, da es doch viel besser wäre, gleich nach dem Abitur mit dem Studium zu beginnen. Darauf eingestellt zu zweit zu starten, hatte ich selbst nicht mehr den Mut alleine los zu reisen. Seitdem war ich nie weiter weg und der Traum der großen Reise war lange Zeit in mir begraben. Ich machte eine Ausbildung und arbeitete danach sehr viel. Am Wochenende versuchte ich, dem Alltag in den heimischen Bergen zu entfliehen. Am Montag war es wieder der alte Trott. Einige Jahre später hatte ich eine schwere Verletzung, die mich dazu zwang, meine Arbeit als Schreiner aufzugeben. Ich machte mir viele Gedanken, wie es in der Zukunft bei mir weitergehen sollte. Mir wurde bewusst, wie schnell sich Dinge im Leben ändern können, und mein lang verdrängter Wunsch nach Abenteuer und der großen Reise erwachte wieder.

Ab diesem Zeitpunkt verlief alles recht schnell, ich steckte viel Zeit und Energie in den Ausbau meines VW-Busses. Zum Glück schaffte ich es, meine Freundin Marlene von meinem Plan so zu überzeugen, dass sie mich begleiten wollte. Ich sehe die Reise als gute Möglichkeit, einfach mal den Kopf freizubekommen und mich neu zu orientieren.

Marlene: Es ist schwer zu sagen, wie der Traum einer großen Reise entstanden ist. Reisen bedeutet für mich zu leben. Das Leben auszukosten, Abenteuer, Freiheit, sich zu öffnen, neue Erfahrungen zu sammeln und daran zu wachsen. Den tiefen Wunsch, diesen Bedürfnissen nachzugehen und fremde Länder zu bereisen, hatte ich schon zu Schulzeiten. Eigentlich ist direkt nach dem Abitur eine gute Zeit für eine längere Reise, aber ich bekam sofort den angestrebten Ausbildungsplatz zur Logopädin. Auch nach der Ausbildung ging es ohne Unterbrechung im Job weiter, so dass mein Traum lange Zeit auf Eis lag. Nach drei Jahren im Beruf beschloss ich schließlich, meinen Wunsch zu realisieren, und reiste für sechs Wochen als Backpacker nach Indonesien. Obwohl ich damals bereits mit David zusammen war, war es für mich wichtig, die Reise alleine anzutreten. Ich denke, ich wollte zum einen persönliche Ängste überwinden und mir beweisen, dass ich es schaffe. Zum anderen war ich neugierig auf die Erfahrung alleine zu reisen. Die Reise hat mich sehr bereichert und vieles in mir verändert. Als ich von der Reise zurückkam, war ich sehr stolz, dass ich mir meinen Traum erfüllt und meine

Ängste überwunden hatte. Die fremde Kultur und Denkweise beeindruckten mich sehr und veränderten meine Sichtweise auf viele Dinge – insbesondere darauf, was mir wichtig ist in meinem Leben.

Nach meiner Reise führte ich zunächst mein gewohntes Leben fort. Ich hatte allerdings bald das Gefühl, etwas verändern zu müssen. In welche Richtung die Veränderung gehen sollte, wusste ich noch nicht. Die Idee von David kam mir somit sehr gelegen. Ich sehe die Reise als Möglichkeit Abstand zu gewinnen, Eindrücke zu sammeln und mir klar zu werden, welche Prioritäten ich in meinem Leben setzen will.

Reisevorbereitung
Als das „Ob" geklärt war, kümmerten wir uns um das „Wohin" und das „Wie". Erste Voraussetzung für uns war natürlich, dass wir mit dem VW-Bus von Deutschland aus starten konnten. Andere wesentliche Kriterien für unsere Reiseroute waren, dass wir temperaturmäßig gut den Winter verbringen konnten und dass ein nicht-typisch europäisches Land mit dabei war, wie z.B. Marokko, die Türkei oder Albanien. Wir entschieden uns schließlich auf dem Hinweg für die Route über den Bakan (Kroatien, Montenegro, Albanien, Griechenland) bis in die Türkei. Zurück sollte es dann über den Osten (Bulgarien, Rumänien, Serbien,…) gehen. Weitere Details unserer Route planten wir nicht. Wir wollten uns die Möglichkeit offen lassen, spontan und Tag für Tag zu entscheiden, wie es weiter gehen sollte.

> *„Der Hastige überspringt seine Gelegenheiten."*
> *Albanisches Sprichwort*

Während wir uns also relativ schnell für die Route entschieden, waren es die „Was-wäre-wenn-Fragen", die uns viel Zeit und Nerven kosteten – also Reisekrankenversicherungen, ADAC-Mitgliedschaft ja/nein und welche Impfungen wirklich notwendig waren. Letztlich sollte man immer abwägen, wie groß das Risiko wirklich ist, dass ein Schaden überhaupt auftritt, und zweitens, ob es besser ist, eine Versicherung abzuschließen, oder im Fall der Fälle den finanziellen Schaden selbst zu begleichen. Es ist zwar nervenaufreibend, aber wir denken, es führt kein Weg an diesem Entscheidungsprozess vorbei. Damit man einigermaßen entspannt losreisen und die eigenen Ängste in Schach halten kann, müssen solche Fragen geklärt sein. Wir haben schließlich versucht, Worst-Case-Szenarien abzudecken und trotzdem nicht unnötig viel

Geld auszugeben. Schließlich kann man sich nicht gegen alles versichern! Wichtig waren uns eine gute Auslandskrankenversicherung und eine Teilkaskoversicherung für den Bus, damit wir gegen Diebstahl versichert waren.

Ängste, Rückschläge, Sorgen

Die Planung stand. Doch bevor es losgehen konnte, wurden wir weiter auf die Probe gestellt. Als wir Familie und Bekannten von unserem Vorhaben berichteten, war die Aufregung groß. Es ist natürlich ungewöhnlich, die Arbeit zu kündigen und sich auf unbestimmte Zeit auf und davon zu machen. Wir wurden mit Fragen, Sorgen und oft auch Unverständnis konfrontiert: Wie – ihr seid so lange unterwegs? Findet ihr danach wieder eine Arbeit? Solltet ihr nicht lieber etwas Geld für später ansparen statt jetzt alles auszugeben? Ist es nicht gefährlich, wild zu campen? Was ist mit dem Strom an Flüchtlingen, die auch über den Balkan kommen? Was ist, wenn euer Auto kaputt geht? Und so weiter.

Natürlich ließen uns die Fragen nicht unberührt, denn das waren auch Ängste, die uns beschäftigten und mit denen wir uns auseinandersetzten. Wir hatten die Ängste eigentlich schon besiegt und uns für die Reise entschieden, und nun mussten sie immer und immer wieder neu ‚verdaut' werden. Das war nicht einfach und manchmal haben wir uns von diesem Sorgenstrom mitreißen lassen und selbst Zweifel bekommen. Wir waren sehr froh, dass wir uns gegenseitig immer wieder Sorgen abnehmen und uns in unserem Vorhaben gegenseitig bestärken konnten.

Die Frage der Sicherheit

Ein sehr wichtiges Reiseziel war für uns Albanien. Es zählt zu den ärmsten Ländern Europas und ist größtenteils noch sehr traditionell und ursprünglich. So sieht man immer wieder Eselskarren auf der Straße, ja sogar eine Schafherde am Autobahnrand. Man wird oft mit einem freundlichen Hupen begrüßt, ein kurzes Grüßen unsererseits wird meist mit einem freudigen (manchmal zahnlosen) Lächeln erwidert. Ein Stromausfall, mehrmals am Tag, verwundert hier niemanden. Genauso alltäglich ist es, auf dem Esel in den nächsten Ort zu reiten. Albanien bietet neben der besonderen Landschaft auch einen kulturellen Kontrast zu typisch europäischen Ländern.

Als wir Bekannten von unseren Reiseplänen berichteten, reagierten viele besorgt. Albaner haben in vielen Teilen Europas keinen guten Ruf. Geprägt von Medienberichten gilt das Land als gefährlich. Vor Ort merkten wir, dass alles ganz anders ist. Es stellte sich heraus – oh Wunder, dass Albaner ganz normale Menschen sind, sehr gastfreundliche noch dazu.

Natürlich haben auch wir Vorurteile im Kopf, wenn wir an bestimmte Länder denken. Es ist aber immer gut und wichtig, Menschen offen zu begegnen und sich ein eigenes Bild zu verschaffen. Meist wird man überrascht, wie wenig diese Vorurteile zutreffen. Hierzu ein kleines Beispiel: Wir waren mit unserem VW-Bus in den albanischen Alpen unterwegs und hielten am Straßenrand, um ein Foto von den Schafen zu machen. Ein albanisches Auto fuhr vorbei und hielt an. Wir dachten, dass sie uns wahrscheinlich gleich sagen würden, dass wir hier nicht halten dürften oder dass es sonst in irgendeiner Weise Ärger gäbe. Die Fensterscheibe wurde runtergekurbelt, eine albanische Familie lächelte uns entgegen. „Ob wir Probleme mit dem Auto haben?" Wir verneinten und sagten, dass wir lediglich ein Foto von den Schafen machen wollten. Die Familie fing an zu lachen. Was so besonders an Schafen sein sollte, konnten sie nun wirklich nicht verstehen.

Trotzdem reisten wir in Albanien anders und vorsichtiger als z.B. in Kroatien, weil uns die Lebensweise nicht vertraut war. Wir wussten nicht, was angebracht ist und was andere vielleicht beleidigen könnte. Ebenso herrschen in Albanien andere Sicherheitsstandards: Wegen riesiger Schlaglöcher und oft unbeleuchteter Straßen fuhren wir selten abends und waren bei der Auswahl unserer Standplätze vorsichtiger.

Insgesamt hatten wir eine sehr schöne und abenteuerreiche Zeit in Albanien, die wir auf keinen Fall missen möchten. Es wäre sehr schade gewesen, hätten wir diese Erfahrungen nur aufgrund unserer Ängste und Vorurteile nicht machen können. Jeder hat Ängste, wenn er in etwas Ungewisses aufbricht und das ist auch gut so. Wichtig ist nur, dass man sich nicht von seiner Angst kontrollieren lässt und dass sie einen nicht davon abhält, den Traum zu verwirklichen. Uns half, dass wir uns konkret mit der Angst auseinandergesetzt haben: Was könnte schlimmstenfalls passieren? Ist die Angst berechtigt? Was könnten wir tun, um es zu verhindern? Man wird die Angst zwar nicht ganz los, aber man kann sie eindämmen. Schlussendlich muss man manchmal auch einfach darauf vertrauen, dass alles gut geht.

Die Reise und ihre Auswirkungen auf uns

David: Am Anfang der Reise waren wir recht schnell unterwegs. Einerseits wollten wir möglichst bald Albanien erreichen, das erste große Ziel unserer Reise. Zudem fiel es mir anfangs schwer, mich komplett auf die Reise und das Leben im Bus einzulassen. Ich konnte nicht sehr lange an einem Ort verweilen, die Dinge hinnehmen, wie sie sind. Ich wollte mehr und mehr entdecken und hatte den inneren Drang, weiter ins Ungewisse aufzubrechen. Marlene hingegen wollte oft länger an einem Ort verweilen und zur Ruhe zu kommen. Es hat einige Wochen gedauert, bis wir uns besser aufeinander eingestellt hatten, mittlerweile haben wir meistens sogar denselben Rhythmus gefunden, was das Kommen und Gehen an einzelnen Orten betrifft.

Marlene: Ich denke, beim Reisen miteinander durchläuft man einen Prozess und lernt, sich aufeinander einzustellen. Schließlich lebt man auf sehr engem Raum zusammen und muss Rücksicht nehmen. So kann man sich nicht einfach schlafen legen, denn wenn das Bett ausgefahren wird, ist im Bus kein Platz mehr. Mit der Zeit lernten wir, uns zu arrangieren und Kompromisse zu finden. Wir merkten, dass Streitpunkte angesprochen und geklärt werden müssen. Ansonsten droht man im Bus zu explodieren, schließlich kann man nicht einfach mal schnell den Raum verlassen.

Interessant ist, dass sich unsere Persönlichkeiten, unsere Ansichten und unser Verhalten im Verlauf der Reise verändert haben: Wir schlossen viele interessante Bekanntschaften und waren oft überrascht von der Großzügigkeit und Herzlichkeit der Menschen. Dadurch wurden auch wir offener. So waren wir in Kroatien an einem entlegenen Stellplatz am Meer. In der Nähe war ein baufälliges Haus, in dem eine Art Hippiekommune wohnte. Da uns die Leute fremd waren und wir sie nicht einschätzen konnten, waren wir vorsichtig und hielten uns fern von ihnen. Heute, zwei Monate später, fragen wir uns, wie spießig wir wohl gewirkt haben müssen, als wir uns in unserem ‚heimeligen' Camper verkrochen haben, anstatt die Gruppe anzusprechen und gemeinsam eine schöne Zeit zu erleben.

Auch unser Konsumverhalten hat sich stark verändert: Da wir mit wenig Budget unterwegs sind und nicht viel Stauraum haben, überlegen wir uns gut, was wir wirklich brauchen und was nicht. Schon öfter streckte einer von uns auf dem Markt bereits die Hand nach etwas aus, um es zu kaufen, fragte sich dann aber doch noch: Brauche ich das wirklich? Hatte ich schon vorher das Bedürfnis, dass es mir auf unserer Reise fehlt oder erst jetzt, wo ich es sehe? Wie sehr möchte ich es wirklich und ist es mir das Geld wirklich wert? Oft waren wir im Nachhinein froh, Dinge nicht gekauft zu haben. Umgekehrt sind uns die Dinge, die wir besitzen, wichtiger als es in Deutschland der Fall war. Wir achten mehr auf sie und benutzen sie so lange wie es geht. Dieses veränderte Konsumverhalten möchten wir gerne für später beibehalten. Wir fühlen uns freier dadurch, dass wir mit weniger glücklich sein können.

Marlene: Für mich war es speziell am Anfang unserer Reise schwierig, mich auf das Nichts-Tun einzulassen. Zu arbeiten bzw. etwas zu leisten hat in unserer Gesellschaft einen hohen Stellenwert. Ich hatte ein schlechtes Gewissen nicht zu arbeiten, ich kam mir faul vor. Im Laufe der Reise dachte ich häufiger über den Sinn der Arbeit und auch des Lebens an sich nach und nach einiger Zeit ließ ich mich von meiner Vernunft überzeugen: Denn wozu sollte man arbeiten und arbeiten? Um immer mehr Besitz anzuhäufen? Ich finde, man sollte arbeiten, um die Möglichkeit zu haben, das Leben nach den eigenen Vorstellungen zu gestalten. Ich möchte die Welt entdecken, meinen Horizont erweitern und mich lebendig fühlen. Ich will auf ein erfülltes Leben mit vielen Eindrücken zurückblicken. Und das kann ich nicht, wenn ich die ganze Zeit zu Hause bin und arbeite. Wieso sollte man nicht einfach mal das Leben genießen, wenn man irgendwie die Möglichkeit dazu hat?

Wir haben unterwegs viele Menschen getroffen, für die ein Urlaub unvorstellbar ist, weil sie arbeitslos sind oder am Existenzminimum leben. Ich habe es sehr zu schätzen gelernt, dass wir diese Möglichkeit haben.

„Warte nicht auf die guten Dinge, suche, um sie zu finden." Albanisches Sprichwort

Irgendwann regte sich in mir der Wunsch, wieder etwas zu tun – im Sinne von etwas erschaffen oder mich körperlich zu betätigen. Arbeiten zu wollen war etwas ganz Anderes als arbeiten zu müssen, was ursprünglich zu meinem schlechten Gewissen geführt hatte. Es ist aus einem inneren Bedürfnis entstanden, voller Lebendigkeit und Energie. Schließlich entschieden wir uns zu woofen (man erhält Kost und Logis im Gegenzug für ca. fünf Stunden Arbeit am Tag). Wir ernteten bei einer Familie Oliven und hackten Holz. Es tat richtig gut, in einer Arbeit aufzugehen, mich auch körperlich zu verausgaben. Ich fand die Erkenntnis, dass Nichtstun auch nicht glücklich macht, schön und wichtig.

Die Heimfahrt naht, aber die nächste Reise kommt bestimmt

Obwohl wir noch nicht am Ende unserer Reise angekommen sind, wissen wir schon jetzt, dass es uns bald nach der Rückkehr nach Deutschland wieder in die Ferne ziehen wird. Es wird uns fehlen, nicht am Meer aufzuwachen und über albanische Pisten zu holpern, ohne zu wissen, was der Tag an Überraschungen bringt. Wir freuen uns auf weitere Erfahrungen, Erlebnisse und Begegnungen, für die wir gerne auf ein hohes Einkommen und materielle Sicherheit verzichten.

UNSERE DREAMPIONS EMPFEHLUNGEN

Losfahren statt planen!
Während unserer Reise stellten wir mehrmals fest, dass die Dinge anders laufen als geplant. Ein strenger Plan schränkt zu sehr ein und lässt weniger Freiraum, um Dinge einfach passieren zu lassen.

Zweifel und Ängste sind normal.
Wichtig ist, dass du mit den Ängsten nicht alleine bist. Wenn du jemanden hast, der dich in deinem Tun unterstützt und dir bei einem zweifelnden Moment hilft, ist das viel wert.

Frage dich: Wie viel ist dir dein Traum wert?
Falls dir der Mut zur Umsetzung deines Traumes fehlt, denke darüber nach, was dir wirklich wichtig in deinem Leben ist und was konkret die Dinge sind, die dich an der Umsetzung des Traumes hindern. Was ist das schlimmste Szenario? Überlege dir, ob du nicht selbst in diesem Falle noch froh wärest, es zumindest probiert zu haben, anstatt mit dem Gefühl zu leben, etwas versäumt zu haben.

No problems – Only solutions!
Es ist normal, dass nicht alles glatt läuft! Nimm Rückschläge und Fehler in Kauf, das heißt nicht, dass dein Traum zum Scheitern verurteilt ist. Sei zuversichtlich und versuche daraus zu lernen. Meist findet sich eine Lösung, wenn man am wenigsten damit rechnet.

Lass die Dinge auf dich zu kommen.
Oft will man alles sofort und auf der Stelle lösen. Die Lösungen sind dann oft unvernünftig oder ziemlich teuer. Hab Geduld und schau was sich ergibt. Kurzes Beispiel: Unsere Gasflasche war leer, auffüllen in Griechenland war nur schwer möglich. Der schnellste aber teuerste Weg: eine griechische Gasflasche kaufen. Stattdessen haben wir abgewartet. Wenig später konnten wir die Flasche auffüllen und bekamen dazu noch ein warmes Abendessen und etliche Tüten Orangen.

3. TRAUMBERUFE

> *„Sag ihnen bitte nicht,*
> *dass ich es auch umsonst tun würde."*
>
> Bob Hope

Dieser Satz, den der Schauspieler Bob Hope im Rahmen einer Verhandlung über seine Filmgage gesagt haben soll, drückt aus, worum es wohl für viele Menschen bei einem Traumberuf geht: Eine Aufgabe finden, die so viel Spaß macht, dass das Geld keine Rolle mehr spielt. Natürlich können es sich nur wenige Menschen leisten, den Blick auf die finanziellen Aspekte ihres Traumberufes aus den Augen zu lassen. Doch schon der chinesische Philosoph Konfuzius sagte „Wenn du liebst, was du tust, wirst du nie wieder in deinem Leben arbeiten."

So fühlt es sich wohl für den Lego-Experten Matthias Grebe an, der inzwischen von seiner Begeisterung für die kleinen bunten Steine leben kann. Der Auto-Spediteur Markus Freiknecht würde sicher auch umsonst einige der Traumwagen fahren, die er für seine Kunden sicher durch die Welt bringt. Spielend, im wahrsten Sinne des Wortes, geht dem Spieleerfinder Dr. Reiner Knizia seine Tätigkeit von der Hand. Der Fotograf Hans Starck ist vor allem von der faszinierenden Technik und den spannenden Begegnungen in seinem Job begeistert. Und die Friseurin Marion Sutter liebt die Vielfalt zwischen dem Kundenkontakt und der Kreativität der großen Wettbewerbe in ihrem Beruf.

DREAM*pions*

**Selbständiger
Matthias Grebe**

Das ist kein Spielzeug,
das ist Lego

**Spieleentwickler
Dr. Reiner Knizia**

Mathematiker –
Banker – Spieler

**Auto-Spediteur
Markus Freiknecht**

Von Vipern, Cobras
und den Geissens

**Fotograf
Hans Starck**

Aus der Not eine
Tugend machen

**Friseurin
Marion Sutter**

Zwischen Salon
und Glamour

Matthias Grebe befreite sich aus seiner Notlage als Hartz IV-Empfänger durch einen mutigen Schritt in die Selbständigkeit, der von vielen angezweifelt wurde. Heute führt er seinen eigenen Online-Versandhandel für LEGO-Einzelteile und Sammler-Sets und ist ein gefragter Experte. Er lebt seine Begeisterung für die bunten Steine, die ihn schon als Kind fasziniert haben – eine Faszination, die über die Jahre kein wenig kleiner geworden ist.

Matthias Grebe
DAS IST KEIN SPIELZEUG, DAS IST LEGO

Wie es sich anfühlt, seinen Traum zu erreichen?

Diese Frage kommt genau zum richtigen Zeitpunkt, immerhin lebe ich meinen Traum in exakt diesem Augenblick. Nach zehn Jahren langwieriger und teils sehr mühsamer Arbeit – Kleinstarbeit, im wahrsten Sinne des Wortes! – samt Tiefschlägen und Zweifeln, winkt jetzt endlich der ganz große Erfolg. Ich habe es geschafft, mich aus Hartz IV herauszuarbeiten, indem ich mich auf das konzentriert habe, was mir Spaß macht und was ich wirklich gut kann, kurz: Ich habe mein Hobby zum Beruf gemacht. Wer wünscht sich das nicht? Wer möchte nicht dieses Glücksgefühl erleben, sich entgegen aller Unkenrufe etwas aufgebaut zu haben, von dem man leben und seine Familie ernähren kann?

Und hiermit wäre ich dann auch bei der Beschreibung, wie es sich anfühlt: Gut, besser, am allerbesten!

Lego – Rückkehr in die Kindheit

Schon als kleines Kind habe ich liebend gern mit Lego gespielt. Stundenlang konnte ich aufbauen, umbauen und die kleinen Anleitungs-Heftchen studieren, damit am Ende jeder Stein korrekt auf dem anderen saß und jedes Teil eines Sets tatsächlich verbaut war. Nahezu alle neu erschienenen Modelle wollte ich haben, und meine Eltern versuchten, mir so viele dieser Wünsche wie möglich zu erfüllen. Allerdings stamme ich aus einer einfachen Arbeiterfamilie und schon damals waren viele Modelle so teuer, dass man sie nicht mal eben zwischendurch kaufen konnte. Außerdem brauchte ich natürlich ausgerechnet die teuersten Modelle am dringendsten. Wie das eben so ist als Kind.

Irgendwann verlor ich diese Leidenschaft aus den Augen. Ich trat ins Berufsleben ein, lernte zunächst Gärtner und anschließend Rechtsanwalts- und Notariatsgehilfe. Aber nichts konnte mich wirklich lange begeistern. Also versuchte ich mich in der Selbstständigkeit, promotete den Modelleisenbahn-Hersteller Roco in Karstadt-Filialen. Das lief zwar ganz gut, aus gesundheitlichen Gründen musste ich im Jahr 2003 meinen Beruf jedoch komplett an den Nagel hängen.

Da saß ich nun und überlegte, was ich als Nächstes tun könnte. Immerhin hatte ich eine Familie zu ernähren. Aus lauter Verzweiflung ersteigerte ich mit den letzten 50 Euro, die ich besaß, eine Kiste voller Lego bei Ebay. In diesem Moment war mir das ein Bedürfnis, ich musste die über 5 Kilogramm Lego einfach haben. Als sie bei uns zu Hause ankamen, fühlte ich das Kind in mir jubilieren. Ich sortierte die Steine, reinigte sie und sichtete meine Beute genau. Schnell wurde klar, dass ich da einen wahren Glücksgriff gelandet hatte. In diesen Tausenden von Steinen waren tatsächlich einige Modelle versteckt, die ich mir als Kind so heftig gewünscht hatte! Zwar nicht vollständig, dennoch wirkte das wie ein Weckruf für meine alte Sammelleidenschaft.

Die unerwartete Geschäftsidee
Ich hatte ja Zeit, also verbrachte ich Stunden damit, auf Online-Tauschbörsen nach den fehlenden Steinen dieser Sets zu suchen. Als ich allerdings sah, wie teuer manche dieser Steine gehandelt wurden, blieb mir beinahe das Herz stehen. Da boten Leute teilweise mehrere Euro für einzelne Figuren und seltene Sonderteile wie farbige Antennen, Satellitenschüsseln oder durchsichtige einreihige Steine. Nie hätte ich gedacht, dass es noch mehr Lego-Verrückte wie mich geben könnte, die alles daran setzten, ihre Modelle zu vervollständigen! Und das Beste an der Sache war, dass ich einige dieser begehrten Steine tatsächlich in meiner Kiste gefunden hatte und sie sozusagen ‚übrig' hatte. Ich brauchte sie nicht, dafür wollte ich andere Teile umso dringender in meinen Besitz bringen.

Mir war schon zu diesem Zeitpunkt wichtig, dass die Steine alle aus der gleichen Epoche stammten, dass es immer Originalteile waren, die da zueinander fanden. Natürlich hätte ich ein Auge zudrücken und mich mit einem hellblauen 2x4 Stein zufrieden geben können, anstatt auf einen etwas dunkleren zu bestehen. Wie sich herausstellte, stand ich mit meiner Einstellung nicht allein da. Also verkaufte ich die Steine, die ich nicht benötigte, und kaufte dafür andere. Und aus dem Überschuss ersteigerte ich eine neue Kiste mit Mischware.

Zunächst sah ich diese Tauscherei mehr als Hobby an. Auch meine Frau, die glücklicherweise während der ganzen Zeit einer geregelten, bezahlten Arbeit nachging, und vor allem das Arbeitsamt, bei dem ich nach wie vor als erwerbssuchend gemeldet war, schenkten der Sache kaum Aufmerksamkeit.

Doch als nach der zweiten recht zügig eine dritte, vierte und fünfte Kiste folgten und ich allmählich verstand, welche Steine wie viel Geld brachten, welche Modelle besonders beliebt und welche eher austauschbar waren, wuchs in mir der Gedanke, dass ich so etwas doch auch hauptberuflich machen könnte. Ich könnte anderen Menschen die Möglichkeit bieten, fehlende Teile für ihre Modelle zu finden, nebenher meine Sets vervollständigen und mit etwas Glück auch noch Geld dadurch verdienen.

Die Anfänge

Ich erwarb also weitere Lego-Kisten, kaufte billige Regale und stellte damit unser Wohnzimmer zu. Meiner Frau hatte ich von meinem Vorhaben erzählt und sie hatte nichts dagegen. Im Gegenteil, sie stand von Anfang an hinter mir und unterstützte mich, wo sie konnte. Vom Arbeitsamt dagegen kam nun doch Gegenwehr. Man fand die Idee, dass ich mich wieder selbständig machen wollte, zwar nicht verkehrt, aber Lego hielt man für den falschen Ansatz. Ebenso wie von einigen Bekannten hörte ich oft den Kommentar, dass das Kinderkram sei, mit dem man sicherlich kein Geld verdienen könne. Allerdings gab es auch keine Vergleichswerte, auf die sich die Damen und Herren vom Amt hätten beziehen können, denn bisher hatte niemand versucht, was ich vorschlug: Ich wollte einen Online-Shop für Lego-Einzelteile ins Leben rufen. Man stellte mir einen Coach zur Seite, der mich in Fragen zu den Themen Online-Versand und Handel unterstützen sollte, und auch der riet von Lego ab.

Im ersten Moment war das ein ganz schöner Schlag in die Magengrube, nur ließ ich mich davon nicht beirren. Endlich hatte ich etwas gefunden, das mir Spaß bereitete und womit ich Geld verdienen konnte. Meine Entscheidung stand fest. Ich reinigte, sortierte und katalogisierte die Steine und erstellte Datensätze, die ich ins Netz stellte. Relativ schnell wurden die ersten Kunden auf meine Shop-Seite ‚Bricklands.net' aufmerksam. Knapp eineinhalb Jahre später war mein Warenbestand bereits so weit angewachsen, dass ich mich in Delmenhorst nach einem kleinen Ladengeschäft umsehen musste, wenn ich unsere Wohnung nicht völlig zubauen wollte.

Teilen der Begeisterung

Anfangs waren es im Kern meist die gleichen Leute, die auf meiner Seite stöberten, und wir kamen ziemlich schnell über die gemeinsame Leidenschaft Lego ins Gespräch. So entstand irgendwann die Idee, einmal im Monat einen gemeinsamen Stammtisch ins Leben zu rufen. Je länger meine Seite online war, desto mehr Teilnehmer kamen dazu, teils auch Jugendliche und Kinder in Begleitung ihrer Eltern.

„*Lego verbindet.*"

Ich war und bin glücklich zu sehen, dass die Beschäftigung mit den kleinen Bausteinen auch für andere Spaß am Erschaffen und Lust an der Kreativität bedeutet. Man erhält sofort sichtbare Ergebnisse, und das ist für mich als überzeugten Praktiker einfach ein unbeschreibliches Glücksgefühl.

Inzwischen nehmen durchschnittlich 20 bis 30 Leute an den monatlichen Treffen teil und es sind sogar richtige Freundschaften daraus entstanden. Wir tauschen Inspirationen und fehlende Teile aus und zeigen stolz Bilder von unseren neuesten Errungenschaften oder Eigenkreationen. Wenn man wie die meisten von uns irgendwann alle Sets besitzt, die man dringend haben möchte, fängt man an, sich selbst Modelle auszudenken. Dabei entstehen aus den Grundsteinen und viel Fantasie ganz neue Dinge. Je größer, ausgefallener und verrückter, desto besser. ‚My own creation', kurz MOC, ist die Bezeichnung für dieses völlig freie Bauen, und es sollte mir später noch viele gute Dienste erweisen.

Doch plötzlich die Krise

Der Stammtisch war übrigens einer der Gründe, warum ich im Winter 2012 die Kraft fand die erste Krise meines Lego-Shops zu überstehen. Mein Geschäft lief gut, eigentlich zu gut, um es noch länger allein am Leben halten zu können. Meine Frau und unsere Kinder halfen zwar oft mit, die bestellten Sachen zu verpacken und zu verschicken, dennoch kam ich kaum hinterher. Die Datensätze mussten dringend erneuert und neue Teile eingepflegt werden, doch mir fehlte schlicht die Zeit. Bis zu diesem Zeitpunkt hatte ich halbtags gearbeitet, weil mein Sohn aus erster Ehe, der bei uns lebte, aus gesundheitlichen Gründen intensiv betreut werden musste. Auch meine jetzige Ehefrau hat einen Sohn mit in die Ehe gebracht und gemeinsam haben wir ebenfalls noch einen Jungen. Zusammen mit der inzwischen sehr aufwendigen Pflege des Online-Shops wuchs mir das alles nun über den Kopf.

Ich fragte beim Arbeitsamt an, ob man mir nicht einen Helfer zur Seite stellen könnte, aber mein Wunsch wurde abgelehnt. Der Shop trug sich selbst und bescherte mir ein kleines Einkommen, die Bezahlung eines Angestellten hätte allerdings das Amt übernehmen müssen, und das wurde blockiert. Man betrachtete keine individuellen Fälle, sondern versuchte, überall eine Schablone anzuwenden, unabhängig von der familiären Situation. Dieses scheuklappenmäßige Vorgehen ärgerte mich. Schließlich hatte ich die Idee, einen Jugendlichen zu beschäftigen, der auf der Suche nach einer Ausbildung war und nicht nur zu Hause sitzen wollte. Auch das klappte leider nicht. Wo kein Interesse besteht, kann ich keines hinzaubern, und deshalb verlief auch dieser Versuch im Sande.

Ich war frustriert und kurz davor, alles hinzuschmeißen. Mein Engagement brachte ja scheinbar nichts, ich stieß überall auf Mauern, die ich nicht überwinden konnte.

„Auch aus Steinen, die dir in den Weg gelegt werden, kannst du Schönes bauen."

Johann Wolfgang von Goethe

Gewaltige Lichtblicke

Der Zufall kam mir zu Hilfe: Ein kurzfristig abgesagter Lego-Markt im Nachbarort brachte mich auf die Idee, so etwas selbst einmal auf die Beine zu stellen. Allein der Gedanke, mit anderen Lego-Begeisterten eine Börse zu organisieren, ließ mich unruhig werden. Der passende Veranstaltungsort war schnell gefunden: Das Jute Center Delmenhorst hatte einigen Leerstand im Haus, und meine Nachfrage, ob man denn nicht einen Laden für solch eine Börse zur Verfügung stellen konnte, stieß sofort auf offene Ohren. Innerhalb von ein paar Monaten erstellte ich gemeinsam mit dem Management einen Standplan, fand genügend andere Lego- und Playmobil-Liebhaber, die ausstellen und verkaufen wollten und bereitete alles für unsere erste Börse vor.

Eintrittsgelder verlangten wir keine, sondern finanzierten uns über die Standmieten. Schließlich hatten wir ja auch keinerlei Erfahrungen, ob denn überhaupt Interesse an solch einer Veranstaltung vorhanden war. Doch die

Resonanz übertraf all unsere Erwartungen. Von Jung bis Alt, von eingefleischten Sammlern bis zu neugierigen Einsteigern war alles im Publikum vertreten. Wir bekamen sogar die Genehmigung, mit unseren selbst gebauten Modellen eine Dauerausstellung in einem der leer stehenden Läden zu bestücken, was im Nachhinein ein weiterer Glücksfall war. Durch diese Ausstellung unserer MOC-Modelle wurde nämlich eine Investorengruppe auf uns aufmerksam und trat mit einem ungewöhnlichen Anliegen an uns heran: Das seit Jahren unbenutzte Hertie-Gebäude in Delmenhorst sollte endlich wiederbelebt werden, da es nach wie vor eine zentrale Anlaufstelle in der Stadt und wichtig für die Infrastruktur war. Allerdings benötigte man Ideen, wie man die Immobilie samt angrenzendem Parkhaus umbauen könnte, ohne einen Komplettabriss vornehmen zu müssen. Unsere Lego-Modelle hatten die Investoren auf den Gedanken gebracht, verschiedene Möglichkeiten mit Hilfe der kleinen Steine durchzuspielen. Ich war völlig begeistert. Was für eine Chance, mit meiner Leidenschaft zum Erhalt wichtiger Örtlichkeiten in meiner Heimatstadt beitragen zu können!

Ein Raum für die Modelle sowie die erforderlichen Lego-Teile wurden von der Bank gesponsort und das ganze als Bürgerprojekt ins Leben gerufen. Jeder Interessierte konnte anhand vorgegebener Pläne mit an den Entwürfen bauen. Ich bereitete die Module vor, die von anderen Freiwilligen zusammengebaut und anschließend im Stecksystem nur noch aufeinander montiert werden mussten.

Etwa zu diesem Zeitpunkt entschied sich meine Exfrau, unseren gemeinsamen Sohn zu sich zu nehmen. Auch wenn es mir alles andere als leicht fiel, meinen Sohn gehenzulassen, hatte ich dadurch mehr Zeit, um mich um die Ausweitung des Shops zu kümmern. Ich arbeitete die Datensätze nach, verschickte fleißig und entwickelte dank der noch immer großartigen Unterstützung meiner Frau und der Stammtisch-Kollegen neuen Elan.

Ab da lief es wie geschmiert. Die Börsen etablierten sich immer mehr und wir nahmen von jeder Veranstaltung neue Erkenntnisse mit. Ich hätte beispielsweise nicht erwartet, dass Lego-Wühltische eine wahre Magnetwirkung auf Käufer ausüben! Offenbar wirken das Geräusch der klirrenden Steinchen und der Erfolg, wenn man inmitten Tausender verschiedener Teile einen Schatz gefunden hat, viel anziehender als das Durchforsten abgepackter Einzelteile. Außerdem lernte ich durch Erzählungen von Stammtisch-Kollegen, dass viele Firmen ihre Produktionsabläufe im Voraus mit Lego testen, um mögliche Fehler ausfindig zu machen. Wirklich spannend, wofür dieses ‚Spielzeug' alles gut sein kann!

Ausblick

Ich war zufrieden, fühlte mich in meinem Tun bestätigt und genoss die kleinen Erfolge. Aber das sollte noch nicht das Ende der Fahnenstange darstellen. Kürzlich erhielt ich einen Anruf vom Wormser Auktionshaus mit der Bitte, doch ab 2016 mein Wissen als Lego-Sachverständiger zur Verfügung zu stellen. Ich soll Modelle, die zur Versteigerung stehen, auf ihren Wert schätzen. Ich! Vor ein paar Jahren musste ich mich noch mit Hartz IV über Wasser halten und jetzt kommen Menschen auf mich zu und bitten um meine Unterstützung! Unfassbar. Zwar bedeutet das, ich muss mich aus dem Online-Geschäft ein Stück weit zurückziehen. Doch ich habe bereits eine Lösung gefunden, die es mir erlaubt, einen Großteil der Arbeit abzugeben, ohne den Shop gleich verkaufen zu müssen. Dafür habe ich ‚Bricklands' einfach zu viel zu verdanken.

Und wenn ich daran zurückdenke, was für ein steiniger Weg das war, dann erfüllt mich die Erinnerung mit Stolz, dass ich nicht nachgegeben und mich trotz aller Widrigkeiten durchgebissen habe. Das Leben meines Traumes war wirklich jede Sekunde Arbeit und jeden einzelnen Zweifel wert.

MEINE DREAMPIONS EMPFEHLUNGEN

Glaube an deine Träume!
Träume sind nicht nur zum Träumen da. Viele Träume kann man umsetzen, aber man muss dafür kämpfen. Wer nicht an seine Träume glaubt, wird nicht alles Notwendige tun, um sie zu erreichen.

Lass dich nicht von der Meinung anderer beeinflussen!
Höre auf dein Bauchgefühl und zieh deinen Stiefel durch. Die Meinung anderer gibt nur deren Standpunkt wider und nicht die objektive Realität. Ich fand es auch wichtig, nicht auf zu viele Meinungen zu hören. Die unterschiedlichen Standpunkte verwirren mehr als sie helfen.

Prüfe deine Möglichkeiten!
Ist es in absehbarer Zeit möglich, deinen Traum zu realisieren? Dabei dürfen natürlich auch die wirtschaftlichen Möglichkeiten nicht unbeachtet bleiben. Obwohl ich bewiesen habe, dass man auch mit nichts etwas schaffen kann.

Dranbleiben, auch wenn es schwer fällt!
Ja, es wird schwierig. Rückschläge werden dich einholen und der Gedanke ans Aufgeben wird kommen. Doch es ist wichtig dranzubleiben. Manche Dinge müssen sich auch erst langsam entwickeln, vielleicht auch nebenher entstehen, bevor sie zum Hauptberuf werden. Ich habe gelernt, dass es sich lohnt.

Erfahrungswerte sind nicht alles!
Wenn es keine Erfahrungswerte von Leuten gibt, die bereits einen ähnlichen Weg gegangen sind, schaffe welche. Wie sagte Ralph Waldo Emerson einmal: „Gehe nicht, wohin der Weg dich führt. Gehe deinen eigenen Weg und hinterlasse eine Spur."

Bereits zu Schulzeiten war für Markus Freiknecht klar, dass er sein (Berufs-) Leben mit aufregenden Autos verbringen würde. In seinem Artikel lässt er uns an seinen Abenteuern mit besonderen Autos und speziellen Kundenwünschen teilhaben. Markus beschreibt seinen Weg von der jugendlichen Begeisterung bis zum Aufbau seiner auf weltweite Fahrzeugtransporte spezialisierten Spedition, mit deren Hilfe sich Autofans in aller Welt ihre individuellen Träume erfüllen.

Markus Freiknecht
VON VIPERN, COBRAS UND DEN GEISSENS

Wie alles begann: Das Lebensgefühl amerikanischer Autos

Magnum, Miami Vice, Das A-Team: In den späten 80er-Jahren faszinierten US-amerikanische Fernsehserien ihre meist jungen Zuschauer mit lässig gekleideten Detektiven, die in coolen Sportwagen durch sonnige Strandorte fuhren. Auch ich war begeistert und im Alter von 10 Jahren stand für mich fest: Das will ich auch erleben! Dabei waren es nicht unbedingt die Hawaii-Hemden, die mich ansprachen, sondern die Musik, das Lebensgefühl und besonders die Autos.

Natürlich interessieren sich die meisten Jungs in diesem Alter für Autos, aber für mich war es mehr als bloßes Interesse. Zu Grundschulzeiten konnte ich in der Dunkelheit entgegenkommende Fahrzeugtypen anhand der Form ihrer Scheinwerfer oder ihres Motorengeräusches identifizieren. Besonders liebte ich den Sound von V8-Motoren und die riesigen Dimensionen der amerikanischen Pick-ups. Und wenn ich ehrlich bin, hat mich diese Begeisterung für Motoren, Design und Kraft nie mehr losgelassen.

Meine Heimatstadt Bremerhaven trug ihren Teil zur Entwicklung meines Traumes bei: Durch die US-Air-Base waren damals viele US-Amerikaner bei uns stationiert, die ihren Lebensstil verbreiteten. Mehrere Autohändler wollten die Soldaten als Kunden gewinnen und boten Ford, Chevrolet und andere amerikanische Marken an – und ich drückte mir regelmäßig die Nase an ihren Schaufensterscheiben platt. Als ich nach meinem Abitur vor der Frage stand, in welche berufliche Richtung ich mich entwickeln wollte, war für mich klar: Ich wollte etwas mit amerikanischen Autos zu tun haben – und dies obwohl ich bis dahin noch niemals in den USA gewesen war.

> *„Muscle Cars sind laut, stolz und direkt und sie geben nicht vor, anders sein zu wollen."*
>
> The Ultimative Guide to Muscle Car

Der Hafen als „Schule"

Wenn man beruflich mit Autos zu tun haben will, existieren einige Möglichkeiten, die ich nun nach dem Ausschlussprinzip betrachtete: Als Techniker und Schrauber sah ich mich nicht, so dass ich die Option, eine Reparaturwerkstatt zu leiten, ausschloss. Genauso war ich ehrlich genug um einzusehen, dass ich nicht ausreichend Talent und Begeisterung für den Vertrieb mitbrachte, um als Autohändler zu arbeiten. Übrig blieb der weite Bereich „KFZ-Dienstleistungen", den ich mir sehr gut für mich vorstellen konnte. Auf Basis dieser Analyse entschloss ich mich, ein BWL-Studium mit Schwerpunkt „Transportwesen und Logistik" zu beginnen. Die Universität war interessant, aber wirkliche Begeisterung kam erst wieder auf, als ich während meines Unipraktikums in eine Spedition hineinschnuppern konnte. Ich verließ die Theorie und lernte stattdessen in einer kaufmännischen Ausbildung das Speditionsgeschäft von der Pieke auf.

Auch hier half mir der Standort Bremerhaven mit Europas größtem Hafen für Autotransporte. Während meiner Ausbildung war es üblich, dass ich nicht ausschließlich im Büro saß, sondern viel Zeit vor Ort bei den Containern, den Verladestationen oder dem Zoll verbrachte. Dabei zog es mich (öfter als vielleicht unbedingt nötig) zu den Bereichen, in denen Autos in Bremerhaven ankamen oder verschifft wurden. Regelmäßig sah ich die Probleme, vor denen der Zoll aufgrund fehlerhaft ausgefüllter Papiere stand, und ich fühlte mit den Autobesitzern, die nicht schnell genug an ihre heiß erwarteten Klassiker kamen. Es war offensichtlich, dass hier ein Geschäftspotenzial existierte, wenn man es schaffte, den Importprozess für beide Seiten effizienter und angenehmer zu gestalten. Der Leiter meiner Spedition war offen für meinen Vorschlag, das Geschäft zu erweitern und ich durfte den Bereich Auto Import/Export aufbauen. Es wurde ein voller Erfolg, ein Riesenspaß und brachte mir viele Kontakte in der Branche.

Die große Entscheidung

Nach etwa 8 Jahren in meinem Ausbildungsbetrieb und einem Jahr in einem Großkonzern stellte sich mir die Frage, ob ich als Angestellter in der Spedition bleiben oder mein eigenes Geschäft aufbauen sollte. Zu diesem Zeitpunkt ging es mir darum, die für mich passende Kombination aus investierter Arbeitszeit, Bezahlung, eigenen Gestaltungsmöglichkeiten und finanzieller Sicherheit zu finden. Es war also nicht primär der Wunsch, jetzt endlich allein mein Ziel zu verfolgen. Rückblickend war dies sicher eine der entscheidenden Phasen in der Umsetzung meines Traums. Es wäre gelogen, wenn ich behaupten würde, dass ich nicht etwas Angst vor der Entscheidung und dem möglichen großen Schritt verspürte. Mir war natürlich klar, was mir alles fehlte, um eine eigene Fahrzeugspedition aufzubauen: Ich hatte noch keine Infrastruktur, kein zur Gründung notwendiges Eigenkapital und mir fehlte Einiges an kaufmännischem Gründerwissen. Um den Zweifeln zu begegnen, erinnerte ich mich aber immer selbst daran, was ich alles hatte, und mein Optimismus kam zurück: Ich hatte ein Konzept, das auf Kundenwünschen basierte und sich bereits als erfolgversprechend bewiesen hatte. Zudem hatte ich Kenntnisse über die wesentlichen Prozesse im Import/Export von Fahrzeugen und hatte mir gute Kontakte in der Branche aufgebaut. Zudem besaß ich die aus meiner Sicht wichtigste Zutat für eine erfolgreiche Selbständigkeit: Begeisterung für meinen Traum.

All diese Stärken hätten mir dennoch nicht viel geholfen, wenn ich nicht im richtigen Moment Glück gehabt hätte: Eigentlich hatte ich nur nach einem Mitarbeiter gesucht, der sich mit Buchhaltung auskannte. Dabei kam ich in Kontakt mit Horst, der noch wenige Monate zuvor als Mitinhaber die Buchhaltung und Finanzen in einem mittelständischen Unternehmen geleitet hatte. Jetzt war er eigentlich (Früh-)Rentner, wollte aber gerne weiter aktiv im Berufsleben bleiben. Aus einem Bewerber für die Buchhaltung wurde mein Mentor in Finanzfragen und großer Unterstützer, ohne den der Start in die Selbständigkeit kaum möglich gewesen wäre. Horst brachte nicht nur seine berufliche Erfahrung von über 40 Jahren Finanzmanagement ein, sondern half mir auch mit der am Anfang so wichtigen Finanzierung durch Eigenkapital. Am wichtigsten war aber, dass wir uns auch persönlich super verstanden und beide Riesenspaß dabei hatten, gemeinsam eine Firma aufzubauen.

Die Zusammenarbeit mit Horst zeigt: Kaum jemand erreicht seinen Traum allein. Ohne Unterstützung geht es nicht. Und ganz wichtig ist bei einer Entscheidung wie dem Schritt in die Selbständigkeit, die Familie mit ins Boot zu holen. Meine Eltern und ich führten in dieser Zeit viele Gespräche miteinander. Beide sind im öffentlichen Dienst tätig und ihre Perspektive auf meine Entscheidung war natürlich auch dadurch beeinflusst. Sie sahen die finanziellen Risiken der Selbständigkeit im Gegensatz zu einer traditionellen, sicheren Anstellung. Auch machten sie mir klar, dass sie sich im Speditionsbereich nicht auskannten und mir inhaltlich nicht würden helfen können. Trotzdem war deutlich, dass sie immer voll hinter mir stehen würden, wenn ich diesen Traum verfolgen wollte. Ihre emotionale Unterstützung und das oft auch tatkräftige Anpacken war alles, was ich mir erhofft hatte – und so eröffnete ich im Jahre 2008 die Cargate & Logistics GmbH, die ich zunächst parallel zu meiner Angestelltentätigkeit im Sinne eines zweiten Vollzeitjobs betrieb. Als Folge der Fusion mit der TopCarLog aus der Nähe von München firmiert unser Unternehmen seit 2015 als Global Logistic Group GmbH. Wir sind eine auf weltweite Fahrzeugtransporte spezialisierte Spedition – wobei wir neben den angesprochenen US Classic Cars auch aktuelle Traumfahrzeuge, reimportierte deutsche Youngtimer und klassische Motorräder transportieren.

„ Es wird Wagen geben, die von keinem Pferd gezogen werden und mit unglaublicher Gewalt daher fahren. "

Leonardo Da Vinci

Jetzt geht es richtig los

Aller Anfang ist schwer – auf den Aufbau eines eigenen Unternehmens bezogen stimmt dieses Sprichwort sicherlich. Meine Arbeitszeiten lagen eher bei 60 als bei 40 Stunden pro Woche. Ich musste in Mitarbeiter und Infrastruktur viel Zeit und Geld investieren und zahlte auch sonst Lehrgeld, speziell wenn Kunden ihren Zahlungsverpflichtungen nicht nachkamen. Es waren anstrengende und schwierige Wochen und Monate. Die Sicht aus meinem Bürofenster auf die auf ihre Verladung wartenden Sportwagen, Cabrios und Pickups entschädigte mich für Einiges. Leben kann man aber natürlich nicht von dem Anblick schöner Autos. In der ersten Zeit machte ich mir regelmäßig Sorgen, ob sich das Unternehmen finanziell auszahlt.

Da diese Sorgen meine Situation aber nicht verbesserten, wollte ich mich von ihnen nicht herunterziehen lassen. Ich fragte mich stattdessen, was ich in Zukunft besser machen konnte, um Zahlungsausfälle durch andere Vertragsgestaltung zu vermeiden oder wie ich weitere Kunden gewinnen konnte. Ans Aufgeben dachte ich nie – mir war immer klar, dass es für mich nichts Schlimmeres gibt, als mich 8 Stunden am Tag mit einer Sache zu beschäftigen, für die ich nicht brenne. Deshalb war ein Wechsel in einen sicheren Bürojob einfach keine Option für mich. Denn wer träumt schon wirklich davon, nur mit Papier und einem Computer zu tun zu haben? In schlechten Zeiten blickte ich auf die Unternehmen meiner Branche, die es geschafft hatten, finanziell erfolgreich zu sein. Ich wusste, dass ich dies auch schaffen würde.

In besonders schwierigen Momenten ging ich raus zu den Autos auf meinem Hof. Dort gab und gibt es immer etwas, was einen Autofan in gute Laune versetzt. Der Motorensound eines Shelby Cobra ist unvergleichlich. Wer mit einer Dodge Viper nur kurz anfährt, merkt den Unterschied eines 8-Liter-Motors zu den 1,6 Litern Hubraum im Golf. Wir kümmerten uns um einen umgebauten Hummer mit einem Pool auf der Ladefläche, den riesigen Ford F 650, bei dem man drei Stufen bis zur Fahrerkabine hochsteigen muss, sowie Stretchlimousinen, deren luxuriöses Innere kaum vorstellbar war. Bei diesen Autos ging es mir gleich wieder besser und meine Motivation kam wieder zurück.

Neben der täglichen Begeisterung gab es in den letzten Jahren auch einige echte Highlights: So meldete sich eines Tages ein Kunde aus Korea und flehte mich fast an, den Tank seines zu verladenden Autos leer zu fahren, da dieses sonst nicht verschifft werden konnte. Bei einem Lamborghini LP560 konnte ich ihm den Gefallen natürlich nicht abschlagen. Bei einem Geschwindigkeitstest auf der A27 Bremerhaven – Cuxhaven verbrauchte der Lamborghini einige Liter und kam dann rechtzeitig in Seoul an. Traumhaft war die gemeinsame Reise mit meiner Frau nach Miami, wo wir den American Way of Life sowie die Weite des Landes genossen und riesige Entfernungen über Straßen zurücklegten, auf denen uns kaum Autos und am Straßenrand mehr Krokodile als Menschen begegneten. Lebhaft in Erinnerung ist mir auch die Reise mit meinem Geschäftspartner zum Pomona Swap Meet, einem in der Nähe von Los Angeles stattfindenden Classic Car Markt. Auf einem riesigen Gelände kommen hier regelmäßig über 30.000 Menschen zusammen, um sich mit Autos und Zubehör zu beschäftigen, Kontakte zu knüpfen und Spaß zu haben. Und sogar ins Fernsehen haben wir es mit unserer Firma geschafft, als wir den Umzug des Fuhrparks der Geissens aus Monaco nach Miami bewerkstelligten.

> *„Wie bei Kleidung gibt es nichts Verführerisches als ein Auto, das zur Persönlichkeit des Fahrers passt."* — Giorgio Armani

Mein Traum lebt, indem ich die Träume meiner Kunden erfülle
Trotz all dieser Höhepunkte, die mein Job mir bringt, entsteht die größte Freude aus der Zufriedenheit der Kunden. Für viele unserer Kunden ist der Import eines Autos aus Amerika ein Abenteuer, das sie nur einmal im Leben angehen. Entsprechend groß ist die Anspannung, ob wohl alles klappt, und die Begeisterung, wenn sie ihr Auto dann endlich übernehmen können.

Auch aus diesem Grund hat sich für mich der große Traum nicht nur erfüllt, sondern er lebt weiter: Der Stolz, ein eigenes Unternehmen aufgebaut zu haben und weiter auszubauen, die Freude an Autos, die man normalerweise kaum auf der Straße sieht, geschweige denn fährt, und die Zufriedenheit der Kunden sind eine tolle Belohnung für mich und meine Mitarbeiter.

Letztlich kann ich durch die Verwirklichung meines Jugendtraums heute anderen Menschen dabei helfen, ihre Träume wahr zu machen.

MEINE DREAMPIONS EMPFEHLUNGEN

Habe den Mut, an dich selbst und deinen Traum zu glauben.
Große Entscheidungen, wie in meinem Fall der Schritt in die Selbständigkeit, machen einem auch Angst. Man kann noch nicht alle Konsequenzen der Entscheidung abschätzen und sieht viele Risiken. Dennoch sollten der Glaube an die eigenen Fähigkeiten und die Begeisterung für den Traum größer sein als die Angst. Wer all seine Energie für den Traum einsetzt, hat eine hohe Wahrscheinlichkeit, ihn zu erreichen.

Der Start ist schwierig, das Durchhalten allerdings noch viel mehr.
Die Entscheidung, dem Traum zu folgen und die Konsequenzen zu tragen, ist bereits ein sehr schwieriger Schritt. Allerdings wird diese Phase auch von Begeisterung und Aufbruchsstimmung begleitet. Wirklich auf die Probe gestellt wird die Bedeutung des Traums erst, wenn Schwierigkeiten auftauchen – und das wird mit Sicherheit passieren. Das optimistische Durchhalten und flexible Reagieren auf Herausforderungen sind nun gefragt, damit der Traum nicht schon früh endet. In meinem Fall waren es anfangs besonders Zahlungsausfälle, die mir zu schaffen machten. Als ich ein Geschäftsjahr trotz sehr hoher abgeschriebener Forderungen mit einem Gewinn abschloss, wusste ich, dass der geschäftliche Traum erreicht ist.

Ergänze die Begeisterung für den Traum durch eine Realitätsprüfung.
Meinen Traum, mich beruflich mit aufregenden Autos zu beschäftigen, musste ich mit meinen Talenten und Fähigkeiten in Einklang bringen. Als Mechaniker hätte mir all meine Begeisterung kaum geholfen erfolgreich zu werden. Genauso wundere ich mich manchmal über Kunden, die unbesehen einen Oldtimer kaufen, weil sie denken, sie hätten ein Superangebot gefunden. Man bekommt im Handel selten etwas geschenkt. So wichtig Optimismus auch ist, sollte man sich dennoch die Zeit für einen Realitätscheck und eine gute Planung nehmen.

Wirklicher Erfolg wird nur im Team erreicht.
Ohne eine gute Idee, Begeisterung für den eigenen Traum und persönlichen Einsatz wird man als Selbständiger kaum erfolgreich sein. Alleine aber geht es auch nicht. Die Unterstützung meiner Frau und der Familie ist das Fundament, welches durch Tipps eines Mentors ausgebaut wurde. Im täglichen Geschäft sichern die gute Zusammenarbeit mit meinen Mitarbeitern und Partnern sowie die Empfehlungen durch zufriedene Kunden oder Lieferanten den Erfolg. Letztlich lässt sich nur mit einem starken Team ein großer Traum verwirklichen.

Belohne dich für erreichte Etappenziele.
Der Weg, bis der Traum endgültig erreicht ist, kann sehr lang sein. Oft geht der Traum auch anders aus, als man es sich vor vielen Jahren vorgestellt hat. Ich finde es daher schade, nur auf ein Endziel hinzuarbeiten und die vielen Erfolge auf dem Weg zu vernachlässigen. Eine Fahrt mit meinem Ford Mustang Cabrio und mehr noch die Reisen mit meiner Frau belohnen mich für die erreichten Etappenziele und geben Kraft für die nächsten Schritte.

Reiner Knizia erfand bereits Spiele bevor er zur Schule ging. Doch nie hätte er damals gedacht, dass er zu einem der weltweit erfolgreichsten Spieleerfinder werden würde. In seinem Artikel beschreibt er, wie es dazu kam, dass aus der Begeisterung für das Spielen ein Welterfolg mit über 20 Millionen verkauften Spielen wurde.

Dr. Reiner Knizia
MATHEMATIKER – BANKER – SPIELER

Ich habe gespielt, seit ich denken kann. Die Freude am Gesellschaftsspiel hat mich mein Leben lang begleitet und die Tür zu vielen Menschen geöffnet. Die Beschäftigung mit Modellen und Systemen hat mich schon von Kind an fasziniert.

Experimente

Ich erinnere mich noch gut daran, wie ich in meinem Kinderzimmer meine diversen Spielzeugautos immer wieder eine schiefe Ebene hinunterfahren ließ, um zu messen, wie weit sie rollten, wie ich daraus Rankings für die Autos erstellte und dann versuchte, die Performance der einzelnen Rennwagen zu verbessern. Das Speiseöl war dabei nicht immer förderlich für den Teppich…

Auch eine Spielzeug-Lottotrommel regte mich zu zahllosen Experimenten, Berechnungen und Lotterien an. Wann immer Besuch kam, stand bald schon die Trommel da. Keiner konnte meiner kindlichen Begeisterung entkommen! Alle mussten die Lotteriezettel ausfüllen und dafür auch noch mit barer Münze bezahlen. Dann kam die große Ziehung, die ich regelrecht zelebrierte – während sich die Erwachsenen angeregt unterhielten.

Wen wundert es da noch, dass ich zunächst Mathematiker wurde, dann Banker, und nun meine eigene Spielefirma führe. Man hat nur ein Leben! Und so beschloss ich schon früh, möglichst immer das zu tun, was mich begeistert. Ich hatte das große Glück, dass mir das bisher im Großen und Ganzen auch immer möglich war. Dafür bin ich sehr dankbar. Ich glaube, wenn man seiner Berufung folgen kann, braucht man sein Leben lang nicht zu arbeiten, zumindest fühlt es sich nicht so an, und dennoch leistet man überdurchschnittlich viel und der Erfolg ist geradezu unvermeidlich.

In der Schule war Physik mein Lieblingsfach. Meine Lehrer erlaubten mir schließlich, mich selbständig im physikalischen Geräteraum aufzuhalten, um am Nachmittag eigene Experimente auszuführen. So konnte ich viele Dinge, die ich in den Büchern las, nun selber ausprobieren. Manchmal entstand daraus ein Vortrag für die Klasse, manchmal aber auch nur eine Reihe von Fragen für die Lehrer. Das alles endete leider jäh eines Nachmittags, als mich der Schulleiter im Geräteraum „erwischte", etwas von „nicht versichert" murmelte und mich kurzerhand hinauswarf. Ich glaube, sein anschließendes Gespräch mit den Lehrern fiel auch nicht freundlich aus. Danke für die Unterstützung, Bruder Norbert! (Ja, ich ging als „Protestant" auf eine rein katholische Schule.)

Mathematiker

Und so beschloss ich, Physik zu studieren. Der Wechsel an die Universität in Ulm (nach einem verlorenen Jahr als Wehrpflichtiger) war wunderbar. Plötzlich öffnete sich die doch beschränkte Welt der Schule in ein Universum des Wissens.

Weil ich wusste, dass Mathematik in den Naturwissenschaften sehr wichtig ist, belegte ich auch die Mathematikvorlesungen, die ein Klassenkamerad von mir studierte. Am Ende des ersten Semesters hatte ich dann ein Schlüsselerlebnis:

Es gab da einen Aspekt in Einsteins Relativitätstheorie, den ich in der Schule nie verstanden hatte und den mir auch meine Lehrer nicht erklären konnten. Nun kam der große Augenblick, als genau dieser Aspekt in der Vorlesung behandelt wurde. Aber leider verstand ich es wieder nicht. So ging ich zu meinem Tutor, um mir das erklären zu lassen. Doch nach einem kurzen Gespräch war der Tutor leider verwirrt und konnte mir nicht helfen. So gingen wir zusammen zum Assistenten des Professors. Nach einem etwas längeren Gespräch war auch der Assistent verwirrt. Und so marschierten wir dann – wie die sieben Schwaben – alle zusammen zum Professor persönlich. Ich erinnere mich noch, als wäre es gestern gewesen, wie wir in seinem Zimmer saßen und ich ihm meine Verwirrung erklärte, nun in der freudigen Erwartung, endlich erleuchtet zu werden. Aber – Sie werden es sich schon denken – nach einem langen Gespräch war schließlich auch der Professor verwirrt und die ersehnte Erleuchtung blieb aus. Dafür kam mir aber die Erleuchtung, dass die Physik wohl doch nicht das Richtige für mich war. Und so beschloss ich, Mathematiker zu werden, um mich der exaktesten aller Wissenschaften zu widmen. Es folgten das Mathematik-Diplom in Ulm, der Master of Science an der Syracuse University in den USA und schließlich die

Promotion in Ulm.

Ich glaube, ich hatte das Glück, dass mir wissenschaftlich viele Dinge leicht fielen. (Aber ein Wunderknabe war ich nicht: In der sechsten Klasse wäre ich wegen einer knappen 5 in Englisch fast durchgefallen.) Einige Jahre konnte ich mir gar nichts Anderes vorstellen, als den Rest meines Lebens an der Universität zu verbringen. Doch dann kam der „Zufall", dass ich an einem Abend auf einer Geburtstagsfeier einer Studienkollegin, die heute meine Lebenspartnerin ist, von einem Praxisseminar erfuhr, für das man sich gerade am nächsten Morgen einschreiben konnte.

Banker

Ich schrieb mich ein und besuchte so ein Semester lang ein Seminar eines Vorstands einer deutschen Großbank. Hier ging es um Zeitmanagement, Verhandlungs- und Entscheidungstechniken und Organisation. Faszinierend! Und so beschloss ich, Banker zu werden, den Elfenbeinturm zu verlassen und bei einer ganz bestimmten deutschen Großbank anzuheuern...

Wenn ich gerade das Wort „Zufall" verwendet habe, dann mit der Überzeugung, dass uns das Leben viele Chancen bietet, manchmal in schmerzhafter Form. Wie wir diese Chancen erkennen und nutzen, entscheidet ganz wesentlich darüber, was wir aus unserem Leben machen.

Nach einem Traineeprogramm – denn vom Banking hatte ich nun wirklich keine Ahnung – ging ich gegen die Empfehlung meines damaligen Chefs in die EDV. Vielleicht ein Fehler, denn wenn man nicht im Kerngeschäft eines Unternehmens arbeitet, bleibt man ein Exot, ohne die Aussicht, in die oberen Führungsetagen aufzusteigen, und da wollte ich voller Ehrgeiz hin.

Etwas fand ich in der Bank sehr ungewöhnlich: Die funkelnden, begeisterten Augen der Kollegen, so wie ich es von der Universität her kannte, konnte ich hier nur selten finden. Die Leute"arbeiteten" und machten dann tatsächlich bald Feierabend. Sehr seltsam!

Ich stehe mein Leben lang gegen 4 Uhr früh auf. Warum sollte ich länger schlafen, wenn mich so viele spannende Dinge erwarten und es sooo viel zu tun gibt. Wenn die anderen dann aus den Betten kriechen, habe ich schon ganz schön was erledigt, denn als Morgenmensch ist meine produktivste und kreativste Zeit am Morgen. Meine Erfahrung ist auch, je mehr ich arbeite, desto mehr helfen mir der Zufall und das Glück. Im Englischen heißt das: „The more I work, the luckier I get."

Die Bank war für Mitarbeiter aber erst ab 7 Uhr zugänglich. Glücklicherweise entdeckte ich bald ein Schlupfloch: Durch die Tiefgarage kam ich schon früher hinein. In den ersten Tagen tauchte regelmäßig der Sicherheitsdienst auf, aber mit der Zeit gewöhnten sie sich an den pünktlichen Eindringling und kamen nicht mehr – ohne das Schlupfloch zu stopfen. Meine Welt war gerettet! Mein Chef gab schließlich auf und sagte nur noch: „Aber bitte stechen Sie dann nicht die Zeituhr, sonst bekommen wir Probleme mit dem Arbeitszeitgesetz."

Bald bekam ich mehr und mehr Verantwortung – Projektleiter, Gruppenleiter, technischer Verantwortlicher für die Auslandsfilialen, Abteilungsdirektor für Unternehmensplanung. Wie es der „Zufall" so wollte, landete ich schließlich zusammen mit meiner heutigen Lebenspartnerin in einem McKinsey Projekt zur Restrukturierung der Bank. In meiner Naivität erfuhr ich zum ersten Mal recht schmerzlich, dass Entscheidungen nicht inhaltlich, sondern politisch getroffen wurden. Da ich mit den Empfehlungen der Unternehmensberater nicht einverstanden war, freute ich mich, dass sich eine Gelegenheit für ein neues spannendes Projekt bot.

England
Und so beschloss ich, nach England zu gehen, um den operativen Bereich einer neuen Baufinanzierungstochter aufzubauen.

Aufgrund der Rezession in England, das darf ich heute offen sagen, hing die Tochter damals ziemlich schief. 18 Monate nach meiner Ankunft hatte sich die wirtschaftliche Situation in England gedreht. Das war reiner Zufall, ohne dass dies mit meiner Anwesenheit in irgendeiner Weise zusammenhing. Es tat für meine Beurteilung dennoch Wunder. Und so beschloss ich, in England zu bleiben, erst als General Manager und dann als Vorstand mit einem Team von 300 Mitarbeitern und einem jährlichen Neugeschäft von über einer Milliarde Britischen Pfund. Inzwischen lebe ich, nur unterbrochen von einem Jahr in Wien, seit mehr als 20 Jahren in England.

Ich bin ein Mensch, der von Natur aus lieber eine Sache ganz und gar und vollständig macht, als viele Dinge gleichzeitig zu tun. Und das sollte jetzt ins „Spiel" kommen. Nachdem ich eingangs gesagt hatte, dass ich mein Leben lang begeistert gespielt habe, wundern Sie sich sicher schon, warum davon bisher noch nichts zu hören war. Das will ich jetzt nachholen…

England ist ja bekanntlich das Land der Träume. Hier kann jeder seine Träume verwirklichen. Wer Klempner oder Gasinstallateur werden will, der hängt einfach ein solches Schild an die Tür, und der Traum ist erfüllt! Und so beschloss ich, nun endlich das „Spiele" Schild an meine Tür zu hängen.

Spiele

Als ich in der Kleinstadt Illertissen aufgewachsen bin, fand ich dort nur ein Spielegeschäft – eigentlich war es ein Friseurladen, der auch Spiele verkaufte. Natürlich hatte ich nicht viel Taschengeld und die Auswahl war begrenzt. So schuf ich mir zu den Themen, die mich begeisterten, meine eigenen Spiele. Während meiner Schul- und Studienzeit haben wir viel gespielt, gekaufte Spiele und eigene Spiele, im Freundeskreis, einfach zum Spaß. Natürlich habe ich auch einmal ein paar meiner Spiele nach Ravensburg geschickt, ob sie sich denn dafür interessieren würden – mit der erwartungsgemäßen, freundlichen Absage.

Das änderte sich erst, als ich während meines Traineeprogramms sechs Wochen in der Kreditabteilung der Niederlassung Nürnberg zubrachte. Das war ein verstaubter Laden! Zwischen den Akten, und ohne sinnvolle Anleitung oder Aufgabe, hatte ich ungeheuer viel Energie übrig, um mich dem Laufen zu widmen. Meine aktive Leichtathletik-„Karriere" hatte ich zu diesem Zeitpunkt bereits beendet, aber das Laufen ist mir bis heute geblieben. Mit einem der Kreditsachbearbeiter, der wohl auch viel Energie übrig hatte und Marathons lief, war ich fast jeden Tag entlang der Pegnitz unterwegs. In unseren Gesprächen lernte ich etwas sehr Wertvolles: Wer zur Bank geht und sagt: „Wenn ihr mir das Geld geben würdet, dann würde ich...", der bekommt nie einen Kredit. Wer zur Bank geht und berichtet: „Das habe ich schon konkret eingerichtet, das ist schon fest organisiert und jetzt geht's richtig los, nachdem ich mir heute noch den Kredit von euch abhole", der bekommt den Kredit. Oder kurz gesagt: Die Arbeit kommt zuerst, der Erfolg kommt danach – auch wenn viele diese Logik heute mittels Crowd Funding umkehren wollen.

Aha, dachte ich mir, das gilt auch, wenn ich Spiele veröffentlichen möchte. Denn eins hatte ich von meinen Messebesuchen in Essen, mit 150.000 spielbegeisterten Besuchern, und auch auf der Nürnberger Spielwarenmesse gelernt: Selber produzieren, um mit unverkäuflichen Spielen seine Garage zu füllen, während das Auto bei Schnee und Eis draußen steht, ist keine gute Idee. Es war mir völlig klar: Als Spieleerfinder brauchte ich kompetente Verlagspartner, die sich um die Produktion und vor allem um das Verkaufen kümmerten. Diese Verlage galt es von der Qualität meiner Spiele zu überzeugen.

Und so beschloss ich, Spieleerfinder zu werden und meine Spiele professionell zu vermarkten. Das heißt, davon auszugehen, dass meine Spiele vermarktet werden, und bereit zu sein, alle dafür notwendigen Arbeiten vorab zu investieren. Das ist natürlich eine ganz andere Herausforderung, als ein Spiel zum Eigengebrauch mit Freunden zu basteln.

Spieleerfinder
Ein Spieleerfinder muss seine neuen Spiele rundum testen, mit vielen verschiedenen Spielern, um die Spiele so robust zu machen, dass sie sicher funktionieren. Ich habe verstanden, dass ich zwar im Unterhaltungsbereich arbeite, dass ich aber nicht auf einer Bühne stehe, auf der ich mit dem Publikum interagieren kann, sondern dass ich als Spieleerfinder meine Unterhaltung in Schachteln packe. Und es ist meine Aufgabe und meine Verantwortung sicherzustellen, dass die erhoffte Unterhaltung auch wirklich gegeben ist. Schließlich steht mein Name auf dem Produkt, und das ist mein Versprechen, zu dem ich stehe. Das Musterspiel geht erst an den Verlag, wenn dieser sogenannte Prototyp perfekt ausgereift und gestaltet ist. Hier bleibt nichts dem Zufall überlassen!

Eine meiner besten Entscheidungen in dieser frühen Zeit war, nicht auf die großen Spielverlage zuzugehen, sondern erst einmal im Kleinen Erfahrungen zu sammeln, um überhaupt erst einmal veröffentlicht zu werden. Zwischen 1985 und 1990 erschienen meine Spielideen in Zeitschriften, in denen sie zum Nachbasteln abgedruckt wurden. Dieser Schritt war einfach, weil ich über viele Jahre hinweg selbst eine Amateur-Zeitschrift (Postspillion) herausgegeben hatte, in der meine „Play by Mail" Spiele gespielt wurden. (Die ca. 100 Spieler schickten ihre Spielzüge per Post ein und erfuhren aus der Zeitschrift die Ergebnisse ihrer Aktionen. – Ein Vorläufer unser heutigen Online-Spiele aus dem nicht-elektronischen Zeitalter.)

1990 war es dann so weit. Die damals kleinen Verlage Hexagames und Hans-im-Glück veröffentlichten meine ersten Spiele in Schachteln. Gleichzeitig erschien beim Hugendubel-Verlag mein erstes Buch, das auf meinen reichen Schatz von 20 Jahren unveröffentlichten Spielentwicklungen zurückgriff.

Damit war der Knoten geplatzt. 1991 wurden schon vier Spiele, 1992 bereits sechs Spiele veröffentlicht. In beiden Jahren gewannen meine Spiele zudem die Auszeichnung Kartenspiel des Jahres. 1993 folgte mit dem Spiel Modern Art dann der erste große Erfolg mit dem Deutschen Spielepreis.

Meine Spiele wurden immer erfolgreicher und das wachsende Spielegeschäft erforderte immer mehr Zeit. Aber als Banker war ich mit meiner Aufgabe zeitlich bereits sehr ausgelastet. So konnte es nicht weitergehen, denn der Tag hat nur 24 Stunden. Und so beschloss ich, nach reiflicher Überlegung, mich zu meinem 40. Geburtstag zu pensionieren (als Banker), um endlich wieder Zeit zu haben und mich fortan ganz und gar den Spielen zu widmen. Diese Entscheidung gegen das Geld und für das Spiel habe ich nie bereut. Zum ersten

Mal in meinem Leben fühlte ich mich voll und ganz angekommen.

Und so nahm meine Karriere als Spielerfinder ihren Lauf. Zeit habe ich immer noch keine, dafür sind es inzwischen aber über 600 veröffentlichte Spiele und Spielebücher in über 50 Sprachen mit mehr als 20 Millionen verkauften Exemplaren geworden. Unser Firmenmotto lautet „Bringing Enjoyment to the People". Denn das ist die schönste Belohnung für einen Spieleerfinder, dass er so vielen Menschen auf der ganzen Welt so viel Freude bereiten kann.

Wenn Sie Lust haben, mehr über unsere Arbeit und unsere Spiele zu erfahren, dann schauen sie doch einfach einmal auf unsere Webseite www.knizia.de. Oder noch besser: Spielen Sie eines unserer Spiele und teilen Sie unsere Freude.

MEINE DREAMPIONS EMPFEHLUNGEN

Nicht Zufälle bestimmen das Leben sondern unsere Reaktionen darauf.
Das Leben fordert uns oft heraus, bietet uns aber auch viele Möglichkeiten. Ob wir uns von schwierigen Entscheidungen einschüchtern lassen oder diese Situationen als Chancen erkennen und nutzen, entscheidet ganz wesentlich darüber, was wir aus unserem Leben machen.

Jeder entscheidet für sich, wie er die Stunden des Tages nutzt.
Wie schön wäre es, wenn der Tag mehr als 24 Stunden hätte, so dass wir alle beruflichen Projekte bearbeiten könnten und zudem noch Zeit für Hobbies, die täglichen Notwendigkeiten und die Familie hätten. Leider ist unsere tägliche Zeit begrenzt, um mit einer fast unbegrenzten Anzahl an Aufgaben umzugehen. Prioritäten setzen, delegieren, auch mal ‚nein' sagen – dies sind wichtige Faktoren für mich. Zudem gelingt es mir, den Tag effektiv länger zu machen, da ich bereits mein Leben lang gegen 4 Uhr früh aufstehe. Wenn die anderen gegen 8 Uhr am Frühstückstisch sitzen, habe ich schon einen halben Arbeitstag hinter mir – und dadurch größere Flexibilität, was ich mit den restlichen 20 Stunden mache.

Wo mein Name draufsteht, ist Qualität drin.
Ein bekannter Unternehmer wirbt für seine Babyprodukte mit dem Satz: „Dafür stehe ich mit meinem Namen!" Bei mir ist es genauso, denn auf meinen Spielen steht mein Name. Es ist mein Versprechen, zu dem ich stehe, dass das Spiel perfekt ausgereift ist und den Kunden die erhoffte Unterhaltung bringt. Dieser Anspruch ist nicht auf Unternehmer, Künstler oder eben Spielentwickler begrenzt. Jeder kann versuchen, seine Aufgabe zu gut wie möglich und mit vollem Einsatz zu erfüllen, sei es im Beruf, im Sportverein oder einfach als Vorbild für die Kinder in der eigenen Familie.

Hans Starck zählt zu den renommiertesten People-Fotografen Deutschlands. Er steht für eine über 20-jährige Leidenschaft für die Fotografie, gepaart mit technischer Finesse und einem Faible für humorvolle und intelligente Konzepte. Diese Kombination brachte ihm das Vertrauen namhafter Unternehmen und zahlreiche internationale Auszeichnungen ein. Seit 2011 ist Hans Starck Mitglied im Art Directors Club Deutschland.

Hans Starck
AUS DER NOT EINE TUGEND MACHEN

Ich kann nicht behaupten, dass die Fotografie von Anfang an mein erklärter Traumberuf gewesen wäre. Um ehrlich zu sein, kam ich vielmehr zu ihr wie die Jungfrau zum Kinde.

Ja, ich habe schon immer sehr gern fotografiert, und ja, diese Leidenschaft ist die einzige, die meine „wilden Jahre" überstanden hat. Die Fotografie hat viele andere Hobbys kommen und gehen sehen. Dass ich sie letztendlich zu meinem Beruf gemacht habe, das verdanke ich vor allem dem Weckruf meiner Mutter. Und inzwischen kann ich durchaus sagen, dass dieser Job der absolute Traum für mich ist. Ich habe Dinge erreicht, die andere Fotografen nicht einmal zu hoffen wagen, habe mit Künstlern und Firmen zusammengearbeitet, deren Namen weltweit bekannt sind. Klar ist das ein großartiges Gefühl, und es macht mich stolz, dass ich trotz der vielen Schlaglöcher auf meinem Weg niemals aufgegeben habe.

Zum Glück gezwungen

Schule und Lebensplanung waren nie so wirklich mein Ding. Ich habe mit Mühe mein Abitur zwei Jahre zu spät bestanden und mich danach erst einmal auf die faule Haut gelegt. Mir schwebte nichts vor, das ich tun könnte, und offen gesagt war ich gar nicht bereit, irgendetwas zu machen. Zwar war ich seit meiner Kindheit sportlich aktiv gewesen, aber um mich hier weiterzuentwickeln, fehlte mir der Elan. Anstatt mich also um eine Ausbildung oder ein Studium zu bemühen, flog ich mit zwei Freundinnen in die USA, um dort herumzureisen. Von New York ging es weiter nach New Orleans und in ein paar andere Städte, bis ich nach viereinhalb Monaten beinahe pleite nach Hause zurückkehrte. Ich wohnte weiterhin bei meinen Eltern, ließ die Tage nutzlos verstreichen und war abends mit Freunden unterwegs, um mein letztes Geld auf den Kopf zu hauen.

Während dieser Zeit war die Fotografie meine einzige Konstante Ich fotografierte Bekannte, wenn ich darum gebeten wurde, knipste Gebäude, Landschaften – alles, was mir vor die Linse kam. Gerade wenn ich schlecht gelaunt war, half mir dieses Hobby. Es bereitete mir Freude, selbst etwas Greifbares zu produzieren, das man sich jederzeit wieder anschauen konnte. Außerdem ermöglichte mir die Fotografie, mit anderen Leuten in Kontakt zu kommen, denn ein Menschenfreund war ich schon mein ganzes Leben lang.

> *Nach meiner Ansicht kann man nicht behaupten, etwas gesehen zu haben, bevor man es fotografiert hat.* Emile Zola

Als meine Mutter mich eines Mittags nach einer weiteren durchzechten Nacht aus dem Bett holte und mir eine Standpauke hielt, die sich gewaschen hatte, wusste ich, dass es mit dem Lotterleben vorbei war. Sie wollte, dass ich mich endlich darauf konzentrierte, wie es mit mir weitergehen würde, und verlangte, dass ich mir eine Arbeit oder was auch immer suchte. Sie war es leid, dass sich ihr Sohn so gehen ließ. Das Einzige, das mir auf Anhieb einfiel, war: Ich könnte Fotograf werden. Meiner Mutter war alles recht, solange ich meine Tage nicht mit nutzlosem Herumlungern verbrachte. Mein Vater dagegen belächelte dieses Vorhaben eher und zuckte mit den Schultern. Es würde sich ja zeigen, ob es bloß ein Hirngespinst war, oder ob die Idee tatsächlich eine Zukunft hatte.

Und wie macht man das?

Da stand ich nun und hatte verkündet, ich wollte Fotograf werden. Zurück konnte ich nicht, dann hätte ich mich furchtbar lächerlich gemacht. Glücklicherweise war ich mit einem Model-Pärchen befreundet, das in Paris lebte und mich auf meine sicher leicht gehetzt klingende Anfrage, wie ich meinen Plan denn am besten angehen könnte, sofort zu sich einlud. Sobald sich die Gelegenheit bot, flog ich nach Paris, wo die beiden mich recht schnell mit einem Fotografen bekannt machten, der vor allem Unterwäsche-Models ablichtete. Für einen jungen Kerl, der sich bisher nicht viel vom Leben versprochen hatte, war das natürlich nicht uninteressant. Ich nahm das Angebot dankend an, ihm ein wenig bei der Arbeit über die Schulter zu schauen. Als ich kurz darauf allerdings einen deutschen Fotografen kennenlernte und dieser mir klipp und klar sagte, dass Paris ein extrem hartes Pflaster für Amateure wie mich wäre, kam ich ins Überlegen. Hamburg oder Berlin sollte ich mir einmal ansehen, riet er mir, und drückte mir eine Liste mit Telefonnummern von Hamburger Fotografen in die Hand.

„Also gut", dachte ich, „dann eben Hamburg." Ich packte meine Sporttasche und machte mich direkt von Paris in die Hansestadt auf, um dort mein Glück zu versuchen. Ich rief eine Nummer nach der anderen von seiner Liste an, und bei der vorletzten schließlich hatte ich Erfolg. Die Fotografin lud mich zu einem Gespräch ein, und nachdem wir uns eine Weile unterhalten hatten, stimmte sie zu, mich als Praktikanten anzunehmen. Meine anfängliche Freude darüber wurde allerdings bald getrübt, denn mehr als Kaffeeholen, Brötchenschmieren und Saubermachen war anfangs nicht drin. Erst mit der Zeit konnte ich mich dank der Erfüllung dieser ‚niederen Arbeiten' bewähren und wurde mit Aufträgen betraut, die in direkter Weise mit der Fotografie zu tun hatten. Filme kaufen, zum Labor bringen, die Bilder holen und ähnliche Dinge fielen nun in meinen Aufgabenbereich, sprich: Ich war zum Assistenten befördert worden – und verlor diesen Job bereits kurz darauf durch einen blöden Fehler meinerseits. Ich hatte eigentlich nur helfen wollen, war damit aber wohl übers Ziel hinausgeschossen.

Entwicklung

Meiner Motivation konnte dieser Dämpfer nichts anhaben. Direkt machte ich mich auf die Suche nach einem Fotografen, bei dem ich in die Lehre gehen konnte. Fündig wurde ich schließlich bei Wolfgang Wilde, *dem* Porträtfotografen in Deutschland. Dieser Mann gab mir mein Vertrauen in die Fotografen zurück, denn bisher hatte ich in diesem Metier doch eher seltsame Persönlichkeiten kennengelernt. Von ihm lernte ich nicht nur viel über Fotografie, sondern er brachte mir auch eine Menge über das Drumherum bei: Wie verkauft man sich selbst am besten und bringt seine Fotos an den Mann. Außerdem verdiente ich als Assistent, anders als bisher, nun plötzlich 75 DM für einen halben und 150 DM für den ganzen Arbeitstag.

Das einzige Manko: Ich musste nebenher meinen Zivildienst absolvieren, also zwei Jobs unter einen Hut bringen. Während ich tagsüber Wolfgang Wilde assistierte, saß ich Nachtschichten in einer Übernachtungsstätte für obdachlose Drogenabhängige ab. Das sorgte zwar für ein gewaltiges Plus auf meinem Girokonto, dafür aber für ein ebenso großes Minus auf meinem Schlafkonto. Ich schlief wochenlang viel zu wenig. Als ich das Wolfgang vor einem unserer Aufträge beichtete, entschied er sich, einen anderen Assistenten für diesen und alle kommenden Jobs anzuheuern. Ich saß ein zweites Mal auf der Straße.

Dieser Rausschmiss verhagelte mir die Stimmung viel mehr als der erste, deshalb war ich wirklich heilfroh, als ich kurze Zeit später im Fotolabor, wo ich meine eigenen Bilder entwickeln ließ, einen Aushang entdeckte. Ein bekannter Fotograf, den ich schon damals sehr bewunderte, suchte einen Assistenten. Ich hatte nichts zu verlieren und bewarb mich noch am gleichen Tag. Das Gespräch verlief super, ich war beeindruckt von diesem Menschen und seiner Ehrlichkeit. Er stellte sofort klar, dass er einen Assistenten bräuchte, der sein Arbeitstempo mitgehen konnte, denn für ihn gab es keine Wochenenden oder Feierabende um sechs. Ich wusste, eine harte Zeit stand mir bevor, doch das hielt mich nicht davon ab, den Zweijahresvertrag zu unterzeichnen, den er mir anbot. Und es lohnte sich – zumindest für die kurze Zeit, die ich im Endeffekt dann bei ihm verbrachte. Unsere erste gemeinsame richtig große Produktion für den Autohersteller Porsche, die über 30 Tage in Spanien angesetzt worden war, blieb nämlich auch unsere letzte. Aufgrund eines unglücklichen Missverständnisses zerstritt ich mich auch mit diesem Fotografen, wir tauschten ein paar handfeste Argumente aus und gingen daraufhin getrennte Wege.

Zurück zum Anfang
Inzwischen war mir bewusst, dass in dieser Szene viele eigenwillige Persönlichkeiten unterwegs waren. Diese Leute standen teils dermaßen unter Druck, dass ihnen Freundschaften oder gute Arbeit nicht wichtig genug waren, um über ihren eigenen gewaltigen Schatten zu springen. Ehe sie Fehler zugaben, entließen sie lieber ihre Assistenten und wälzten ihre Probleme auf den nächsten Fußabtreter ab. So wollte ich nicht werden. Nach all diesen Erlebnissen wollte ich ehrlich und aufrichtig zu meinen Mitarbeitern sein und mein eigenes Ding machen.

Ich sprach erneut bei Wolfgang Wilde vor, der mich auch tatsächlich wieder bei sich aufnahm, weil mein Zivildienst mittlerweile abgesessen war und ich meine ganze Aufmerksamkeit nun der Fotografie widmen konnte. Meine absolute Loyalität und vor allem mein hervorragendes technisches Verständnis machten mich eben zu einem guten Mitarbeiter, und das schätzte Wolfgang. Ich wusste, wann welches Kamerasystem zum Einsatz kommen musste, welche Generatoren wir für den jeweiligen Job benötigten und was uns die perfekte Beleuchtung garantieren würde. Schnell überließ mir Wolfgang die gesamte Projektplanung für unsere Aufträge und wir arbeiteten sehr gut zusammen. Ich lernte viel durchs Zusehen und Ausprobieren, vor allem auch über sein Vorgehen in schwierigen Situationen. Und dabei wurde mir klar: Je älter der Fotograf, desto besser war er. Die Erfahrung war ebenso wichtig wie Können und Talent. Was beispielsweise tun, wenn das Model gar keine Lust hat, fotografiert zu werden? Als Amateur weiß man sicher nicht, wie man in solch einem Fall angemessen reagiert.

Meine Lehrjahre bei Wolfgang bereiteten mich hervorragend auf das vor, was folgen sollte, denn nach weiteren vier Jahren hatte ich genug davon, Assistent zu sein. Dazu trug auch bei, dass mein Vater seine belächelnde, abwartende Haltung mittlerweile abgelegt und mit einer gewissen Anerkennung akzeptiert hatte, dass ich das hier, die Fotografie, tatsächlich durchziehen wollte.

„*Ehre dem Fotografen! Denn er kann nichts dafür!*" *Wilhelm Busch*

Ins kalte Wasser

Da ich von Anfang an klar gemacht hatte, dass ich nicht mein Leben lang für einen anderen Fotografen arbeiten würde, entließ mich Wolfgang bereitwillig, als ich ihm erklärte, ich wollte nun auf eigenen Beinen stehen. Nur war das leichter gesagt als getan. Ohne Erfahrung war es sogar ziemlich schwierig, in dieser Branche Fuß zu fassen. Ich hielt mich mit Model-Fotografie über Wasser, bis mir Wolfgang einen seiner großen Kunden abtrat. Ich durfte für das noch relativ junge ‚Focus-Magazin' fotografieren, und das bescherte mir meine ersten richtigen Aufträge. Ich flog zum ersten Mal Business-Class, bekam meinen eigenen Assistenten und erhielt erstaunlich freie Hand. Da hieß es dann höchstens: „Fotografier mal den Lagerfeld", und ich entschied daraufhin, wo und wie ich die betreffende Person am besten zur Geltung bringen konnte. Außerdem brachte es eine Menge Geld.

Eine Bekannte fragte mich irgendwann, ob ich auch Mode fotografieren könnte. Auf meine neugierige Nachfrage hin erhielt ich die Antwort, dass das ‚Journal für die Frau' jemanden bräuchte, der alle möglichen Aufträge übernehmen konnte. Zuerst sollte das nebenher passieren, doch recht zügig wurde ich quasi ‚Mr. Journal für die Frau'. Ich erledigte jede Aufgabe, lichtete von Mitarbeiterfotos bis hin zu ganzen Modestrecken alles ab – bis das Magazin plötzlich vom Springer Verlag eingestellt wurde.

Da war sie, meine erste richtig große Krise. Außer diesem Journal und ein paar Aufträgen für den Focus hatte ich keine Referenzen, was es natürlich erschwerte, zeitnah an neue Auftraggeber zu kommen. Ich bewarb mich als Katalogfotograf, denn solche Jobs brachten Geld und waren zur damaligen Zeit bombensicher. Allerdings wussten das auch andere, und die, die solch eine Anstellung ergattert hatten, gaben sie nur her, wenn sie keine Lust mehr hatten oder auf einer Bahre aus dem Haus getragen wurden.

Ich war bereits ein Jahr arbeitslos, als ich über eine lockere Bekanntschaft einen Werber kennenlernte, der mich postwendend einstellte, als er mein Portfolio sah. Mein erster Werbeauftrag! Ich war echt aus dem Häuschen, auch wenn ich höchstens alle drei Monate einen Auftrag erhielt und damit gerade so meine Rechnungen bezahlen konnte.

Steil bergauf
Doch Besserung war in Sicht. Ich folgte dem Ruf einer Liaison nach Berlin und stellte mich dort in mehreren Werbeagenturen vor. Zunächst bewarb ich mich um die eher schlecht bezahlten Jobs, um mich mit Elan und Idealismus in den Augen der Werber nach oben arbeiten zu können. Der Plan funktionierte. Mit der Zeit machte ich mir einen Namen und wurde schließlich sogar für große Produktionen gebucht. Dabei half auch, dass immer mehr meiner Bilder prämiert wurden, weil meine Agenturen sie zu Wettbewerben angemeldet hatten. Als eines meiner Werke im Jahre 2003 zum ersten Mal den 1. Platz bei einer Preisverleihung belegte, wusste ich zwar nicht einmal, dass es überhaupt eingereicht worden war, aber das störte mich in dem Moment recht wenig.

Viele weitere Auszeichnungen sollten in den nächsten Jahren folgen, darunter Awards mit den klingenden Namen ‚Montreux Festivals', ‚New York Festivals', ‚Art Directors Club Germany' und anderen – bis ich schlussendlich alle Kreativpreise gewonnen hatte, die man mit Fotografie gewinnen konnte. Und die Vorteile, die mir diese zahlreichen Auszeichnungen einbrachten, nahm ich natürlich gern an. Immerhin erhielt ich dadurch die Chance, an Produktionen mitzuarbeiten, denen andere Fotografen ihr Leben lang nur neidisch hinterherblickten. Ich durfte über Jahre hinweg die weltweit am meisten prämierte Kampagne „Dahinter steckt immer ein kluger Kopf" der FAZ fotografieren, 14 Motive insgesamt, bei denen ich entschied, wie das Bild im Endeffekt auszusehen hatte. Wer nicht mitmachen wollte, machte eben nicht mit. Außerdem wurde ich angefragt, ob ich nicht Ideen für die Astra Bier-Kampagne hätte, die bereits seit über 22 Jahren lief. Was für gewaltige Ritterschläge das waren!

Mein hart erarbeitetes Renommee gestattete es mir obendrein, Dinge auszuprobieren, auf die ich persönlich total Lust hatte. Als erstem Fotografen überhaupt ist es mir so gelungen, eine gerade abgeschossene Pistolenkugel in HD-Qualität abzulichten. Schon die ersten Versuche mit den Punktfunkenblitzen, die mir von der Firma Drello in Mönchengladbach zur Verfügung gestellt wurden und eine Belichtungszeit von einer halben Millionstel Sekunde erlaubten, verliefen vielversprechend. Als ich dann das erste gestochen scharfe Bild mit 60 Megapixeln in meinen Händen hielt, war das einer der emotionalsten Momente meiner Karriere.

„Ich glaube wirklich, dass es Dinge gibt, die niemand sähe, wenn ich sie nicht fotografieren würde." Diane Arbus

Ausblick

Was macht man, wenn man in seinem Beruf schon nahezu alles erreicht hat? Man sucht sich neue Herausforderungen! Ein einziges Thema auf dem Gebiet der Fotografie, die Reportage, möchte ich noch abdecken, dann werde ich wahrscheinlich meine Fühler in eine andere Richtung ausstrecken. Ich möchte mich noch einmal so frei fühlen wie damals, als meine Mutter in mein Zimmer stürmte und von mir eine Entscheidung verlangte. Ich möchte überlegen, was das Richtige für mich sein könnte und was ich dafür tun müsste, um dieses Ziel zu erreichen.

‚Bewegte Bilder' lautet das Zauberwort in diesem Fall, und ich habe bereits bei einem befreundeten Kameramann um einen Praktikumsplatz gebeten. Die Zusage dafür habe ich in der Tasche.

MEINE DREAMPIONS EMPFEHLUNGEN

Lerne von den Besten!
Wenn du eines Tages zu den Besten gehören willst, musst du von den Besten der Branche lernen. Nur durch die Zusammenarbeit mit Profis kannst du selbst zum Profi werden.

Habe keine Berührungsängste!
Prominente, Chefs, Manager – sie alle kochen auch nur mit Wasser. Habe keine Berührungsängste, egal, wie berühmt oder gut gestellt die Person ist.

Verfolge dein Ziel mit Hartnäckigkeit!
Lass dich nicht vom Weg abbringen und akzeptiere keine Umwege. Klopfe da an, wo du hinwillst. Kompromisse sollten nicht dein erster Gedanke sein.

Bringe Begeisterung für alle Inhalte auf!
Wenn dich langweilt, was du tust, wirst du nie ganz hinter einer Sache stehen können. Werde dir bewusst, dass eine Kombination aus vielen Facetten deinen Traum ausmacht, und behandle sie alle gleichwertig.

Networking!
„Vielleicht kennst du jemanden, der jemanden kennt …"
Jede Bekanntschaft kann dich vielleicht irgendwann einmal weiterbringen. Nutze und pflege sie und habe keine Angst davor, neue Bande zu knüpfen. Die Menschen sind ein interessantes Volk, lerne sie kennen!

Marion Sutter liebt die kreativen, gestalterischen Inhalte an ihrem Beruf als Friseurin und ist immer auf der Suche nach neuen Herausforderungen. Als sie die Möglichkeit bekommt, sich mit den besten Friseuren/innen der Schweiz zu messen, stellt sie sich dem Wettbewerb. Sie gewinnt und qualifiziert sich für die weltweiten Titelkämpfe, bei denen sie ihr Können beweisen und sich weiterentwickeln kann. Der regelmäßige Wechsel zwischen der Arbeit mit den Kunden und den kreativen Wettbewerben ist für sie perfekt, um ihren beruflichen Traum zu leben.

Marion Sutter
ZWISCHEN SALON UND GLAMOUR

„2016 werde ich es wieder versuchen", sage ich mir oft, wenn ich an die drei aufregenden Monate im Herbst 2014 zurückdenke. „Ich werde wieder antreten, um den nationalen Trend Vision Award zu gewinnen, werde noch mehr Erfahrungen sammeln und dadurch besser abschneiden im internationalen Wettbewerb." Denn Stillstand ist für mich einfach keine Option. Nach einem Jahr Pause von der Wettbewerbslandschaft juckt es mich schon wieder in den Fingern, meine Kreativität als Friseurin unter Beweis zu stellen.

Die Ausbildung
Schon früh war für mich klar, dass ich später in meinem Traumberuf als Friseurin arbeiten würde. Es reizte mich sehr, meine Kreativität in einer Art auszuleben, die nicht nur mir, sondern auch anderen Menschen Freude bringt. Nach dem Abschluss der 10. Klasse bewarb ich mich im Salon Giger Coiffure in Kreuzlingen, weil ich von dem idealen Ausbilder lernen wollte. Nicht nur die Schwester einer guten Freundin hatte mich auf die Idee gebracht, sondern auch Kuno Gigers Schwester, die zu dieser Zeit an meiner Schule Kunstgeschichte unterrichtete. Ich wurde zu einem ersten Gespräch und anschließend zu einer mehrtägigen Schnupperlehre eingeladen, die mich in meinem Entschluss nur bestärkte: Ich wollte Friseurin werden und ich wollte die Ausbildung in diesem Salon absolvieren! Herr Giger entschied sich dann auch tatsächlich für mich und ich konnte im Sommer 2006 meine Lehrstelle bei ihm antreten. Ein Glücksfall!

Drei Jahre Ausbildungszeit lagen vor mir, und vom ersten Tag an fühlte ich mich in allem, was ich tat, in dieser Wahl bestätigt. Ich arbeitete aktiv mit, machte Vorschläge und konnte meine ganze Begeisterung in den Beruf einbringen. In diesem Salon wurden mir alle Möglichkeiten gegeben, mich zu entwickeln und meiner Fantasie freien Lauf zu lassen. Einmal im Jahr gab es die Gelegenheit, sich als Auszubildende einer Extraaufgabe zu stellen, bei der vor allem die eigene Kreativität und deren Umsetzung im Vordergrund stand. Bewertet wurde von einer externen Jury und ich erhielt bei jeder meiner Teilnahmen die bestmögliche Note. Ein erster Ausblick auf die kommenden Wettbewerbe war geschaffen. 2009 schließlich schloss ich meine Ausbildung mit der Gesamtnote „Sehr gut" ab.

Auf der Suche nach neuen Herausforderungen
Bei Giger Coiffure ist es üblich, dass man den Salon nach der Ausbildung verlässt, um woanders Fuß zu fassen und auch andere Läden kennenzulernen. Mir gefiel dieser Ansatz. Zunächst zog es mich allerdings für drei Monate nach Australien, um meine Englischkenntnisse aufzufrischen und zu erweitern. Ich absolvierte zwei Monate Sprachschule und reiste danach weitere 4 Wochen durch das Land, um gestärkt und mit frischem Elan zurückzukommen.

Zu Hause wartete bereits eine Kurzzeitstelle im 5-Sterne Grand Hotel Tschuggen in Arosa auf mich. Hier stand ich über die Wintersaison den Hotelgästen als Friseurin zur Verfügung. Das Publikum war sehr international – Russen, Italiener, Deutsche, Österreicher und viele mehr – und auch anspruchsvoll in Bezug auf die neuesten Trendfrisuren und -farben. Und zum ersten Mal war ich größtenteils auf mich allein gestellt. Niemand sagte mir, wann ich wo zu sein und was ich dort zu tun hatte, sondern ich musste mich selbst organisieren. Eine gute Lehrstube für kommende Herausforderungen.

Im April 2010 tauchte dann erneut die Frage auf: Was nun? Ich wollte noch mehr lernen, mich entwickeln, und mich reizte die Idee, in einer Großstadt wie Zürich oder St. Gallen zu arbeiten. Doch kaum hatte ich mich dort bei einigen Salons beworben, rief mich mein ehemaliger Ausbilder Kuno Giger an und fragte, ob ich nicht Lust hätte, wieder bei ihm einzusteigen und größere Verantwortung zu übernehmen. Das Angebot wollte ich auf keinen Fall ausschlagen. Wenn es in Kreuzlingen einen Salon gab, in dem ich mich weiterentwickeln konnte, dann bei Giger Coiffure.

Innerhalb kürzester Zeit übernahm ich die Aufgabe, mich um die Ausbildung der Lernenden zu kümmern und betreute nebenher mit großer Begeisterung den Produkteinkauf und -verkauf. Durch diese Aufgabe kam ich mit den Vertretern von Wella in Kontakt und erfuhr von den Wettbewerben, die alljährlich durch diesen international bekannten Hersteller ausgerichtet werden.

> *„Kunst wäscht den Staub des Alltags von der Seele."* — John Wayne

Wellas National Trend Vision Award

Je mehr ich über diesen Wettbewerb erfuhr, desto klarer war: Ich wollte mich für den nationalen Trend Vision Award 2014 bewerben. Nach wie vor suchte ich immer neue Herausforderungen und dieser Wettbewerb war die Chance, mich einer Konkurrenz zu stellen und herauszufinden, wie gut und kreativ ich wirklich war. Es fehlte bloß noch das passende Model, dem ich eine kreative Frisur verpassen würde, und eine Assistentin, die mich bei dem Wettbewerb unterstützen würde. Einen ähnlichen Hang zur Kreativität wie ich sollten beide mitbringen, Mut zur Herausforderung und Spaß an der Veränderung.

Meine Schwester Jaqueline stellte sich sofort als Model zur Verfügung. Ein Glücksgriff, denn als Bekleidungsgestalterin und Modedesignerin entwarf sie später auch das wunderschöne Kleid für den Wettbewerb. In meiner Kollegin Michaela Jähnig fand ich die Hilfe in Sachen Make-up und Styling, die ich mir gewünscht hatte. Außerdem unterstützte mein Chef unser kleines Team voll und ganz, indem er uns die Wochenenden frei hielt, an denen wir umherreisen mussten. Er war stolz auf das, was wir da taten, und das trieb uns noch mehr an.

Der erste Schritt war ein Workshop in Darmstadt, der alle Teilnehmer auf die Inhalte und Erwartungen des Wettbewerbs vorbereitete. Dieser ist nämlich in zwei Kategorien eingeteilt:

- Color Vision: Hier geht es, wie der Name bereits verrät, vor allem um Farbkreationen.
- Young Talent: Diese Kategorie ist Teilnehmern vorbehalten, die höchstens 30 Jahre alt sind, und beschäftigt sich mehr mit der Frisur, dem Schnitt und dem Styling.

Young Talent war genau Kategorie, die zu mir passte. Die Entscheidung war gefallen und ich war mächtig zufrieden, als meine Frisuren-Idee angenommen und ich zur Teilnahme am National Trend Vision Award 2014 zugelassen wurde. Das Drei-Länder-Finale fand im September 2014 in Frankfurt statt. Zusammen mit meiner Schwester und meiner Assistentin Michaela reiste ich an, um mich 22 anderen Teams aus Österreich, Deutschland und der Schweiz zu stellen.

Drei Stunden Zeit hatten wir, um eine perfekte Kombination aus Schnitt, Farbe, Kleidung und Make-up zu kreieren. Unser Plan stand und ich war so voller freudiger Energie, dass die Zeit wie im Flug verging. Die Kulisse war einfach super, das Arbeitsklima sehr professionell und alle Abläufe hervorragend ausgetüftelt. Und das Beste daran: Ich hatte keinerlei Erwartungen an mich, keinen Druck. Ich nahm teil, weil ich Lust darauf hatte, etwas Neues auszuprobieren. Mich selbst auszuprobieren. Und das Gefühl, als Jaqueline dann gemeinsam mit den anderen Models über den Laufsteg lief und vor der Jury ihr Kleid und ihre neue Frisur vorstellte, war überwältigend. Ich war wirklich stolz auf unsere Leistung, wir alle waren es.

Als die Models eine weitere Runde drehten – diesmal nicht vor der Jury, sondern vor dem Publikum – und plötzlich mein Name mit dem Zusatz „Goldmedaillen-Gewinnerin" durch den Raum schallte, konnte ich es erst gar nicht fassen. Unser erster großer Wettbewerb, und wir hatten gewonnen! Obwohl, oder gerade weil wir keine großen Erwartungen in diese Teilnahme gesetzt hatten, konnten wir solch eine gute Arbeit abliefern und die Preisrichter von uns überzeugen. Das war wirklich fantastisch!

Und jetzt international!
Die Goldmedaille qualifizierte uns dafür, am drei Monate später stattfindenden International Wella Trend Vision Award in Monaco teilzunehmen. Auch hier fand im Voraus wieder ein Workshop mit Profis statt, die mit uns Ideen und Kreationen erarbeiteten, welche wir dann in Monaco umsetzen konnten. Auf einmal standen wir zwischen Teilnehmern aus 20 Nationen – über 200 Menschen insgesamt – und schnell erkannte ich, dass die asiatischen Teams sehr viel innovativer und kreativer arbeiteten als wir Europäer, und das imponierte mir. Ich knüpfte viele hilfreiche Kontakte und genoss die Erfahrung, dabei sein und miterleben zu dürfen, wie solch eine gigantische Show auf die Beine gestellt wird.

Und ehrlich gesagt vermisse ich den Trubel nach einem Jahr Pause schon ein wenig. Deshalb habe ich mir vorgenommen, 2016 erneut teilzunehmen. Ich konnte allein von diesen zwei Events so viel Wissen mitnehmen und mein Selbstbewusstsein so gut stärken, dass ich mir für die nächste Teilnahme nun natürlich höhere Ziele setze als bloß Spaß zu haben. Mein Auftreten ist ein anderes. Ich weiß jetzt, Kreativität lässt sich kaum objektiv beurteilen und es kommt auch auf den Geschmack der Jury an.

Doch in erster Linie geht es mir darum, alles aus mir herauszuholen und keine Möglichkeit auszulassen, mich neu zu erfinden.

MEINE DREAMPIONS EMPFEHLUNGEN

Nutze die Möglichkeiten deines Berufes!
Welchen Beruf auch immer du gewählt hast, nutze ihn, um dich auszuleben und ihn immer weiter in Richtung deines Traumjobs zu entwickeln. Es gibt immer eine Möglichkeit zur Weiterbildung und Veränderung, du musst sie nur finden.

Habe keine Angst vor Kritik!
An Kritik kannst du wachsen. Sie hilft dir, dich zu entwickeln.

Kontakte knüpfen!
Nutze jede Gelegenheit, um neue Kontakte zu knüpfen. Sie bringen dich nicht nur persönlich, sondern vielleicht auch beruflich eines Tages weiter.

Nimm dir heraus, deine Kreativität zu leben!
Dich auszuprobieren ist eine Kunst, die du lernen kannst. Und je öfter du sie anwendest, desto leichter fällt es dir, aus dir herauszugehen und dadurch neue Erfahrungen zu sammeln.

„Als Friseur kannst du kreativ sein, ein Maler ein Künstler und ein bisschen Psychologe."

Friseurweisheit

4. TRAUMERLEBNISSE

„ *Wer ins kalte Wasser springt,*
   taucht ins Meer der Möglichkeiten. "

Finnisches Spreichwort

Dass der Sprung ins kalte Wasser für viele ein Traum ist, lernt, wer die Niagarafälle besucht. Der kanadische Teil der Fälle, der Horseshoe Fall, hat eine freie Fallhöhe von 57 Metern und die Wassertemperatur liegt bei etwa 0 Grad Celsius. Zahlreiche waghalsige Abenteurer wollten diesen Wasserfall dennoch bezwingen – mal im Holzfass, mal in einer Stahlkapsel, mal im Gummiball oder sogar ungeschützt. Mehr als die Hälfte der Wagemutigen überlebte dieses Abenteuer nicht und seit den 80er Jahren wird bereits der Versuch der Wasserfall-Überquerung mit hohen Strafen geahndet. Dennoch gab es erst 2003 den letzten geplanten Absprung am Horseshoe Fall.

Natürlich muss ein Erlebnis nicht mit lebensbedrohlichen Risiken verbunden sein, um für manche zum Traum zu werden. Aber Risiken gehören immer irgendwie dazu. Country-Sängerin Alexandra Eigendorf verließ schon früh ihr Elternhaus, um eines Tages auf der großen Bühne zu stehen. Der Bobby-Car-Rennfahrer Marcel Paul genießt trotz Unfallrisiko jede Fahrt kurz über dem Asphalt. Boulderin Juliane Wurm kletterte ohne Absicherung zur Weltmeisterschaft. Und Ruderer Eric Johannesen setzte alles auf eine Karte, um sich den Traum vom Olympiasieg erfüllen zu können. Dass für einen ein Traum sein kann, was für andere eher ein Alptraum ist, beweist Speaker Lars Sudmann, für den das Sprechen vor großem Publikum immer wieder ein wahres Traumerlebnis ist.

DREAMpions

**Ruderolympiasieger
Eric Johannesen**

Mein Weg zur
Goldmedaille

**Sängerin
Alexandra Eigendorf**

Aus Hessen in die
US-Billboard-Charts

**Bobby-Car-Weltmeister
Marcel Paul**

Ganz flach
den Hang hinab

**Speaker
Lars Sudmann**

Ohne Lampenfieber
begeistern

**Boulder Weltmeisterin
Juliane Wurm**

Von Stein zu Stein,
zum Gipfel des Erfolgs

Alexandra Eigendorf wusste schon früh, dass sie nur eins will: Sängerin werden. Ihr Traum ist es, als erfolgreiche Musikerin einen eigenen Song in den Top 40 der amerikanischen Charts zu platzieren. Dafür ist sie bereits mit 16 nach Los Angeles gezogen. Als Charly Cole arbeitet sie dort mit erfolgreichen Songwritern zusammen, drehte bereits ein eigenes Video zu ihrem Song „Trouble" und veröffentlicht nun mit 20 Jahren ihr erstes offizielles Album. Der Weg zur erfolgreichen Musikerin ist nicht so leicht wie er oft aussieht, aber Charly Cole geht ihn Schritt für Schritt nach dem Motto: Es gibt keine Sicherheit, die es wert ist, die eigenen Träume aufzugeben.

Alexandra Eigendorf alias Charly Cole
AUS HESSEN IN DIE AMERIKANISCHEN BILLBOARD-CHARTS

Ich erinnere mich noch sehr gut an diesen Morgen im Oktober 2015. Die Sonne schien, wie meistens in Kalifornien. Ich war in meinem Zimmer in L.A. und das Erste, was ich an diesem Morgen tat, war auf mein Smartphone zu schauen. Am Vortag war das offizielle Video zu meinem Song „Trouble" erschienen. In der Vorbereitung zur Veröffentlichung war einiges schief gelaufen und wir hatten keinerlei Marketing-Unterstützung. Und da waren 12.000 Klicks! Ich konnte es kaum glauben. In nur einer Nacht hatten 12.000 Leute meinen Song gesehen. Das hatte ich nie erwartet. Ich war überglücklich. Das war eine tolle Bestätigung, dass ich auf dem richtigen Weg zu meinem Traum bin.

Musik gehörte schon immer zu meinem Leben
Ich bin von klein auf mit Musik in Kontakt gekommen. Mein Papa spielt Gitarre. Er hat daraus nie etwas Professionelles gemacht, aber er schreibt seine eigenen Songs. Als ich klein war, spielte er mir Musik vor, wenn ich abends nicht einschlafen konnte. Mit 2 bekam ich ein Buch mit Kinderliedern. Nach einer Weile konnte ich jedes Lied auswendig, tat als ob ich lesen konnte und sang alle Lieder vor. Meine Eltern sagen, ich habe gesungen, bevor ich sprechen konnte. Musik hat mich immer getröstet und mir wieder gute Laune gemacht.

Mein Papa wusste schon eher als ich, dass Musik in meinem Leben eine sehr große Rolle spielen würde. Er ermutigte mich dazu, Klavier und Gitarre spielen zu lernen. Bereits mit 5 Jahren begann ich im Internationalen Kinderchor Frankfurt zu singen. Mit 8 oder 9 gab ich dann zu Hause für meine Eltern Konzerte, in denen ich Lieder aus dem Radio nachsang. Annett Louisan war damals meine Lieblingssängerin, sie hatte eine recht kindliche Stimme. Als mein Opa einmal dachte, ich hätte ein Lied gesungen, das von ihr auf CD lief, war ich sehr stolz. Mit 11 Jahren fing ich dann neben der Schule eine Gesangsausbildung an der Academy of Stage Arts in Frankfurt an. Dabei hatte ich Gelegenheit, die Studioarbeit kennenzulernen und erste Songs aufzunehmen. In diesem Alter wurde mir klar, dass Musik das Einzige ist, was ich jemals machen möchte. Es gab da keinen „Klick"-Moment, dieser Traum ist einfach so in mir gewachsen.

> „Für mich gab es niemals eine Alternative zur Musik."

Mit meinem Papa und einem Kollegen meiner Mama gründete ich meine erste kleine Band. Mit 12 hatte ich meinen ersten Auftritt vor etwa 60 Leuten und sang dort verschiedene Coversongs. Ich war aufgeregt, aber es machte mir riesigen Spaß, die Leute mit Musik zu begeistern.

Ein Jahr später begann ich auch klassischen Gesang zu lernen. Meine damalige Gesangslehrerin Leah Frey Rabine meldete mich für „Jugend Musiziert" an und ich belegte mit ihrer Unterstützung regional und landesweit den ersten Platz. Später gewann ich sogar den 3. Preis im Bundeswettbewerb. Dennoch entschied ich mich bald gegen den klassischen Gesang. Ich wollte selbst kreativ sein, meine eigenen Songs machen und nicht singen was andere geschrieben hatten. Zunächst entschied ich mich für Pop-Musik und fing an selbst Songs zu schreiben. Mein Papa gab mir dafür Tipps und brachte mir vieles bei.

Als ich 14 war, nahm ich am KiKa-Wettbewerb „Beste Stimme 2010" teil und schaffte es dort unter die ersten Fünf. Das war eine tolle Erfahrung. Ich konnte mit Profis arbeiten, ins Studio gehen. Wir drehten sogar ein Musikvideo. Ich genoss diese Zeit und sah, wohin ich es schaffen konnte.

Was andere sagen, ist egal

So begeistert wie ich persönlich war, so enttäuscht war ich von den Reaktionen in meinem Umfeld auf diesen Erfolg. Es war sehr deutlich, dass ich mit meinem Traum von der Musikerkarriere anders war als die Anderen an meiner Schule. Ich wollte nicht, was die anderen Mädels wollten, hatte andere Interessen und Ziele. Dadurch war ich immer stärker isoliert. Viele sagten mir, meine Ziele wären unrealistisch und ich könnte das nicht schaffen. Ich könnte zwar super singen, aber in Amerika bräuchte ich es gar nicht erst zu versuchen. Ich fühlte mich mit meiner Begeisterung für Musik oft allein.

In dieser Zeit entschied ich, dass ich nicht in Deutschland bleiben wollte. Ich war überzeugt, in anderen Ländern und besonders in den USA würden die Leute positiver auf mich reagieren.

Durch diese Schwierigkeiten lernte ich, nicht zu viel darauf zu geben, was andere denken. Natürlich verletzt es mich, wenn andere an mir zweifeln oder meinen Lebensweg blöd finden. Aber wenn die Kritik nicht konstruktiv ist, bringt sie mir gar nichts. Und sie ändert auch nichts, da ich sowieso meinen Weg gehe. Und den werde ich nicht abbrechen, dafür bin ich schon zu weit. Ich habe und will nichts anderes.

Mit 15 in ein fremdes Land
Nach der achten Klasse sagte ich meinen Eltern, dass ich unbedingt aus Deutschland weg wollte. Zunächst entschied ich mich für England. Ich meldete mich an einer Boarding School für Performing Arts namens „Hurtwood House" an, um dort parallel zur Schule Musik, Tanz und Theater zu studieren. Beim Anmeldegespräch fragte mich der Direktor, ob ich mir sicher sei, dass ich alles auf eine Karte setzen und mich der Musik widmen wollte. Ich sagte meinem Papa, dass es das sei, was ich unbedingt machen wollte. Er war nicht begeistert, mich so früh von zu Hause weg zu lassen, aber er stimmte zu und ich konnte das Studium beginnen.

Einen Monat nachdem ich nach England gegangen war, starb mein Bruder. Er war von Geburt an schwerstbehindert. Allein in einem neuen Land zu leben und mit dem Tod meines Bruders zurechtzukommen, das war zu viel für mich. Ich fing an nur noch Musik zu machen. Ich ging nicht mehr zum Unterricht, machte keine Hausaufgaben mehr. Stattdessen kletterte ich nachts durchs Fenster in den Musikraum, um dort Musik zu machen. Da es an der Schule nicht ausschließlich um Musik ging, sondern auch um eine robuste Schulbildung, wurde das natürlich nicht akzeptiert. Daraufhin brach ich die Schule nach drei Monaten ab.

Ein wenig fühlte ich mich, als wäre ich gescheitert. Andererseits hatte ich in England meine Gesangslehrerin und heutige Managerin Ann Bailey und den Songschreiber und heutigen Co-Produzenten Matt Greaves kennengelernt. In den folgenden Monaten arbeitete ich von Deutschland aus mit Ann und Matt und flog regelmäßig nach England, bis ich ein Demo-Tape mit zehn Songs zusammenhatte.

Ann empfahl mich dann an Vocal Coach Lis Lewis in Los Angeles. Lis hatte auch schon mit Rihanna gearbeitet. Ich flog also mit 16 zum ersten Mal nach L.A., um bei Lis Gesangsunterricht zu nehmen. Und obwohl ich nach drei Wochen erst einmal wieder zurück nach Deutschland musste, entschied ich zu diesem Zeitpunkt, in die USA zu ziehen und mir dort ein Leben aufzubauen. Meine Eltern fanden die Idee zunächst nicht so toll. Wir diskutierten lange darüber. Für mich war es alles, was ich machen wollte. Schon mit 13 hatte ich das Gefühl, dass ich nach Amerika gehöre. Schließlich stimmten meine Eltern zu – unter der Bedingung, dass ich in Amerika meinen High School-Abschluss machte, um einen richtigen Schulabschluss vorweisen zu können.

> *Amerika ist zu groß für kleine Träume.*
> Ronald W. Reagan

Ein neuer Start in Los Angeles

Ich zog also nach L.A. und begann dort als Junior an der „Ribet Academy" High School. Das bedeutete zwar, dass ich eine Klasse überspringen musste, wurde aber von allen Seiten unterstützt. Das erste Jahr an der High School war hart für mich. Ich wohnte anfangs allein im Schülerwohnheim, wo es nicht viel Unterstützung gab. Die Situation, dass ich wieder komplett von vorn anfing, noch immer den Schmerz über den Tod meines Bruders empfand und sehr viel allein war, hat mich zeitweise überfordert. Zudem war ich von der neuen Umgebung eingeschüchtert. Viele hatten mich gewarnt, dass L.A. eine gefährliche Stadt mit viel Kriminalität sei. Die Angst lähmte mich fast. Ich zog mich sehr in mich zurück, isolierte mich von der Welt und fühlte mich sehr einsam. In dieser Zeit verlor ich mein Ziel, mit Musik erfolgreich zu sein, ein wenig aus den Augen und machte nur noch für mich Musik.

> *Ohne Musik kann ich nicht leben, da werde ich verrückt.*

Da ich nicht auf Leute zuging, kam ich natürlich auch nicht voran. Ich fragte mich in dieser Zeit mehr als einmal, ob ich es schaffen kann. Lange war mir nicht klar, welcher Weg mich zu meinem Ziel führen würde. Ich wusste auch nicht, wie weit ich von meinem Ziel entfernt war. Das machte mir Angst. Ich glaubte damals, dass Leute, zu denen ich aufschaute, nie so verzweifelt waren. Ich dachte, die wären viel stärker als ich. Heute bin ich mir da nicht mehr so sicher. Ich stellte mir nie wirklich die Frage, ob ich aufgeben sollte. Aber es war definitiv auch kein einfacher Weg.

Nach etwa einem halben Jahr lernte ich meinen damaligen Freund kennen. Er glaubte an mich und sein Vertrauen gab mir neue Kraft. Etwa zur gleichen Zeit entwickelte sich ein sehr gutes persönliches Verhältnis zur Leiterin meines Schulchors und sie bot mir an, bei ihr einzuziehen. Sie hat selbst drei Kinder und nahm mich gemeinsam mit ihrem Mann sehr herzlich in ihrer Familie auf. Das half mir sehr, mich in L.A. zu Hause zu fühlen. Durch diese Menschen, die für mich da waren und mich ermutigt haben, fand ich wieder den Mut und die Energie, mich mit voller Kraft meinem Traum zu widmen. Ich lebe bis heute bei ihr und es tut mir gut, dass ich mich hier so geborgen fühle. Meine Gastmutter war selbst mal eine erfolgreiche Sängerin – sie war sogar einmal für einen ihrer Jazz-Songs für den Grammy nominiert. Ich lernte sehr viel von ihr und fing an, in Studio Sessions mit verschieden Produzenten zu arbeiten.

Charly goes Country

Nach einiger Zeit in L.A. begann ich mich stärker in Richtung Country zu entwickeln. Country-Musik hat ihren ganz eigenen Klang, der sehr natürlich und authentisch ist. In den Songs werden auf sehr ehrliche Art Geschichten erzählt. Das tat ich in meiner Musik, die ich selbst schrieb, auch und hatte das Gefühl, der Stil passt zu mir. Ich mochte Shania Twain sehr gern und hörte den Country Sender „Go Country 105". Das hat mich inspiriert. Natürlich komme ich nicht aus Texas und habe nie das typische Country-Leben geführt. Ich versuche also, meinen eigenen Stil zu finden, der von Herzen kommt und eine Mischung aus Country und Pop ist.

Mit diesem Stil wollte ich nun auch meine zehn Demo-Songs professionell für mein erstes Album aufnehmen. Dazu flog ich mit meiner Managerin Ann nach Nashville, der Hauptstadt der Country-Musik. Ann stellte für mich den Kontakt zu einigen Größen des Country-Musik-Geschäfts her und ich nahm mit tollen Leuten ein sehr authentisches Album auf. Mein erstes Album, das sind wirklich meine Songs. Die Leute glauben, was ich zu sagen habe, weil sie spüren, dass es echt ist. Inzwischen habe ich meine erste und zweite Single aus diesem Album rausgebracht. In Großbritannien wurden sie bereits auf BBC Radio 2 gespielt. Das war eine echte Bestätigung für mich und ein großartiger Meilenstein. Ich war begeistert.

Es ist ein tolles Gefühl, mit eigenen Songs auf der Bühne zu stehen. Einerseits fühle ich mich dabei sehr verletzlich, da ich in meinen Songs sehr persönliche Geschichten erzähle und so einen Teil von mir präsentiere. Andererseits ist es toll, wenn hinterher Menschen auf mich zukommen, die sich in meiner Musik wiederfinden, die das Gleiche gefühlt haben und denen meine Texte Mut machen. In meinem Song „Everybody's Pretty When They're 18" geht es zum Beispiel um Mobbing. Es kamen schon mehrfach Leute auf mich zu. Schon mehrfach sagten mir Leute, dass sie ebenfalls Mobbing erlebt haben, sich vielleicht sogar umbringen wollten und dass der Song ihnen geholfen hat. Wenn Leute das Gleiche empfinden, entsteht eine Verbindung, die sehr persönlich ist. Das gibt mir sehr viel und ist die beste Bestätigung, die ich haben kann.

Casting-Show? Nein, danke!

Mein Ziel ist es, Songs in den Top 40 Billboard-Charts zu platzieren – sowohl meine eigenen Songs, die ich selbst singe, aber auch Songs, die ich für andere Künstler schreibe. Das Songwriting ist für mich sehr wichtig. Ich sehe mich als Musikerin. Mir geht es nicht in erster Linie darum, berühmt zu werden. Es geht mir viel mehr darum, Songs zu schreiben, die Leute berühren und die andere hören wollen. Ich möchte ein ‚komplettes' Musik-Leben führen. Dafür fange ich lieber langsam an und baue Substanz auf.

Viele Leute denken, wenn sie gut singen können, dann kommt eines Tages der Manager von Justin Bieber vorbei und macht sie zum Star. Aber in diesem Geschäft wird niemand zum Star gemacht.

> **„Jeder muss sich selbst entwickeln und an sich arbeiten."**

Die Chance, einfach entdeckt und groß herausgebracht zu werden, ist unglaublich gering. Die meisten Leute, die es im Musik-Geschäft schaffen, sind auch tolle Songwriter. Wer nur singen kann und berühmt werden will, für den ist der Weg über eine Casting-Show jedoch vielleicht eine gute Option.

Für mich kam dieser Weg nicht infrage. Ich habe den Eindruck, dass es dabei eher um die Show geht und nicht um die Personen. Es werden schnell Labels verteilt – die Süße, die Verrückte, der sexy Typ – das macht es unterhaltsamer. Aber wenn eine Show vorbei ist, kommt die nächste Show. Die Sänger werden schnell berühmt gemacht, oft verlieren die Leute aber bald das Interesse und nach ein bis zwei Jahren ist die Karriere vorbei.

Von den Erfolgreichen lernen…
Nachdem ich den Traum meines ersten Albums verwirklicht hatte, dachte ich: Wenn es mein Ziel ist, einen Top 40-Hit zu schreiben, dann ist es das Beste, ich schreibe Songs gemeinsam mit Leuten, die in den letzten fünf Jahren schon einen Top-40-Hit geschrieben haben.

Ich schrieb mir also meine 70 Lieblingssongs auf – von Katy Perry über Kelly Clarkson zu Taylor Swift. Ich schaute, wer diese Songs geschrieben hatte, kontaktierte über 70 Songwriter und fragte sie, ob sie mit mir gemeinsam einen Song schreiben würden. Die Leute, die hinter den großen Stars stehen, suchen immer nach Talenten. Etwa jeder Fünfte schrieb mir zurück und stimmte zu, mit mir Songs zu schreiben. Das heißt, von 80% der Leute hörte ich nichts, aber ich habe jetzt Kontakt zu etwa 15 der besten Songwriter in meiner Musikrichtung. Jede einzelne Zusage war für mich ein „Yes"-Moment, der mir Mut gab. Auf diesem Weg lernte ich z.B. Nick Turpin kennen, der auch für Justin Bieber produziert hat. Ich traf ihn und er stimmte zu, mit mir gemeinsam Songs für andere Künstler zu schreiben.

> *„Die beste Ausbildung der Welt ist, den Besten bei der Arbeit zuzuschauen."* — Michael Jackson

Wenn ich mit anderen Songwritern schreibe, bin ich meist diejenige, die die Songideen einbringt. Ich sage: „Ich möchte einen Song über dieses Thema schreiben." Wenn sie das Thema gut finden, dann schreiben wir den Song. Das Problem der Profischreiber ist oft, dass sie schon so viele Songs geschrieben haben, dass die Themen nicht mehr aus ihrem Inneren kommen. Das geht teilweise in Richtung Massenproduktion. Ich bin noch frisch und habe viele Ideen, die mir am Herzen liegen und über die ich Songs schreiben will. Wenn ich mit einer Idee ankomme, dann ist das mein Song, aber die anderen Songwriter helfen mir, die Idee umzusetzen.

Ehrliche Songs kann ich selbst in meinem Zimmer mit meiner Gitarre schreiben. Aber kann ich alleine Hits schreiben? Erfahrene Songwriter packen ganze Geschichten in zwei Strophen und drei Minuten. Sie wissen, wie man das Publikum erreicht, wie die Melodie aufgebaut sein muss, damit sie ins Ohr geht. Oder sie finden die besseren Worte, um meine Gefühle auszudrücken. Da sage ich oft: „Wow, das klingt toll." Für den großen Erfolg reicht es manchmal nicht, Musik zu machen, die einem am Herzen liegt. Sie muss von Herzen sein, aber auch so präsentiert werden, dass es für das Publikum verdaubar ist und ankommt. Deshalb scheibe ich mit erfahrenen Leuten, die Songs geschrieben haben, die ich toll finde. Von denen lerne ich sehr viel.

Mit dem richtigen Team zum Erfolg

Ich genieße es, mit Leuten zusammen zu sein, die meinen Traum teilen oder mich unterstützen. Ein wichtiger Teil meines Teams sind meine Eltern. Sie haben mich auf meinem Weg immer unterstützt. Mein Papa ist der Beste. Der weiß immer, was das Richtige ist und ich musste ihm schon oft sagen: „Du hattest so recht". Dass er mich dazu gebracht hat, Gitarre und Klavier spielen zu lernen, hilft mir heute sehr und ich bin ihn sehr dankbar. Mein Papa ist Teil meines Traums. Er trifft zwar keine Entscheidungen für mich, aber er wägt alles mit mir gemeinsam ab. Er liest meine Verträge und ich entscheide nichts, wenn er nicht sein „Ok" gibt. Er glaubt an mich und sagt: „Ich bin dabei, let's go!" Das ist super für mich.

Meine Mama unterstützt mich ebenfalls sehr. Sie ist mein größter Fan. Wenn sie kann, begleitet sie mich zum Beispiel mal für eine Woche auf Tour, betreut meinen Verkaufsstand und macht Fotos von mir mit den Fans. Sie hat natürlich auch Angst, wie mein Weg ausgeht. Aber sie steht zu hundert Prozent hinter mir.

Inzwischen habe ich viele tolle Leute kennengelernt. Eine Freundin von mir hat es bei American Idol sehr weit geschafft und ich lerne viel von ihr. Ich habe einen Acting Coach und natürlich eine Gesangslehrerin, deren Erfahrungen und Tipps mir sehr helfen. Und manchmal brachten mich auch zufällige Kontakte zur nächsten tollen Gelegenheit.

Das Beste kommt noch

Natürlich läuft nicht alles glatt. Ich erlebe auch viele Momente der Enttäuschung, bin manchmal verzweifelt. Aber schon am nächsten Tag kann wieder eine tolle Nachricht kommen, die mir wieder Kraft und Selbstvertrauen gibt. Manchmal fühlt es sich an wie eine Achterbahn.

Zurzeit befinde ich mich gerade an einem Punkt, an dem ich viele Entscheidungen treffen muss. Ich muss entscheiden, welcher Zug der ist, auf den ich springen will. Fragen sind: Wer wird in Zukunft mein Manager, mit welcher Plattenfirma unterschreibe ich einen Vertrag, wie genau wird meine Musik in der Zukunft klingen?... Es ist eine spannende Zeit.

Ich habe jetzt eine Gruppe von Leuten gefunden, mit denen ich Songs schreibe, die für mich sind. Sie glauben an mich und wollen mich unterstützen, mich entwickeln. Sie sehen, dass ich etwas Neues mache, frisch bin und damit erfolgreich sein kann.

Mein Song „Trouble", der im August veröffentlicht wurde, hat es in der ersten Woche auf Platz 70 in den iTunes Country Charts geschafft. Das Video dazu zu drehen, war eine tolle Erfahrung und ich bin begeistert, dass es super angelaufen ist. Im letzten Jahr wurde einer meiner Songs für den Soundtrack in einem Independent-Movie ausgewählt und mein Song „Now's My Time" kam ins Halbfinale des Internationalen Songwriter-Wettbewerbs.

Ich glaube aber, das Beste kommt noch.

MEINE DREAMPIONS EMPFEHLUNGEN

Höre auf dein Herz und folge deiner Intuition.
Den eigenen Weg zu finden und „anders" zu sein, kann Angst machen. Ich glaube, viele Menschen treffen Entscheidungen mit dem Kopf. Der Kopf orientiert sich aber meiner Meinung nach nur an der Vergangenheit. Er stellt Dinge in Frage, die er noch nicht gesehen hat. Der Weg, der für uns bestimmt ist, der wird für den Kopf nicht sichtbar.

Es gibt keine Sicherheit.
Ich habe den Eindruck, viele geben ihre Träume auf, weil sie Sicherheit wollen. Ich glaube, wirkliche Sicherheit gibt es nicht, das ist eine Illusion. Die Angst vor dem Scheitern kann lähmen. Doch auch die erfolgreichsten Leute sind meist schon mal gescheitert und haben aus ihren Fehlern gelernt. Die Frage ist für mich: Was ist das Schlimmste, was passieren kann? Und ist das wirklich schlimmer, als es nie riskiert zu haben, das zu erreichen, was du wirklich willst? Ist es das wert, deine Träume für Sicherheit aufzugeben? Wir sterben sowieso irgendwann. Das Leben ist meiner Meinung nach zu kurz für Sicherheit.

Hör nicht darauf, was andere denken.
Jeder muss mit sich selbst leben. Deshalb sollte es nicht zählen, was andere über deinen Traum denken. Die meisten Leute sind mit sich selbst beschäftigt, haben ihre eigenen Probleme. Viele Leute haben an mir und meinen Entscheidungen gezweifelt. Da zuzuhören gibt nur negative Energie.

Umgib dich mit Leuten, die das wollen, was du willst.
Negative Menschen sind nicht die richtigen Freunde. Wer sagt, du kannst es nicht schaffen, lebt meist seine eigenen Träume nicht und bereut das vielleicht. Diese Leute werden dich nicht unterstützen, denn es tut ihnen weh zuzusehen, wie du deinen Traum erfolgreich lebst, während sie ihren eigenen aufgegeben haben.

Hab' keine Angst, allein zu sein.
Ich habe mich auf meinem Weg oft allein gefühlt. Es tat weh, das auszuhalten. Aber es ist wichtiger an Träumen festzuhalten, statt sich anderen Menschen unterzuordnen. Inzwischen habe ich durch meinen Traum die Verbundenheit mit anderen gefunden.

Seit 2015 ist Marcel Paul der erfolgreichste Bobby-Car-Rennfahrer seit Bestehen des Sports. Damit erfüllte er sich den Traum, auf den er zehn Jahre lang hingearbeitet hatte. Ein Sport, der von manchen belächelt wird, aber bei Geschwindigkeiten von über 100 km/h technische und fahrerische Perfektion erfordert, hat das Leben von Marcel Paul in vielen Bereichen beeinflusst. Aus dem Ziel, das schnellste Bobby-Car zu bauen, wurde eine Faszination für Physik und Metallverarbeitung, die er inzwischen auch zum Beruf gemacht hat. Auch nach allen Erfolgen lassen die Freude am kreativen Schaffen und der Rausch der Geschwindigkeit ihn nicht los.

Marcel Paul
GANZ FLACH DEN HANG HINAB

Obwohl ich bereits lange dem Kindergarten-Alter entwachsen bin, fahre ich Bobby-Car. Nicht das kleine rote mit den weißen Felgen und dunklen Flüsterreifen, das bei den meisten sicherlich sofort vor dem inneren Auge auftaucht. Nein, mein Bobby-Car ist schwarz, hat grüne Räder, wiegt etwa 40 Kilogramm und rast mit Spitzengeschwindigkeiten von über 100 km/h den Berg hinunter.

Warum ich das tue? Weil es Spaß macht! Weil für mich nichts in der Welt dieses Gefühl ersetzen kann, ganz flach über der Straße an mein Fahrzeug gepresst die Umgebung an mir vorbeiziehen zu sehen und dabei das Adrenalin in meinen Adern zu spüren. Und weil mir Bobby-Car-Fahren einen Traum erfüllt hat.

Spaß an der Tüftelei
Die Entscheidung, Bobby-Car-Rennen fahren zu wollen, traf ich relativ früh in meiner Kindheit. Bereits als zwölfjähriger Junge habe ich zusammen mit einem Freund in der Garage aus purem Spaß an der Freude immer wieder Rutschautos getuned. Wir bauten die Original-Räder ab und dafür andere an, lackierten die Verkleidung neu oder gestalteten sie aerodynamischer. Anschließend fuhren wir mit den Fahrzeugen steile Feldwege am Ortsrand hinab, um herauszufinden, ob unsere Veränderungen etwas bewirkt hatten.

Da war mein erstes Bobby-Car-Rennen als Zuschauer natürlich ein riesiges Event. Mein Vater fuhr damals mit mir zu einer Meisterschaft in

Nordrhein-Westfalen und ich war von Anfang an völlig begeistert. Überall um mich herum standen plötzlich selbst gebaute Bobby-Cars, und damit nicht genug. Männer, Frauen und selbst Kinder aller Altersklassen rasten in eine Motorrad-Kluft verpackt mit ihren umgebauten Fahrzeugen den Berg hinunter. Das weckte in mir den Wunsch, so etwas auch einmal auszuprobieren. Die Tüftelei war eine Sache, doch die Aussicht auf solch einen Geschwindigkeitsrausch verfolgte mich von diesem Moment an ständig.

Gleich nach dem Rennen ließ ich mir von dem damals unangefochtenen Star dieses Sports, Ray Oppel aus Coburg, ein Autogramm geben und fotografierte sein Fahrzeug von allen Seiten, um mir die Erinnerung an dieses Ereignis wach halten zu können. Außerdem wollte ich unbedingt ein Bobby-Car haben, das genauso aussah. Deshalb legte ich meinem Nachbarn Lothar Kusch, einem gelernten Schmied, die Bilder bei der nächsten Gelegenheit vor. „So eins möchte ich haben", sagte ich. „Schaffst du das?" Er nickte. Würde schon irgendwie gehen.

Während ich also mit meinem Vater noch weitere Rennen besuchte und mich nebenbei in meiner Freizeit über den Sport und vor allem über Ray Oppel informierte, baute mir mein Nachbar meinen allerersten Prototypen.

Mein Antrieb

Schnell wurde mir klar, dass Ray Oppel in diesem Sport Dinge erreicht hatte, die bisher keinem anderen auch nur annähernd gelungen waren. Er hatte vier Weltmeistertitel, drei Europa-Meisterschafts-Titel und obendrein drei Deutsche Meisterschaften gewonnen. Das war Rekord. Ich begann zu diesem Mann aufzublicken wie andere Jungs in meinem Alter zu ihren Fußball-Idolen.

Nach ein paar Monaten hatte mein Nachbar das Bobby-Car fertig gestellt und meine Entscheidung war inzwischen endgültig gefallen: Ich wollte an Rennen teilnehmen.

Die Reaktionen meiner Familie und Freunde darauf waren so unterschiedlich, wie sie nur sein konnten: Mein Vater unterstützte mich von Anfang an in allen Belangen und war stolz, dass sein Sohn sich solch einen Sport herausgesucht hatte. Meine Mutter dagegen war vor allem ängstlich. Klar, ich würde zwar Motorradkleidung und einen Helm tragen, das änderte aber nichts daran, dass ich auf einem winzigen, umgebauten Spielzeugauto einen Berg hinabraste. Viele meiner Freunde taten die Idee als „Kleinkinderkram" ab. Wer fuhr denn bitte in unserem Alter noch mit einem Bobby-Car? Sie lachten über mich.

Doch auch die negativen Reaktionen konnten mich nicht davon abhalten, meinen Prototypen schließlich im Alter von 13 Jahren in der Jugendkategorie der hessischen Meisterschaften an den Start zu bringen. Ich war gut vorbereitet, trug Schutzkleidung mit Protektoren und einen Motorradhelm. In meinen vorherigen Tests hatte ich herausgefunden, dass ich mit handelsüblichen Hallenturnschuhen am besten bremsen konnte.

Ray Oppel war auch vor Ort. Er erkannte sofort die Ähnlichkeit zwischen unseren beiden Bobby-Cars und sprach mich darauf an. Er fühlte sich geschmeichelt, dass ich mir ihn als Vorbild ausgesucht hatte und eines Tages mindestens genauso erfolgreich fahren wollte wie er, wenn nicht besser.

„Du bist gut", sagte er nach meinem ersten Rennen. „Mach weiter, du kannst das." Damit war der Grundstein für meinen unbedingten Willen gelegt, ihn eines Tages zu übertrumpfen und das Beste aus meinem Potential zu machen.

Rasanter Aufstieg
Mein Vater unterstützte mich zwar in jeglichen Belangen, legte allerdings auch großen Wert darauf, dass ich dafür nicht meine Schulbildung vernachlässigte oder gar an den Nagel hing. Für jede Eins oder Zwei versprach er mir die Teilnahme an einem Bobby-Car-Rennen. Am Ende der Saison entschied die Gesamtpunktzahl über den Platz in der Rangliste. Daher wollte ich auf gar keinen Fall ein Rennen verpassen. Während meine Mitschüler am Wochenende auf Schulfreizeiten fuhren, reiste ich mit meinem Vater durchs Land und fuhr Rennen. Das Doppel-K.O.-System war dabei anfangs oft hilfreich. Man fuhr immer nur gegen einen einzigen Gegner und war erst endgültig aus dem Spiel, wenn man zwei Rennen nacheinander verloren hatte.

Ich trainierte wie ein Wilder, schraubte nebenher an meinem Fahrzeug herum, verbesserte Kleinigkeiten, sparte dort Gewicht ein und verlagerte es an andere Stellen.

> *„Am Anfang schaute ich mich um und konnte den Wagen, von dem ich träumte, nicht finden. Also beschloss ich, ihn selber zu bauen."* Enzo Ferrari

Beinahe jeden Tag traf ich mich mit meinem Freund, der meine Begeisterung von Anfang an geteilt hatte, und wir rasten die Abhänge rund um unseren Heimatort Altenhain herunter. Manchmal fuhren wir sogar auf Straßen innerorts, was eigentlich verboten ist.

Dieser große Fokus auf den Sport kam natürlich nicht bei allen gut an. Doch ich ahnte, dass andere Dinge zurückstehen mussten, wenn ich mein Ziel erreichen wollte. Und diesem Ziel rückte ich bereits in meiner ersten Saison ein ganzes Stück näher. Ich war erstaunlich gut und entwickelte schon bei meinem vierten Rennen ein Gefühl, dass es im nächsten Jahr mit einem Titel klappen könnte. Und dank Ray Oppels Hilfe, der inzwischen angeboten hatte, mit mir einige Trainingsläufe zu absolvieren, wurde ich von Mal zu Mal besser. Er erklärte mir, was ich bei einer Einfahrt in die Kurve beachten musste, was bei der Gewichtsverteilung wichtig war und andere Kniffe, für die ich ihm nicht dankbarer hätte sein können.

Unerwartete Unterbrechung

Das erste Rennen der Saison 2006 holte mich dann allerdings unsanft auf den Boden der Tatsachen zurück. Es war ein regnerischer Tag. Meine Hoffnungen für dieses Jahr waren gigantisch. Ich absolvierte bereits meinen vierten Lauf des Tages, als ich am Ende mit 45 km/h in eine Absperrung einschlug. Die Diagnose daraufhin lautete: Bänderriss, mindestens 6 Wochen Krücken. Das war ein herber Rückschlag.

Mir kam der Gedanke, die ganze Sache vielleicht doch lieber sein zu lassen, mich mehr auf die Schule zu konzentrieren und auf die anderen Interessen, die durch das Bobby-Car-Fahren an die Oberfläche getrieben waren: all die technischen und physikalischen Hintergründe oder die Verarbeitung von Metall.

Ich hatte auf einmal eine Riesenangst. Immerhin war der Unfall mit nicht unerheblichen Schmerzen verbunden gewesen und die restliche Rennsaison, in die ich meine ganze Hoffnung gesteckt hatte, dadurch für mich gelaufen. Das hat meinen Respekt vor diesem Sport geweckt und mir die Augen für die Gefahren geöffnet. Es war eben kein Kleinkinderkram, trotz Protektoren und dicker Lederkluft.

Aber es reizte mich einfach zu sehr, um gleich aufzugeben. Mit zittrigen Knien und den aufbauenden Worten meines Mentors Ray im Ohr fuhr ich im Jahr darauf mein erstes Rennen nach der langen Pause. Ich war vorsichtig, zu vorsichtig, und belegte deshalb auch den letzten Platz. Doch der erste Schritt zurück war getan. Auf eine Ergänzung meiner Schutzkleidung durch Motorradstiefel verzichtete ich trotz aller Vorsicht und fuhr stattdessen nach wie vor mit Hallenturnschuhen, an die ich unten ein Stück Motorradreifen geklebt hatte.

Die Leiter wieder nach oben
Ray hängte seine Karriere 2007 endgültig an den Nagel und gab mir zum Abschied die beste Motivation mit, die ich mir hätte wünschen können. „Du schaffst das", meinte er. „Eines Tages könntest du mich einholen, wenn du weitermachst." Damit war klar, ich musste weitermachen. Ich wollte so gut – nein, besser werden als Ray.

Drei Jahre insgesamt fuhr ich in der Jugend-Klasse, bis ich anschließend zu den Amateuren und dann zu den Profis wechselte. Der Sport war damals wie heute vor allem in Europa bekannt – außer Deutschland beteiligten sich die benachbarten Länder Österreich, Schweiz, Frankreich und Luxemburg an der Austragung der Rennen. Das kam mir natürlich sehr zugute, da ich nicht quer durch Europa oder gar die ganze Welt reisen musste, um meinen Sport auszuüben. Ich war noch immer Schüler, absolvierte nebenher Praktika in Bereichen, die mir auch beim Bau meiner Fahrzeuge weiterhalfen, also meist in der Metallindustrie. Außerdem lernte ich von meinem Nachbarn, dem gelernten Schmied, alles über das Bohren, Flexen und Schweißen von Metall. Sogar bei meiner Abschlussprüfung im Fach Physik half mir mein mittlerweile angesammeltes Wissen sehr, als ich über die Optimierung des Bobby-Car-Fahrens referieren durfte.

Auch bei den Rennen lief es inzwischen wieder rund. Ich erkämpfte mir Titel um Titel, fuhr Rennen um Rennen. Und ‚erkämpfte' ist hier durchaus das passende Wort, denn je öfter ich um die vorderen Plätze mitfuhr und je mehr ich gewann, desto zahlreicher wurden die Neider. Plötzlich wurden Reglements diskutiert und angesetzt, wo es eigentlich keine gab, was mich verletzte und auch wütend machte. Immerhin ist es einer der Gründe, weshalb ich diesen Sport so mag: Man kann seiner Kreativität in Sachen Gestaltung nahezu freien Lauf lassen, solange das Fahrgestell noch ein Bobby-Car-Original ist. Natürlich wurden die Regeln mit der Zeit ein wenig verschärft. Der Bobby-Car-Hersteller ließ oft verlauten, dass ihm mehr Original-Teile lieber wären. Doch dieser Kampf mancher Gegner mit unfairen Mitteln, das war wirklich einer der Tiefpunkte dieser zehn Jahre.

Glücklicherweise folgten auf Tiefpunkte auch stets Höhepunkte, und einer davon war die Testfahrt zum Festival of Speed im September 2012. Es war abends und die Straßen bereits ein wenig abgekühlt, als ich völlig unerwartet den seit drei Jahren bestehenden Geschwindigkeitsrekord um drei Stundenkilometer übertraf. Mit 115 km/h raste ich die Strecke hinunter und holte mir damit meinen allerersten Rekord. Wow, was für ein unfassbar großartiges Gefühl, so etwas geschafft zu haben!

> *„Geschwindigkeit ist der einzige neue Rausch, den das 20. Jahrhundert erfunden hat."*
>
> Aldous Huxley

Der Traum wird wahr

Damit kam die Aufholjagd so richtig in Schwung. In 2012 holte ich als erster Fahrer den ‚Hattrick': Ich wurde in diesem Jahr Deutscher Meister, Europa- und Weltmeister in der Profiklasse. Bis zum Jahr 2014 hatte ich mir insgesamt drei Weltmeistertitel, zwei Europa-Meisterschaften und drei Deutsche Meisterschaften erarbeitet und war Ray damit dicht auf den Fersen.

Die Saison 2015 war schließlich der krönende Abschluss. In nur einem Jahr schaffte ich es, die letzten drei Titel nach Hause zu bringen, um Ray endlich zu überholen. Ich gewann mit dem ersten Rennen gleich die Europa-Meisterschaft, holte wenig später meine vierte Deutsche Meisterschaft und entschied dann im allerletzten Rennen der Saison die vierte Weltmeisterschaft für mich. Ich war nun der erfolgreichste Bobby-Car-Rennfahrer aller Zeiten! Das war berauschend, ein geradezu wahnsinniges Glücksgefühl.

Wie geht es weiter?

Und nun stehe ich tatsächlich vor der Frage: Was tun? Soll ich aufhören, jetzt da ich mein Ziel erreicht habe? Ich meine, was könnte darauf überhaupt noch folgen? Ich wollte alle bestehenden Rekorde einstellen, und das ist mir gelungen. Wenn ich eine weitere Saison fahre und die Erfolge der letzten nicht wiederholen kann, wird mein Abschied zwangsläufig einen faden Beigeschmack bekommen.

Aber ganz ohne Ziel geht es nicht. Ich muss mir ein neues stecken, vielleicht sogar mehrere. Zum Erreichen des letzten habe ich zehn Jahre gebraucht, doch schon jetzt leuchten da neue Herausforderungen in der Ferne. Der Geschwindigkeitsrekord reizt mich noch immer. Ein, zwei Stundenkilometer mehr auf meine aktuelle Bestleistung obendrauf packen. Oder vielleicht eine ‚Spaßsaison': Ich fahre einfach in der ganzen Saison bei jedem Rennen ein anderes Bobby-Car, das hat bisher noch niemand gemacht. Angesammelt haben sich genug Fahrzeuge in den letzten Jahren. Ich bin gespannt, wo meine Reise mich hinführt.

MEINE DREAMPIONS EMPFEHLUNGEN

Rom wurde nicht an einem Tag erbaut!
Ich habe zehn Jahre lang an der Erfüllung meines Traumes gearbeitet. Manchmal dauert es eben etwas länger, und das ist gut so. Man muss sich die Zeit einfach nehmen, die es braucht, um seinen Zielen näher zu kommen.

Tiefschläge einstecken und weitermachen!
Rückschläge oder unfaire Schläge unter die Gürtellinie können zu jeder Zeit kommen. Sie sind lästig und tun weh, aber sie machen einen auch stärker. Der Konkurrenz stetig Paroli zu bieten ist gerade im Sport eine Überlebensgarantie.

Respekt haben!
Mir war bis zu meinem Unfall nicht bewusst, wie gefährlich der Sport sein konnte. Die Verletzung hat mich Respekt gelehrt und mich zu einem besseren, vorsichtigeren Sportler gemacht.

Hobby und Beruf vereinen!
Das ist kein Muss, aber mir hat es extrem geholfen, meine privaten Interessen in den Beruf einzubringen und umgekehrt. Ich bin inzwischen im Bereich der Metallzerspanung tätig, was mir ohne die Arbeit an meinen Bobby-Car-Prototypen vielleicht nie in den Sinn gekommen wäre.

Neue Ziele setzen!
Wenn man sich einen Traum erfüllt hat, kann man sich entspannt zurücklehnen und sich auf diesem Erfolg ausruhen. Für mich persönlich klingt das langweilig. Ich werde mir neue Ziele stecken und meiner Leidenschaft, dem Bobby-Car-Rennsport, verbunden bleiben.

Juliane Wurm wurde auf einem Kindergeburtstag in einer Kletterhalle von ihrem Trainer entdeckt und trug sich während ihrer rasanten Karriere in die Geschichtsbücher des Sportkletterns ein. In ihrem Artikel beschreibt sie ihren Weg bis zum Gewinn des Weltmeistertitels. Ein Erfolg, den sie schrittweise erreichte und erst spät als den eigenen, umsetzbaren Traum erkannte.

Juliane Wurm
VON STEIN ZU STEIN, ZUM GIPFEL DES ERFOLGS

Es ist Sonntagabend und auf meiner Couch sitzend denke ich über meine Aufgabe nach: „Schreibe einen Artikel, wie du es geschafft hast, dir deinen Traum vom Weltmeistertitel im Bouldern (einer besonderen Form des Kletterns an Felswänden) zu erfüllen."

Irgendwie ist es komisch, dass ich mit gerade einmal 25 Jahren schon einen Lebenstraum verwirklicht habe, während andere Menschen ihren Traum ein Leben lang verfolgen. Zurückblickend ist es auch seltsam, dass mir ein WM-Titel lange Zeit so weit entfernt erschien, dass ich nicht von ihm träumte – obwohl es sich heute traumhaft anfühlt, ihn erreicht zu haben.

Talentscout trifft auf Schulkind

Doch gehen wir zurück zu den Anfängen: Alles fing bei einem Kindergeburtstag in der Kletterhalle an, wo ich mit meinen Freundinnen versuchte, die Wände so schnell wie möglich hochzuklettern. Nach einigen Versuchen wurde ich von einem Klettertrainer angesprochen, der in der Halle Nachwuchs für seinen Verein suchte. Er lobte meinen Kletterstil und versicherte mir, dass ich im Klettern vieles erreichen könnte. Zu diesem Zeitpunkt war ich gerade einmal 10 Jahre alt und konnte die Aussage nicht so einordnen, wie ich dies heute tun würde. Aber das Klettern machte mir Spaß und wenn man als Kind Bestätigung bekommt, ist man natürlich besonders motiviert. Ich nahm das Angebot des Trainers an, trat dem Verein bei und nahm regelmäßig Kletterstunden. Wie sich herausstellte, war mein Trainer ein wirklicher Experte, der mir technisch und mental unheimlich viel beibrachte, so dass ich schnell besser wurde.

Die Entscheidung: Kleine Ziele, große Momente

Im Sport und in vielen anderen Bereichen existiert eine Art Kreislauf: Wenn einem etwas Spaß macht, hat man eine höhere Motivation zum Üben. Wenn man viel übt, kommen die Erfolge. Und wenn man erfolgreich ist, macht einem die Sache wieder besonders viel Spaß, und der Kreislauf beginnt von vorn. So war es auch bei mir: Ich kam in die Jugend B Liga und merkte, dass das Klettern mir wirklich Spaß machte. Dies war meine Motivation, ich wollte klettern, weil es mein Hobby war.

Durch die ersten Erfolge wuchs mein Ehrgeiz und ich steckte mir weitere kleine Ziele. Ich gewann in Folge mehrere Wettkämpfe in Deutschland, wurde in den Nationalkader meines Jahrgangs berufen und holte mir sogar in Peking bei der Jugend WM 2005 die Bronzemedaille. Es war unglaublich für mich, die Welt zu sehen durch eine Sportart, die mir so viel Spaß machte. Und schon 5 Jahre nach dem Kindergeburtstag in der Kletterhalle an einer Weltmeisterschaft teilzunehmen ist selbst aus heutiger Sicht schwer zu begreifen.

Die Vorbereitung: Training für den Erfolg

Für die Teilnahme an den Meisterschaften und dem Nationalkader musste ich hart trainieren, und ich gab viel Freizeit und Privatleben auf. Mein Zeitplan sah in etwa so aus: Von Januar bis April trainieren, von April bis Oktober an Wettkämpfen teilnehmen und danach drei Monate Pause. Die Schule bis zum Abitur kam natürlich dazu und auch die Reisen zu Wettkämpfen waren zeitaufwendig. Es war eine anstrengende, aber tolle Zeit. Meine Eltern, Mitschüler und Trainer unterstützten und motivierten mich immer wunderbar.

Durch den Sport bildeten sich viele neue Freundschaften. Meine beste Freundin aus Dresden lernte ich im Nationalkader kennen. Auf vielen Reisen teilten wir uns ein Hotelzimmer und erkundeten gemeinsam tolle Städte. Überhaupt herrschte in der Kletterszene eine super Gemeinschaft. Wann immer einer aus unserem Team gewann, feierten wir zusammen den Sieg. Auch das motivierte mich, immer weiterzumachen. Es machte einfach Spaß, egal ob andere gewannen oder ich mich selbst feiern lassen durfte.

Die Vorhersage: eines Tages Weltmeisterin

Für meinen Trainer war alles schon ganz früh sonnenklar. Er wusste, dass ich eines Tages Weltmeisterin werden würde und er sagte mir das auch schon sehr früh. Vielleicht war es sein Traum oder er war einfach ein solcher Experte, dass er das Talent von Kindern so gut einschätzen konnte. Oder es war eine besondere Art, mich zu motivieren.

Was auch immer ihn zu dieser Aussage geführt hatte, ich selbst steckte mir kleine Ziele und machte mir um solch einen Erfolg keinerlei Gedanken. Ich kletterte immer von einer Stufe zur nächsten, freute mich über Erfolge und setzte mir dann neue Ziele. Zuerst waren es die regionalen Events, dann kamen die Landesmeisterschaften, die nationalen Titelkämpfe, der Nationalkader und so weiter. Rückblickend war es eine lange Entwicklung bis mein Traum Gestalt annahm. Aber in den ersten Jahren dachte ich nie daran, Weltmeisterin zu werden.

Die Zweifel und Rückschläge
Bis einschließlich der B-Jugend, also dem Alter von 16 Jahren, hatte ich meine Ziele immer mit Spaß und Leichtigkeit erreicht. Als ich in die A-Jugend wechselte, ging plötzlich die Leichtigkeit verloren. Es entwickelte sich ein negativer Kreislauf aus schlechten Ergebnissen, mehr Druck und dadurch wiederum schlechten Resultaten. Meine Erfolge waren Vergangenheit und als ich bei einem Wettkampf nur den 30. Platz belegte, musste sich etwas ändern. Ich begriff, dass ein Kampf gegen Windmühlen keinen Sinn macht. Werden einem Steine in den Weg gelegt, gibt es nur zwei Möglichkeiten: Man kann die Steine mühsam entfernen oder über sie hinweg klettern.

Ich entschied mich für die zweite Option und wechselte vom Leadklettern zu einer verwandten, aber doch anderen Disziplin, dem Bouldern. Hier klettert man ohne Kletterschutz und Ausrüstung an einer Felswand. Bouldern ist auf echten Felsblöcken möglich, aber auch an künstlichen Wänden in der Halle. Es war eine ungewöhnliche Entscheidung, nach all meinen Erfolgen einfach die Sportart zu wechseln. Sebastian Vettel würde wahrscheinlich nicht nach einigen schlechteren Ergebnissen die Formel 1 gegen den Rallyesport tauschen. Aber für mich war es der richtige Schritt. In dem Moment, als ich mich aus den Ketten der Vergangenheit befreite, fiel der Druck von mir ab und es ging wieder bergauf. Das Training machte mir wahnsinnigen Spaß und Bouldern wurde zu meiner neuen Leidenschaft. Plötzlich war ich wieder in meiner Mitte, gewann die Landesmeisterschaften, reiste um die Welt und schaffte es oft aufs Podium.

Mein Trainer unterstützte und motivierte mich und er war immer noch der Meinung, dass ich es zur Weltmeisterin schaffen konnte. Ich hielt mich nach wie vor an meine kleinen Ziele und erwartete nicht zu viel, obwohl ich durchaus auf dem Weg nach oben war. Mein Wechsel zum Bouldern hatte mich in die richtige Richtung geführt.

> *„Klettern ist viel mehr als nur ein Sport,*
> *... es ist eine Lebenseinstellung."* — David Lama

Die Umsetzung: Mein Traum wird wahr

2014 realisierte dann auch ich, dass ein Weltmeistertitel möglich war, und erst da fing ich wirklich an zu träumen. Was mein Trainer schon vor vierzehn Jahren gewusst hatte, wurde auch mir nun endlich klar. Die große Möglichkeit bot sich vor heimischem Publikum bei der Boulder-WM in München 2014. Vor dem letzten Durchgang lag ich in der Spitzengruppe und ich wusste, wenn ich jetzt richtig gut kletterte, würde ich den Titel gewinnen. Meine Familie war im Olympiastadion dabei und feuerte mich an. Ich schaffte es tatsächlich. Als ich nach ganz oben geklettert war, konnte ich es nicht fassen: So fühlte sich also ein Weltmeister. Es war ein unheimlich emotionaler Moment, den Titel zu gewinnen, später die Nationalhymne zu hören und mit Familie und Freunden den Titel zu feiern. Mein Freund hatte nach dem Titel bei den Männern gegriffen, ihn aber als Dritter knapp verpasst. Er freute sich dennoch riesig mit mir an diesem Tag.

Wenn ich heute zurückblicke, sehe ich, dass für meinen Erfolg auch eine Portion Glück nötig war. Irgendwann erkannte ich, dass hartes Training noch keine Garantie für Erfolg ist. Ehrgeiz muss da sein und auch der Wille zum Träumen. Doch manchmal muss man alte Gewohnheiten loslassen, um ganz nach oben zu kommen. Der Wechsel zum Bouldern war für mich der Neustart in ein erfolgreiches Kletterleben und ich sehe es ein wenig als Schicksal an, dass mich diese Entscheidung zu meinem Traum führte. Meine Mentoren, Freunde und Unterstützer gaben mir vor allem die Kraft, mein eigenes Ziel zu finden, und dafür bin ich ihnen sehr dankbar. Ich glaube aber, es kann einem niemand die Suche abnehmen. Mentoren sind immer nur zur Unterstützung da. Heute bin ich stolz, mein Ziel Stein für Stein erreicht zu haben, obwohl mir die längste Zeit des Weges nicht klar war, wo es sich wirklich befindet.

Der Blick nach vorn

Weltmeisterin zu werden war mein sportlicher Traum, ein Jahr später ergänzte ich ihn durch den Titel als Europameisterin. Doch nun hatte ich im Bouldern alles erreicht, was zu erreichen war. Deswegen beschloss ich, mit den Wettkämpfen aufzuhören und mir den nächsten Traum zu suchen.

Manche fragen mich, warum ich gerade jetzt aufhöre – Klettern macht mir immer noch Spaß, doch wer einmal den Gipfel erreicht hat, dem fehlt ein richtiges Ziel. Deswegen klettere ich heute nur noch in meiner Freizeit. Manchmal in der Halle, an anderen Tagen in den Bergen. Gerne möchte ich kletternd noch mehr von der Welt sehen. Die besten Felsen besteigen und immer neue Ausblicke genießen. Ein Wettkampf mit mir selbst. Gemeimsam mit meinem Freund war ich schon in den USA, Österreich, Frankreich, der Schweiz, China und in vielen anderen Ländern. Demnächst ist Australien an der Reihe und auch dort werden wir sicher einiges entdecken.

Mein nächstes Ziel ist der Abschluss meines Medizinstudiums. Ich träume davon, Kinderärztin zu werden. Doch dieses Endziel kann sich ändern. Die Vergangenheit hat mir gezeigt, dass man Stein für Stein nach oben kommt, und ich bleibe offen für alles Mögliche.

MEINE DREAMPIONS EMPFEHLUNGEN

Steck dir kleine Ziele und erhöhe diese dann schrittweise.
Ich beobachte immer wieder, dass in der Kletterhalle trainierende Kinder bereits früh davon träumen, eines Tages Weltmeister zu werden. Vielen geht es nur ums Gewinnen. Wer nur das große Ziel vor Augen hat, wird bei jeder Niederlage enttäuscht sein und verpassen, wie bedeutsam die Leidenschaft und der Weg an sich sind.

Achte auf die Zeichen.
Wenn etwas stockt, dann bedeutet das, du solltest die Elemente deiner Strategie überprüfen und eventuell ändern. Das kann deine Einstellung sein, dein Trainer oder sogar die Sportart. Plötzliche Misserfolge können darauf hindeuten, dass etwas Besseres auf dich wartet.

Leg die Sicherheitsausrüstung ab.
Wer den Gipfel des Erfolges erreichen möchte, sollte keine Angst vor Höhen haben. Nach oben schauen und nicht zurück, dann geht es immer weiter, Stück für Stück. Natürlich kann man tief fallen, das Risiko ist immer da. Aber wer sich vom Streben nach Sicherheit einschränken lässt, verliert das Gefühl für das wahre Glück und die Freiheit des Aufstiegs.

Der Ruderer Eric Johannesen gewann 2012 in London mit dem Deutschlandachter die Olympische Goldmedaille. Der Triumph war der Lohn dafür, dass er bereits Jahre zuvor sein ganzes Leben auf den Sport ausgerichtet hatte. Sein Erfolgsgeheimnis ist, die vielen Entbehrungen nie als eine Belastung zu empfinden. In seinem Artikel beschreibt Eric, wie der Traum von Olympia zur goldenen Realität wurde.

Eric Johannesen (mit Oliver Jensen)
MEIN WEG ZUR GOLDMEDAILLE

Ich werde nie vergessen, wie wir nach den Olympischen Sommerspielen 2012 mit dem Schiff "MS Deutschland" nach Hamburg zurückkehrten. Es war der Wahnsinn! Bereits als wir in Hamburg einfuhren, sammelten sich 60 oder 70 Begleitschiffe an. Die Menschen winkten uns aus den Bürogebäuden zu und schwenkten ihre Fahnen. Auch in der Hafen City hätte ich niemals so viele Leute erwartet. Mehr als 20.000 Fans empfingen uns Olympioniken. Das war ein gewisses Star-Feeling, das ich so niemals zuvor hatte. Ich schrieb an diesem einen Tag mehr Autogramme als in meinem gesamten Leben zuvor. Olympia war rundum ein einmaliges Erlebnis. Die jahrelange Arbeit zahlte sich in jenem Sommer 2012 aus.

Ich will zu Olympia – aber wie?
Olympia hat mich schon immer fasziniert. Vermutlich weil Sport allgemein einen hohen Stellenwert in meiner Familie einnahm. Mein Vater war Kanufahrer, musste seine Karriere aber aufgrund eines Bandscheibenvorfalls früh beenden. Sein ehemaliger Partner im Zweier wurde 1992 in Barcelona Olympiasieger. Ich erinnere mich gut, wie ich voller Faszination vor dem Fernseher saß, wenn die Olympischen Spiele übertragen wurden. Ich glaube, wir schauten uns so ziemlich alle Disziplinen an, die es gab.

Ich will nicht behaupten, bereits seit Kindesbeinen das Ziel Olympia intensiv verfolgt zu haben. Im Hinterkopf hatte ich es aber immer. Dementsprechend groß war mein Wunsch, bereits in frühester Jugend Leistungssport zu betreiben. Erst war ich in der Leichtathletik aktiv. Sprint, Hochsprung, Weitsprung und Werfen waren meine Disziplinen. Aber leider gab es in dem Verein keine Leistungssportabteilung. Also musste ich mir einen anderen Sport suchen.

Eines Tages las ich in der Zeitung, dass der nahegelegene Ruder-Club Bergedorf regelmäßig erfolgreiche Leistungssportler hervorbringt. Also ließ ich es damals, ich war 15 Jahre alt, auf einen Versuch ankommen.

Mit meiner Größe brachte ich gute Voraussetzungen für den Rudersport mit. Mindestens genauso entscheidend war, mit wie viel Engagement ich den Sport betrieb. Bereits sechs Monate, nachdem ich erstmals im Ruderboot gesessen hatte, stieg ich in den Leistungssport ein. Das heißt: Ich trainierte jeden Tag. Das fiel mir überhaupt nicht schwer. Nie empfand ich einen Zwang, zum Training zu müssen. Ich ging einfach gerne dorthin, weil wir eine sehr nette Trainingsgruppe und eine gute Trainerin hatten. Ohne Spaß wäre ich vermutlich nicht bis heute beim Rudern geblieben.

> *„Es gab nie eine Phase, in der ich plötzlich keine Lust mehr hatte."*

Der Ehrgeiz und der Wille trieben mich voran. Die Erfolge stellten sich schnell ein – und sorgten immer für einen zusätzlichen Motivationsschub. Nach zwei Jahren, genauer gesagt im Jahre 2005, wurde ich bereits Junioren-Weltmeister. Es war ein unglaublich tolles Gefühl, im großen Finale als Sieger ins Ziel zu gelangen. Zwei weitere Jahre später war ich als Ersatzmann bei der U23-Weltmeisterschaft dabei. 2008 gewann ich bei der U23-WM Gold im Doppelvierer. Mit jedem Erfolg setzte ich mir ein höheres Ziel. Und ich wusste: Um das neue Ziel zu erreichen, muss ich noch mehr arbeiten als zuvor. Diese Einstellung habe ich bis heute beibehalten.

Der Wille ist wichtiger als das Talent

Daran zu arbeiten, immer wieder ein Stück besser zu werden, faszinierte mich einfach. Mochte die Schinderei auch noch so groß sein – ich empfand immer Spaß dabei. Okay, ich gebe es zu: Im Winter und bei schlechtem Wetter gab es durchaus Tage, an denen ich weniger Spaß am Rudern hatte. Aber spätestens wenn die großen Events anstehen und ich meine Rennen fahre, weiß ich, wofür ich das viele Training auf mich nehme. Talent alleine genügt nicht, wenn der Wille nicht da ist. Zu viel Talent kann für die Entwicklung sogar von Nachteil sein. Manche haben in der Jugend viel Erfolg, ohne dafür hart arbeiten zu müssen. Irgendwann kommt aber der Zeitpunkt, an dem harte Arbeit einfach notwendig ist – selbst wenn jemand noch so viel Talent besitzt. Letztendlich setzt sich nicht das größte Talent, sondern der größte Wille durch. Viele, mit denen ich in der Jugend die Deutsche Meisterschaft gefeiert habe, sind nie zu den Senioren vorgedrungen. Und denen hat es sicherlich nicht an Talent gemangelt.

Im Jahre 2008, als ich erstmals U23-Weltmeister wurde und somit zu den besten Nachwuchsruderern der Welt zählte, fanden die Olympischen Sommerspiele in Peking statt. Damals saß ich mit meinem Trainer zusammen und sagte:

> *„In vier Jahren, wenn die Olympischen Spiele in London stattfinden, möchte ich dabei sein."*

An einen Olympiasieg verschwendete ich damals noch keinen Gedanken. Für mich galt eher noch das Olympische Motto: Dabeisein ist alles!

Eine gute Förderung ist die halbe Miete

Viele Sportler träumen von den Olympischen Sommerspielen. Um bei diesem Event dabei zu sein, muss man sein ganzes Leben darauf ausrichten. Mit einem Beruf oder einem Vollzeit-Studium wird das schwierig. Deshalb ging ich im Oktober 2008 zur Sportfördergruppe der Bundeswehr. Als Sportsoldat konnte ich mich zu 100 Prozent auf den Sport konzentrieren. Dank des Gehalts musste ich mir um das finanzielle Auskommen keine Gedanken machen. Da ich anders als ein Fußball- oder Eishockeyspieler kein Profi bin, ist das eine ideale Lösung. Die Voraussetzung, um in der Sportfördergruppe mit den begrenzten Plätzen aufgenommen zu werden, sind gute Leistungen. Eine Bundeskaderzugehörigkeit muss vorhanden sein. Letztendlich entscheidet der Verband, wer einen Platz bekommt. Eine ähnliche Förderung bieten ansonsten noch die Bundes- oder Landespolizei. Ohne die Sportfördergruppe wäre es für mich schwierig geworden, den Fokus bereits in jungen Jahren auf den Sport zu legen. Die Förderung der Deutschen Sporthilfe ist zwar ebenfalls eine gute Unterstützung, reicht aber nicht für den Lebensunterhalt aus. Und die Suche nach einem Sponsor gestaltet sich schwierig, wenn man noch U23-Ruderer ist. Sponsoren investieren nur, wenn sie eine gewisse Reichweite erlangen. Ein Nachwuchsruderer kann das nicht bieten.

Auch Rückschläge gehören zum Weg dazu

Im Jahre 2009 musste ich einen kleinen Rückschlag verkraften. Bei der U23-Weltmeisterschaft landeten wir im Doppelvierer lediglich auf dem fünften Platz. Mein Plan, mich mit einem guten Ergebnis für die A-Nationalmannschaft und somit auch für die Olympischen Spiele zu empfehlen, ging kräftig daneben. Misserfolge dieser Art kannte ich nicht. In der Jugend war ich stets erfolgreich gewesen. Letztendlich konnte ich nur eine Konsequenz daraus ziehen: mich doppelt auf den Hosenboden setzen und härter trainieren als je zuvor. Man darf sich nicht zu lange mit einer Niederlage beschäftigen. Wichtig ist, schnell wieder den Blick nach vorne zu richten und das Hauptziel, also die Olympischen Sommerspiele, im Auge zu behalten. Mein privates Umfeld, also mein Trainer, meine Familie und meine Freunde, halfen mir dabei. Und tatsächlich ging es nach dem Misserfolg von 2009 steil bergauf.

Auf einer Erfolgswelle zu Olympia

2010 nahm ich an meiner ersten A-Weltmeisterschaft teil. Im Zweier ohne Steuermann landeten wir auf Position 5. Ein Jahr später wurde ich in den Deutschlandachter berufen. Für jeden Ruderer ist es eine besondere Ehre, im Flaggschiff des Deutschen Ruderverbandes zu sitzen. Schließlich handelt es sich um die schnellste Bootsklasse. Das öffentliche Interesse am Achter ist groß. Zumal der Deutschlandachter damals auf einer Erfolgswelle schwamm. Nachdem die Olympischen Sommerspiele 2008 mit dem letzten Platz sehr enttäuschend verlaufen waren, gewann der Achter nun plötzlich ein Rennen nach dem anderen. Der Wille, das schlechte Ergebnis zu korrigieren, war bei jedem Besatzungsmitglied riesengroß. Als wir 2012 zur Olympiade aufbrachen, hatte der Achter 35 Rennen in Folge gewonnen. Ich saß selber mit im Boot, als wir bei der Weltmeisterschaft 2011 Gold gewannen.

Dementsprechend groß war der Druck in London. Alles andere als ein Sieg wäre eine Enttäuschung gewesen. Hätten wir bei Olympia verloren, wäre der Weltmeistertitel davor vergessen gewesen. Glücklicherweise hielt unsere Erfolgsserie auch bei den Olympischen Sommerspielen an. Die Stimmung, etwa 25.000 Zuschauer waren vor Ort, war beeindruckend. Unendlich viele Einflüsse kamen auf uns zu und in einem heiß umkämpften Final-rennen siegten wir vor Kanada und Großbritannien.

> *„Es war ein erleichternder, aber auch unwirklicher Moment, als wir die Ziellinie überquerten."*

Freizeit ist Mangelware

Nach den Olympischen Sommerspielen habe ich mein BWL-Studium begonnen. Schließlich muss ich an meine berufliche Zukunft denken. Der Sportfördergruppe gehöre ich als Student nicht mehr an. Das bedeutet: Das feste Einkommen fällt weg. Glücklicherweise haben wir mit dem Deutschlandachter einen Hauptsponsor. Zudem bin ich bei der Deutschen Sporthilfe im Elite-Plus-Programm, sodass ich 18 Monate lang, bis zu den Olympischen Sommerspielen in Rio de Janeiro 2016, eine monatliche Förderung erhalte.

Mit dem Studium und dem Sport ist der Tagesablauf sehr durchstrukturiert. Mein Wecker klingelt meist um sechs Uhr. Eine Stunde später beginnt bereits ein zweistündiges Training. Da ich ein duales Studium absolviere, geht es danach zur Uni oder zur Arbeit. Etwa um 17 Uhr mache ich Feierabend, um 18 Uhr findet meine zweite Trainingseinheit statt. Gegen 21 Uhr bin ich wieder zu Hause. Manchmal muss ich dann noch etwas für die Uni machen, bevor ich schließlich ins Bett gehe. Oder vielleicht sollte ich lieber sagen: ins Bett falle. Viel Freizeit bleibt nicht.

Aber wie gesagt: Mich stört das nicht, weil ich in die ganze Sache hineingewachsen bin. Würde ich weniger trainieren, könnte ich bei den Olympischen Spielen nicht um eine Medaille mitfahren. Dass meine Freundin ebenfalls aus dem Rudern kommt, macht die private Situation entspannter. Es gibt sicherlich Partner, die weniger Verständnis dafür hätten. Ich kann jedenfalls sagen, dass sich all der Aufwand für den Sport gelohnt hat. Das Rudern hat mir so viel gegeben. Ich habe so viele Erfolge erlebt – und darüber bin ich sehr glücklich.

MEINE DREAMPIONS EMPFEHLUNGEN

Trainingspartner sind eine große Unterstützung.
Es hilft, gemeinsam mit einem Partner zu trainieren und sich gegenseitig zu motivieren. Bei mir war das der Leichtgewichtsruderer Lars Wichert. Obwohl wir nicht in der gleichen Bootsklasse rudern, gingen wir den Weg gemeinsam. Wir trainierten zusammen, motivierten uns gegenseitig und feierten gemeinsam die Erfolge. Letztendlich schafften wir es beide zu den Olympischen Spielen.

Hohe Ziele können hilfreich sein.
Man braucht den Ehrgeiz, sich immer weiter zu verbessern. Der größte Fehler wäre, sich vorschnell mit dem Erreichten zufrieden zu geben. Nur wenn man immer weiter an sich arbeitet, kann man erfolgreich sein. Hohe Ziele, die einen antreiben, können dabei helfen.

Der Spaß ist das Wichtigste.
Ob nun im Sport oder im Berufsleben: Man kann nur erfolgreich sein, wenn man Spaß dabei hat. Ansonsten wären die ganzen Entbehrungen, die der Leistungssport mit sich bringt, überhaupt nicht möglich. Wenn man also zu Olympia möchte, muss man als Kind oder Jugendlicher eine Sportart finden, die einem so viel Spaß macht, dass man gerne einen Großteil der Freizeit investiert. Dafür braucht man auch ein gutes Team. Dass ich so nette Trainingskameraden hatte, war ein Grund dafür, dass ich in der Jugend immer gerne zum Training ging.

Lass den Sport niemals schleifen.
Eine Teilnahme oder ein Sieg bei den Olympischen Spielen ist das Ergebnis einer langfristigen Arbeit. Gerade in den Anfangsjahren wäre es tödlich, über mehrere Monate oder sogar über ein komplettes Jahr mit dem Sport aufzuhören. Bleibt der Spaß auf der Strecke, muss man eben etwas verändern. Ein neuer Trainer oder ein neues Trainingsumfeld können einen frischen Wind bringen – möglicherweise kommt der Spaß dann zurück.

Lars Sudmann war viele Jahre im Finanzmanagement eines internationalen Konzerns tätig. Die Vision, Menschen mit seinen Vorträgen zu inspirieren, ließ ihn aber nicht los. Parallel zu seinen beruflichen Aufgaben entwickelte er sich als Redner weiter und machte sich schließlich als Keynote Speaker selbständig. Heute begeistert er tausende Unternehmer und Führungskräfte mit seinen Vorträgen zur Führung in Zeiten des Wandels und zum Management in einer globalen Welt. In seinem Artikel beschreibt Lars, wie er einen Traum umsetzte, der für viele Menschen eher ein Albtraum ist.

Lars Sudmann
OHNE LAMPENFIEBER ZUHÖRER BEGEISTERN

Vor einer größeren Gruppe eine Rede halten? Sich der Öffentlichkeit stellen und eventuell kritisiert werden? Bei fast der Hälfte aller Erwachsenen beginnt der Puls zu rasen, wenn sie beruflich oder auf einer Familienfeier im Mittelpunkt stehen und alle Augen auf sie gerichtet sind. Sie haben Lampenfieber oder gar Redeangst und würden am liebsten weglaufen. Für viele Menschen ist der Gedanke, vor Publikum einen Vortrag halten zu müssen, ein Albtraum.

Für mich war und ist es dagegen ein Traum, der mich zu Höchstform aufleben lässt. Auf der großen Bühne stehen, meine Ideen mitteilen, mit Menschen diskutieren, etwas bewegen und dafür auch noch bezahlt werden – das war und ist meine Vision. Für viele klingt das befremdlich oder angsteinflößend. Obwohl ich Lampenfieber hatte, war es für mich immer auch positiv aufregend, wenn ich die Gelegenheit zu einem Vortrag hatte. Ich war irgendwie in meinem Element und merkte früh, dass ich diese Begeisterung gerne beruflich nutzen würde – die Frage war aber: Wie?

Die Entstehung meiner Vision
Schon während meines Studiums der Betriebswirtschaftslehre ging mein Interesse in zwei Richtungen: Einerseits befasste ich mich gerne mit Zahlen und der faktenbasierten Geschäfts- und Finanzanalyse, also den etwas trockenen Inhalten. Andererseits hatte ich auch viel Spaß daran, Sitzungen zu organisieren, mit anderen zu kommunizieren, und auch Studienreferate führten nicht zu Angstschweiß, sondern zu Begeisterung. Während meiner ersten Berufsjahre im Finanzmanagement eines großen Konsumgüterherstellers

bekam ich eher zufällig die Gelegenheit, Trainings für Kollegen aus anderen Funktionen und auch für neue Mitarbeiter durchzuführen. Das hat mir eine neue Welt eröffnet. Auf einmal merkte ich, dass ich daran großen Spaß hatte. Ich bekam gutes Feedback und die Leute schienen Interesse daran zu haben, was ich zu sagen hatte.

Es gab gerade am Anfang neben den Höhen natürlich auch Tiefen: Gut erinnern kann ich mich an die Situation, als ich einmal gefragt wurde, ob ich nicht auch an einer Weiterbildungseinrichtung Übungen zum Thema Buchhaltung geben könnte. Das war nicht gerade mein Lieblingsthema. Ich sagte zu und – wie erwartet – lief es alles andere als glatt: Das Publikum kannte sich besser aus als ich, es war kritisch und mehr als einmal versagte mein Computer. In solchen Situationen halfen mir verschiedene Strategien – eine der wichtigsten ist die folgende: Wann immer die Nervosität steigt, wann immer ein Unwohlsein entsteht, zehn Mal tief in den Bauch atmen. Es ist so einfach, wie es sich anhört, und hoch-effektiv. Die Strategie bricht den Zyklus des Sorgen-Machens und beschäftigt das Gehirn anderweitig, so dass es sich nicht mehr alle möglichen Probleme und Horrorszenarien ausmalen kann.

Mehr und mehr konkretisierte sich der Traum, meine Fähigkeiten weiter auszubauen und als Redner (in der Branche „Speaker" genannt) zu arbeiten, selbständig mit eigenem Unternehmen. Diese Vision verfestigte sich im Jahre 2003, als ich meine 100+ Ziele aufschrieb, die ich in meinem Leben erreichen wollte. Das ist eine tolle Übung, die sich gut an einem regnerischen Sonntag machen lässt. Ich schrieb auf, was ich beruflich und privat gerne erreichen und erleben wollte, welche Erfahrungen ich machen und welche Orte ich sehen wollte. Ich erkannte dabei schnell, was mir wirklich wichtig war. Seitdem machte ich die Erfahrung, dass mich die Liste immer wieder an meine Ziele erinnert und zur Umsetzung motiviert. Durch diese Übung kristallisierte sich klar heraus, dass ich zwar noch einige Ziele für meine Angestelltenkarriere hatte, z.B. Finanzchef einer Länderorganisation zu werden. Aber darüber hinaus wollte ich selber etwas machen: Ein Unternehmen aufbauen; Menschen begeistern; Reden. Und diese Vision, dieser Traum vom Reden kam mehr und mehr zum Vorschein, durch eine Schleife aus Feedback und Begeisterung.

Die Vorbereitung
Obwohl ich meine Vision von der Rednerkarriere also früh gefunden hatte, fühlte ich mich noch nicht in der Lage, sie sofort umzusetzen. Mir fehlten Erfahrungen, einige Fähigkeiten und auch die unternehmerische Basis, um den

Sprung in die Selbständigkeit zu wagen. Dennoch verlor ich meinen Traum nicht aus den Augen. Lange tanzte ich auf zwei Hochzeiten, indem ich mit vollem Einsatz als Finanzmanager arbeitete und gleichzeitig versuchte, mich meinem Traum zu nähern. In der Vorbereitung zur Umsetzung haben mir in dieser Zeit zwischen 2002 und 2012 verschiedene Strategien sehr geholfen. Drei von ihnen sind auf viele Trauminhalte anwendbar, bei denen jemand im Kontakt zu anderen Leuten eine Leistung vollbringt, sei es als Sänger oder Schauspieler aber auch als Vertriebsmitarbeiter oder Dienstleister:

1. Stagetime, stagetime, stagetime

Darren Lacroix ist Comedian und wurde 2001 Weltmeister der Rhetorik. Er wurde einmal gefragt, was denn das Geheimnis seines Redeerfolgs sei. Und er antwortete darauf: „Stagetime, stagetime, stagetime." Er sprach vor jedem Publikum, dass sozusagen ‚nicht bei drei auf den Bäumen war'.

> *„Was man ernst meint, sagt man am besten im Spaß."* — Wilhelm Busch

Der Autor Malcolm Gladwell spricht in diesem Zusammenhang von der 10.000-Stunden-Regel. Sie besagt, dass man in Dingen außergewöhnlich gut werden kann, wenn man sie mehr als 10.000 Stunden in der richtigen Form übt. Ein Beispiel sind die Beatles, die über Jahre ihre Fähigkeiten in verrauchten Gesangskellern geschliffen haben, bevor sie die großen Bühnen eroberten. Bevor man groß herauskommt, muss und sollte man also lange Zeit an sich und seinen Fähigkeiten arbeiten. Während meiner Managementkarriere habe ich mich daher für jeden Vortrag, für jede Präsentation freiwillig gemeldet. Wann immer es eine Möglichkeit gab, Inhalte vor Gruppen darzustellen, war ich zur Stelle, konnte so einen Nutzen für das Unternehmen bringen und diesen mit meiner eigenen Weiterentwicklung verbinden.

Meine Empfehlung daher: Einfach machen. ACT – Action Changes Things. Einfach einmal raus aus dem normalen Denken und machen.

2. Suche den Wettbewerb

Ich bin Mitglied einer Vereinigung, die Toastmasters International heißt. In diesem über 90-jährigen Verein kommen Menschen aus der ganzen Welt zusammen, um ihre Redefähigkeiten zu perfektionieren und Ängste zu überwinden. In vielen Städten existieren lokale Klubs, wo Menschen sich treffen und üben. Einmal im Jahr werden dann die internationalen Meisterschaften im Reden durchgeführt. Im Laufe der Jahre konnte ich sechsmal die belgische Meisterschaft und zweimal die Europameisterschaft gewinnen.

Ein besonders spannender Moment ist es, wenn man zum ersten Mal die Rhetorikmeisterschaft im eigenen Klub gewinnt. Dann bekommt man nämlich zwei Wochen Zeit, um die Rede zu verbessern, und muss sie dann noch einmal halten. Dieses Feilen an einer Rede ist etwas Wunderbares, das auch meine Augen geöffnet hat. Vortragender zu sein ist dann nicht mehr ein statischer Prozess, wie z.B. bei einer Hochzeitsrede, auf die man sich einmal vorbereitet und die dann vorbei ist. Im Gegensatz dazu durchdenkt man die Rede immer wieder neu und kann dadurch die Inhalte und sich selbst immer weiter verbessern. Diese Arbeit des Feilens hat mir enorm gefallen und die Vision begann sich weiter zu realisieren.

> *„Verbess're deine Sprache, deine Rede, damit sie nicht dein Glück verdirbt."* William Shakespeare

3. Den eigenen „Tribe" finden

Ein weiterer Schritt bei meiner Visionsumsetzung, den jeder ähnlich anwenden kann, war die Vernetzung mit anderen Rednern. Seit 2005 existiert auch in Deutschland ein Ableger der „National Speaker Association" und hier bin ich auf ein fantastisches Programm und auf viele Gleichgesinnte gestoßen. Auf einmal habe ich gesehen, dass ich nicht alleine bin mit meinen Vorstellungen. Dass es noch andere gibt, die etwas Ähnliches machen, von denen ich lernen und mit denen ich mich austauschen kann. Der Autor Seth Godin nennt das seinen „Tribe", seinen persönlichen Stamm zu finden, bei dem man geistig zu Hause ist.

Die Entscheidung

Mittlerweile hatte ich an meinen Fähigkeiten gefeilt, wichtige Erfahrungen als Redner gesammelt und ein Netzwerk aufgebaut. Es gab nichts mehr zu tun, was mir in der Vorbereitung auf meine Selbständigkeit noch geholfen hätte. Ich musste nur endlich eine Entscheidung treffen, ob ich mir den Traum, als selbständiger Keynote-Speaker zu arbeiten, erfüllen oder weiter als Angestellter arbeiten wollte. Aufgrund meines Hintergrunds als Finanzmanager liegt mir die Datenanalyse im Blut, so dass ich meine Entscheidung an einige Kennzahlen knüpfte. Die große Frage einer beruflichen Vision ist natürlich, ob man von ihr leben kann. Daher stellte ich mir sechs Fragen, die es zu beantworten galt, bevor ich mir sozusagen selber erlaubte, mich als Redner selbständig zu machen:

- Bezahlt jemand für einen Vortrag im Allgemeinen?
- Bezahlt jemand einen bestimmten Betrag?
- Bucht mich jemand wieder, nachdem er mich einmal gebucht hatte?
- Kann ich davon leben, ist der Gesamtausblick ausreichend und realistisch?
- Werde ich zu einem TEDx-Event eingeladen?
- Kann ich in die Presse kommen, will ein professioneller Journalist über mich schreiben?

Jede dieser Fragen musste für mich mit „Ja" beantwortet sein, bevor ich mich zu diesem Schritt entscheiden konnte. Insgesamt hat es etwa sechs Jahre gedauert, bevor das der Fall war. Ein Höhepunkt hier war sicherlich mein Auftritt bei der TEDx-Konferenz in Antwerpen im Jahre 2010. Nachdem ich einige Vorträge bei TED.com gesehen hatte, wollte ich unbedingt auch dort sprechen und habe es dementsprechend in meine Kriterienliste aufgenommen. Die Einladung und auch das Feedback danach waren wichtig für mich, um zu sehen, dass ich in meiner Profession angekommen war und den Hobbybereich verlassen hatte. Danach konnte es auch für mich persönlich losgehen.

Zweifler und Rückschläge
Nachdem ich alle sechs Fragen positiv beantwortet hatte, ging ich den großen Schritt: Ich kündigte bei meinem Arbeitgeber und startete mein eigenes Unternehmen. Die kritischen Kommentare kamen schnell, besonders aus dem Kreis der ehemaligen Kollegen: Kann man davon leben? Was macht man denn da den ganzen Tag? Das ist doch nur ein Hobby. Oder: Na, was macht denn dein kleines Redegeschäft?

Mit diesen Kommentaren lernte ich umzugehen, sauer wurde ich über sie bald nicht mehr. Viele Leute können sich nicht vorstellen, dass es möglich ist, einen sechsstelligen Umsatz mit Vorträgen zu erzielen. Das kommt sicherlich daher, dass viele Menschen die Welt allein aus ihrem persönlichen Blickwinkel betrachten und nicht verstehen, dass es auch andere Perspektiven gibt. Das ist in vielen Lebensbereichen ähnlich.

Aus Sicht eines Menschen, der die Rednerbranche nur oberflächlich kennt, waren manche Fragen sogar berechtigt: Ein großes Problem im Redegeschäft ist das „Flasche Wein"-Syndrom. Das ist der Effekt, dass man zum Reden eingeladen wird und die Leute denken, dass man das gerne für eine Flasche Wein macht. Oder für das warme Abendessen, das angeboten wurde. Dass hinter einem richtig guten Vortrag allerdings viele, viele Stunden Vorbereitung stecken und dies ein wirklicher Beruf zum Geld verdienen ist, wird oft vergessen. Mir hat hier der Austausch mit Kollegen geholfen sowie der Wert-Ansatz von Alan Weiss aus den USA. Durch die Lektüre seines hervorragenden Buches konnte ich aus meinem Denken ausbrechen und mich auf den Wert fokussieren, den meine Vorträge bringen, gerade im Vergleich zu dem Wert der Zeit meiner Zuhörer. Auch hier gilt es, sich an etwas heranzutasten und sich konstant zu hinterfragen.

Wie jeder Redner musste auch ich mir die Frage stellen, was ich eigentlich anbiete. Bin ich der Experte für ein spezielles Thema oder bin ich breiter aufgestellt? In der zweiten Option kommt man für mehr Themen infrage. Sobald man allerdings als wahrer Experte anerkannt wird und dies über Artikel und Buchveröffentlichungen belegen kann, erleichtert sich das Geschäft enorm. Auf einmal werden auch Preisverhandlungen wesentlich einfacher. Das zu erkennen war eine der größten Hürden, die es für mich zu überwinden galt. Ich habe mich inzwischen entschieden, mich auf Führungsthemen in globalen Unternehmen und Teams zu fokussieren und auch einmal Aufträge abzulehnen bzw. weiterzuverweisen, die nicht zu diesem Thema passen.

Blick nach vorn

Wie geht es nun weiter? Das Schöne an meinem Traumberuf als Redner ist, dass ich mich ständig weiterentwickeln kann – und auch muss. Denn es gibt ja keine Knappheit an Themen, die die Menschen beschäftigen. Ich versuche zudem, dass meine Inhalte immer frisch bleiben. Wir alle gähnen bei Elementen in Vorträgen, die wir schon zehnmal gehört haben.

Zudem versuche ich, die 1%-Regel anzuwenden. Jedes Mal, wenn ich spreche, möchte ich 1% besser werden als ich es vorher war. Dann habe ich meine eigene Leistung nach 72 Vorträgen verdoppelt. Wie genau mache ich das? Ich nutze das Prinzip des Start, Stop, Continue: Eine neue Sache in den Vortrag einbringen, eine schlechte Sache beenden und was gut ist behalten. Damit konnte ich mir die Freude am Reden in den letzten Jahren immer erhalten. Jeder neue Vortrag ist ein neues Projekt, das zur Weiterentwicklung anregt und mich selber herausfordert.

MEINE DREAMPIONS EMPFEHLUNGEN

Finden Sie Ihr Element.
Der Autor Ken Robinson empfiehlt in seinem Buch „In meinem Element", dass wir unser persönliches Element finden sollen. Es liegt in der Schnittstelle zwischen zwei Feldern:
- Was mache ich gerne?
- Was kann ich gut?

Nehmen Sie sich einmal die Zeit und schreiben Sie jeweils 10 Antworten zu diesen Fragen auf. Es werden sich einige, aber nicht alle Elemente überschneiden. Ich persönlich mache gute Steuererklärungen, mache diese aber nicht gerne. Ich koche gerne, aber wohl nicht so besonders gut. Aber Vorträge und Analysen: Das mache ich gerne und wohl auch ganz gut. Wie sieht es bei Ihnen aus?

Überwinden Sie Angst und der Zweifel durch Fokusgruppen.
Jeder Künstler kennt sie. Jeder, der etwas schafft, kennt sie – die Zweifel, die vor dem Fertigstellen eines Werkes kommen. Werden es die Leute mögen? Beim Reden kennen viele Leute diese Zweifel unter Lampenfieber, das einige sehr stark spüren, das sie gar vom Reden abhält. Auch professionelle Redner sind nervös, es existiert das Bonmot, dass wir immer drei Vorträge halten: den, den wir planen zu halten; den, den wir halten; den, von dem wir uns im Nachhinein wünschen, dass wir ihn gehalten hätten.

Wir alle haben Zweifel und Ängste, aber wir können sie reduzieren, beispielsweise durch Fokusgruppen. Kreieren Sie etwas, ein Lied oder eine Rede, und dann tragen Sie dies in einem kleinen, sicheren Kreis vor. Nicht nur in ihrem Kopf, nicht vor dem Spiegel. Gehen Sie raus zu drei bis sechs Personen, teilen Sie mit diesen Menschen ihre Idee. Dieser Schritt zwischen der eigenen Gedankenwelt und dem großen Publikum klingt auf den ersten Blick selbstverständlich. Er wird aber häufig übersprungen. Machen Sie nicht diesen Fehler, sondern bauen Sie Ihre Sicherheit auf. Vom Kopf zur Aktion mit einer kleinen Gruppe.

Werden Sie zum Feedback-Junkie.
Wir alle brauchen Feedback, da Selbst- und Fremdeinschätzung oft auseinander liegen. Wenn mich eine Person ein Pferd nennt, ist er vielleicht ein

Spinner. Wenn mich zwei Personen ein Pferd nennen, ist es vielleicht eine Verschwörung. Wenn mich aber drei Personen ein Pferd nennen, ist es Zeit Hufeisen zu kaufen...

Ungefragtes Feedback kann man ignorieren, das sagt meistens mehr über den Feedbackgeber aus als über uns selbst. Aber aktiv nach Feedback zu fragen ist wichtig. Fragen Sie die Zuhörer, Freunde, Geschäftspartner: Was ist richtig gut an dem, was ich mache? Was sollte ich weitermachen? Was sollte ich stoppen? Können Sie mir konkrete Beispiele geben? – Werden Sie dabei auch quantitativ, schreiben Sie alle Feedbacks auf und versuchen Sie, ein Muster in den Rückmeldungen zu finden.

Lernen Sie kommunizieren mit dem Dreiklang.
Hier eine kleine „Formel", die mir enorm geholfen hat, mit meinen Reden Erfolg zu haben. Diese kann auf andere Bereiche der Kommunikation übertragen werden und ist daher für jeden wichtig, der für seinen Traum andere überzeugen möchte. Der Dreiklang lautet: „Kernaussage – Kernfakt – Kernbeispiel".

Wann immer Sie kommunizieren, sei es mit Kunden oder Geschäftspartnern, mit vielen oder wenigen, decken Sie alle drei Elemente ab. Erst das macht eine Kommunikation rund. Ein Beispiel: Sie könnten sagen, man sollte mit dem Rauchen aufhören. So weit, so gut und überall bekannt. Ergänzen Sie nun diese Kernaussage mit dem Fakt, wie viele Menschen jährlich an Lungenkrebs sterben. Die Kommunikation wird abgerundet durch das Kernbeispiel, dass sogar Komikheld Lucky Luke aufgrund der gewaltigen Risiken 1983 mit dem Rauchen aufhörte und seitdem einen Grashalm im Mund hat. Jedes einzelne Element wird man vielleicht vergessen. Der Dreiklang aber wird den Zuhörern in Erinnerung bleiben.

Rapid Prototyping als Vorgehensweise im Leben.
Viele Leute denken, dass ein professioneller Redner immer etwas Neues schreibt, jedes Mal einen neuen Vortrag aus dem Hut zaubert. Nichts liegt allerdings weiter weg von der Wahrheit. Man fängt an mit einem Vortrag und versucht, diesen dann immer weiter zu verbessern.

In der Sprache des Innovationsmanagements heißt das Rapid Prototyping. Etwas entwickeln, herantasten und weiterentwickeln. Der große Traum, der nur im Kopf ist, ist nur das: ein Traum. Das Wichtigste ist, dass Sie anfangen und Sachen testen. Zur Realisierung braucht es Prototypen, Aktion, Feedback und ständige Verfeinerung. Wenn Sie einmal in diesem Zyklus sind, wird aus Ihrem Traum genauso wie aus einer Rede irgendwann Realität.

5. TRAUMPATEN

„Du veränderst das Leben dieses jungen Mannes." - „Nein. Er verändert meins."

„Blind Side – Die große Chance"

Dieser Wortwechsel stammt aus dem Oscar-gekrönten Film „Blind Side – Die große Chance". Sandra Bullock alias Leigh Anne Tuohy nimmt da den jungen Michael, der aus einer Problemfamilie stammt und in der Schulturnhalle schläft, in ihre Familie auf. Sie gibt ihm ein zu Hause, glaubt an ihn und unterstützt ihn bei seinem Start ins Leben. Dabei merkt sie, dass sie sich selbst durch die gemeinsame Zeit weiterentwickelt und Michael ihr Leben bereichert.

Diese Verbindung erleben die meisten Traumpaten, die anderen zur Seite stehen und so die Verwirklichung derer Träume erst möglich machen. Indem sie Menschen unterstützen, denen es weniger gut geht, stellt sich oft auch für sie selbst eine Dankbarkeit für die eigene Situation ein. Gleichzeitig ist es für viele ein großes Glücksgefühl mitzuerleben, wie sie zu der Entwicklung und dem Erfolg anderer beitragen konnten.

Es gibt unterschiedlichste Arten, eine Patenschaft für die Träume anderer zu übernehmen. Die ehemalige Profi-Basketball-Spielerin Linda Fröhlich gibt ihr Wissen an junge Mädchen weiter, um ihnen neue Möglichkeiten zu eröffnen. Als Entwicklungsleiter für Prothetik erforscht Martin Pusch die Natur, um Menschen ihre Mobilität zurückzugeben. UNICEF-Botschafterin Sandra Thier mobilisiert Menschen durch Reportagen dafür, sich für die Betroffenen in Krisengebieten stark zu machen. Mit Zeit und Energie vor Ort trägt Entwicklungsberater Mario Klee zur Lösung wirtschaftlicher Herausforderungen in Kamerun bei. Und Psychologe Peter Ballnik investiert viel Zeit, um Vätern und ihren Kindern mehr Freude miteinander zu schenken.

DREAMpions

UNICEF-Botschafterin Sandra Thier

Hindernisse überwinden und Träume ermöglichen

Entwicklungsleiter Martin Pusch

Der Natur auf der Spur

Psychologe Peter Ballnik

Glückliche Kinder, glückliche Väter

Basketballprofi Linda Fröhlich

Immer FRÖHLICH weiterträumen

Entwicklungsberater Mario Klee

Zwischen Traum und Wirklichkeit

Linda Fröhlich ist eine der besten deutschen Basketballspielerinnen aller Zeiten. Nach einer herausragenden Entwicklung am College in Las Vegas spielte sie in der US-amerikanischen Profiliga und in allen großen Ligen Europas. In ihrem Artikel erzählt Linda, wie sie nach dem Ende ihrer aktiven Laufbahn ihren Traum dadurch lebt, dass sie ihre Fähigkeiten und Erfahrung an die nächste Generation weitergibt und insbesondere benachteiligte Kinder auf deren Weg unterstützt.

Linda Fröhlich
IMMER FRÖHLICH WEITERTRÄUMEN

Mein Traum ist nicht ein einzelner Traum, sondern ein sich stetig ausweitendes Netz aus vielen ineinander verwobenen Träumen.

Meine Träume sind der Motor, der alles in Schwung bringt. Ein Motor alleine fährt aber nicht. Er braucht eine Karosserie – einen Körper, den er in Bewegung setzen soll. Das sind für mich die Ziele. Und er braucht Räder, die das Auto ins Rollen bringen – z.B. Mut, harte Arbeit, Fleiß, Ausdauer. Der Motor braucht auch Benzin – hier zählt die Qualität: Gehst du den leichten Weg, schummelst du dich durch oder zeigst du Integrität und Aufrichtigkeit? Nur in der Zusammensetzung mit der Karosserie, den Rädern und dem Benzin kann ein Motor seine wahre Kraft zeigen. Und genauso ist das mit Träumen.

> *Um eigene Träume umsetzen zu können, muss man zunächst aufwachen.* Paul Valéry

Amerika – das Land des Basketballs
1992, im Alter von 13 Jahren, begann ich ernsthaft damit, mich auf Basketball zu konzentrieren. Meine Mutter hatte in den 70er Jahren für die Jugend-Nationalmannschaft der Sowjetunion gespielt und auch mein Vater war ein Basketballspieler. So wurden mir quasi das Talent und das Interesse für diesen Sport in die Wiege gelegt.

Blut geleckt habe ich dann so richtig bei einem HOOP-Camp, bei dem Jugendliche während einer Ferienwoche von erfahrenen Trainern lernen konnten. Ich wurde bei dem Camp als beste Spielerin ausgezeichnet und bekam als Preis eine Reise nach Amerika. Allerdings hätte ich 3.000 DM beisteuern müssen, was finanziell für meine Familie gar nicht infrage kam. In diesem Moment entstand mein erster Traum, einmal nach Amerika fliegen zu dürfen – in das Land des Basketballs!

Ein paar Jahre später, als ich mit der deutschen Jugend-Nationalmannschaft an der Europameisterschaft teilnahm, wurde ich ohne mein Wissen von US-Universitäten gesichtet und plötzlich landeten ihre Angebote in meinem Briefkasten. Ich wusste ehrlich gesagt davor gar nicht, dass eine solche Option überhaupt existierte, dass eine Universität mir das komplette Studium bezahlen würde, nur damit ich für sie Basketball spielte. Mein Traum, in Amerika zu spielen, war plötzlich in greifbare Nähe gerückt. Meine Eltern unterstützten mein Vorhaben uneingeschränkt – immerhin war es das, was ich wollte und wofür ich so hart gearbeitet hatte über die Jahre. Schnell hatte ich die Qual der Wahl und musste herausfinden, welches Basketball/Uni-Paket das Beste für mich war. Das Internet gab es damals noch nicht und die Beschaffung von Informationen war deshalb recht schwierig. Also ließ ich, wie meist eigentlich, mein Herz entscheiden. Ich sprach mit den verschiedenen Coaches, hörte mir ihre Strategien an und wusste bald, dass eigentlich nur die University of Nevada – Las Vegas (UNLV) für mich in Frage kam. Hier wurde vor allem meine sportliche Entwicklung als Spielerin in den Vordergrund gestellt und man warb nicht mit kostenloser Ausrüstung oder versprach materiellen Wohlstand. Ich schrieb mich für die Studiengänge Psychologie und Marketing ein und zog nach Amerika.

Ein Traum wird wahr. Oder zu früh gefreut?
Neue Sprache. Keine Familie. Keine Freunde. Neue Umgebung. Jedes Casino in Las Vegas hatte mehr Lichter als mein komplettes Dorf in Deutschland, in dem ich aufgewachsen war. Und als es dann nach ein paar Spielen gut für mich lief, tauchten plötzlich aus allen Ecken Neider auf, die mir das Leben noch härter machten. Meine Mannschaftskameradinnen wurden zu Konkurrentinnen und niemand konnte den Schmerz nachfühlen, wie es war, 8.000 Kilometer von zu Hause weg und völlig auf mich allein gestellt zu sein – all das im zarten Alter von 19 Jahren. Zusammengefasst war mein erstes Jahr die Hölle. Als ich im Sommer nach Hause kam und Deutschland in meiner bekannten Umgebung wieder genießen durfte, dachte ich ernsthaft darüber nach, nicht wieder zurück nach Las Vegas zu gehen. Mein Stolz und mein Ehrgeiz hielten mich letztenendes davon ab – und die Motivation meiner Eltern, als sie sagten:

> *„Erfolg kommt nicht zu dem, der sofort aufhört, wenn es schwer wird."*

Fast Forward um drei Jahre: Kurz vor meinem Abschluss 2002 schaffte ich es als erste Spielerin in der UNLV-Geschichte in den jährlichen Draft – einen Auswahlprozess, bei dem sich die Coaches der Profi-Liga die besten College-Nachwuchstalente für ihre Teams aussuchen können. Die New York Libertys wählten mich aus und nahmen mich für die nächsten zwei Jahre unter Vertrag. Ich durfte in der WNBA spielen, der amerikanischen Profi-Liga – der besten Liga der Welt! Ein weiterer Traum war wahr geworden. Ich muss dazu sagen, dass ich bei diesem Traum echt Glück hatte, weil die WNBA ers kurz vor meinem Uni-Abschluss gegründet wurde. Mein ursprünglicher Traum war es gewesen, in der NBA (der Männer) zu spielen.

Ich durfte also 2002 damit anfangen, den Traum vieler zu leben, indem ich mit meinem „Hobby" Geld verdienente. Mein Leben drehte sich nun zu 100 Prozent um Basketball und immer um mehrere Teams während eines Jahres: Da die WNBA-Saison nur im Sommer stattfindet, hatte ich den Winter über Zeit, erst in der deutschen Nationalmannschaft und anschließend acht Monate lang für europäische Teams zu spielen.

Lehr- und Wanderjahre

Die nächsten Jahre vergingen wie im Flug. Ich spielte in verschiedenen Teams in den USA und kam auch in Europa ordentlich herum. Meine erste Station war für drei Jahre in Italien, wo ich als Profi sozusagen groß wurde. Danach wechselte ich nach Russland zu Spartak Moskau. Die Zeit dort kann ich nur als ‚First Class Erfahrung' betiteln. Alles, wirklich alles war erstklassig: Hotels, Flüge, Verpflegung, Kleidung – die Mannschaft wurde mit Luxus überhäuft. Dann kam Fenerbahce in Istanbul. Ein Feuerwerk an Fans krönte mich dort zu ihrer „Königin". Es war wirklich atemberaubend einen solchen Eindruck zu hinterlassen bei einem Verein mit so viel Stolz und Geschichte. Danach spielte ich in Rumänien, der Tschechei, der Slowakei, Spanien und verbrachte meinen Profi-Abend in Griechenland.

In meiner Karriere gab es viele gute Zeiten und einige weniger gute. Es war eine harte Schule, durch die ich gehen musste. Insgesamt spielte ich neun Jahre lang in europäischen Top-Teams und vier Spielzeiten in der WNBA.

Vom Traum zum Albtraum – was war passiert?
Als ich gerade meinen ersten Profivertrag unterschrieben hatte, merkte ich, dass sich etwas in mir verändert hatte. Ich hätte begeistert sein müssen, fiel aber stattdessen in ein Tief. Meine Leidenschaft war weg, das Spiel wurde plötzlich zum Zwang und ich fing an, Basketball als „Job" zu sehen. Als sich mein großer Traum von der WNBA erfüllt hatte, begann mein Albtraum – aber warum? Das habe ich mich damals monatelang gefragt und irgendwann dämmerte es mir: Ich hatte keinen Traum mehr. Ich hatte keine Vision, kein Licht am Ende des Tunnels, auf das ich zulaufen konnte. Und so entstand 2002 mein erstes Linda-Fröhlich-„Lebe deine Vision"-Basketball-Camp in Las Vegas.

Es wuchs ein neuer Traum: Ich wollte meine Erfahrungen an junge Spielerinnen weitergeben und ihnen dabei helfen, ihren Traum zu leben.

Die FRO13- Academy
Nach dem Abschluss meiner Profikarriere hatte ich endlich Zeit, das Konzept der „Lebe deine Vision"-Basketball-Camps auszuweiten. Viele erfolgreiche Spieler wechseln irgendwann die Seite, bilden sich als Coaches weiter oder übernehmen einen anderen Posten bei einer Mannschaft, um ihre Fähigkeiten an die nächste Generation weitergeben zu können. Mir erschien Individual-Unterricht als die beste Lösung, da eine meiner Stärken eine exzellente Technik war. Ich fing also damit an, jungen Spielerinnen Einzeltraining anzubieten. Die Nachfrage wuchs und ich merkte schnell, dass es meinen Schülerinnen an einer Plattform fehlte, wo sie ihr neues Wissen anwenden konnten. Ihnen fehlte dringend die nötige Spielpraxis. Also baute ich meine ‚Skills Academy' zu einer Vereinsstruktur aus und bot den Mädchen die Möglichkeit, sich durch die Teilnahme an Turnieren gemeinsam präsentieren zu können. Während dieser Zeit entwickelte sich mein Traum stetig weiter.

Im Jahr 2012 gründete ich die Linda-Fröhlich-Basketball-Academy ‚FRO13'. Der Plan lautete: Durch die Monatsbeiträge der Academy-Mitglieder können Kosten wie Versicherungen, Hallen-Miete, Coaches und Turniergebühren bezahlt werden. Außerdem tragen zahlende Mitglieder die Beiträge für sozial schwächer gestellte Mädchen mit, sponsorn sie sozusagen. So entsteht eine Chancengleichheit, egal aus welcher Gesellschaftsschicht man stammt. Angeboten wird neben Technik-, Kraft- und Konditionstraining auch pädagogische Unterstützung. Zudem kann jede Schülerin im Rahmen des Vereinssports am Wochenende an Turnieren teilnehmen, solange sie nicht als Highschool-Spielerin gerade in der Saison gebunden ist.

Up and Downs

Die Academy lief ziemlich gut an, wir hatten einige Anmeldungen und kämpften uns durch Höhen und Tiefen. Schnell wurde klar, dass meine eigene Lernphase noch lange nicht zu Ende war. Plötzlich wurde ich mit allerlei Hindernissen konfrontiert:

- Gerade Mädchen aus schwächer gestellten Familien kamen teils mit großen Problemen bei uns an. Häufig war die Scheidung der Eltern ein Thema oder Drogenabhängigkeit in der Verwandtschaft. Basketball an sich wurde sekundär. Das ging manchmal wirklich an die Nieren, aber auch hier war Hilfe wichtig.

- Da wir bei Fro13 anders sind als andere Basketball-Programme, gibt es manchmal Konflikte mit Coaches oder Eltern wegen unserer Philosophie. Ein Beispiel ist die Charakterbildung, die bei uns ganz oben ansteht. Mich interessiert es nicht, ob eine Spielerin 100 Punkte erzielt, wenn sie als Person ein Ekel ist. Ich glaube daran, dass Basketball den Spielerinnen helfen soll, sich auf das Leben „nach dem Sport" vorzubereiten, und wir fördern, dass sie durch die Teilnahme am Sport zu einer besseren Person werden. Etwas Anderes wird bei uns nicht akzeptiert. Außerdem glauben wir bei Fro13 nicht an „Rekrutierung" im Jugendsport. Das ist ein Prinzip aus dem Profisport, das meines Erachtens nichts auf diesem Level zu suchen hat. Anstatt Talente aggressiv mit materiellen Versprechungen anzuwerben, setze ich auf Mundpropaganda und unsere ‚Demo Days' in Schulen, die Interessentinnen ermöglichen, an einer Trainingseinheit teilzunehmen. Wir gehen unseren eigenen Weg, da stößt man leicht auf Kritik.

- Ich musste meine Familie von meinem Vorhaben überzeugen. Sie stufte die FRO13 vor allem als riesigen finanziellen Aufwand ein. Die ersten Jahre musste ich für Fro13 drauflegen. Mein hart erarbeitetes Geld aus der Profi-Karriere wurde in den Aufbau gesteckt und auch heute verdiene ich noch nichts mit dem Verein an sich. Wenn man etwas so sehr will wie ich diese Academy, darf man einfach keine Angst vor dem Scheitern haben. Mein Traum ist es, dieses komplexe Projekt einer Basketball-Academy für Mädchen zu entwickeln, und das braucht nun mal Zeit und Kreativität.

- Ich musste mit Banken um Kredite verhandeln und erhielt mehr als einmal ein Absage. Mal hat man zu wenig Schulden, mal hat man zu viele Schulden, mal stimmt ein Kriterium im Anmeldeverfahren nicht, manchmal ein anderes. Es ist zum Haare-Raufen. Aber ich blieb hartnäckig, weil ich weiß, was für ein tolles Angebot wir haben. Und dass es jetzt letztenendes doch geklappt hat, schiebe ich darauf, dass der liebe Gott im richtigen Moment die richtigen Türen geöffnet hat.

Der Umgang mit all diesen Hindernissen kostete Energie und erforderte viel Durchhaltevermögen. Zudem stand mein Gedankenkarussell nicht still. Ich hatte mir nun zwar meinen Traum von der Academy erfüllt, doch inzwischen hatte sich ein neues, noch größeres Ziel aufgetan: Ich wollte eine eigene Halle bauen, die ich nach meinem Zeitplan nutzen konnte. Mir ging das ständige Betteln um Hallenzeit auf die Nerven. Obendrein wollte ich den Mädchen jetzt, als ihr Spiel kontinuierlich besser wurde, auch die Gelegenheit bieten, den nächsten Schritt in Richtung Universitäts-Stipendium zu gehen. In Amerika dürfen sich die College-Coaches nur zu bestimmten Sichtungszeiten die Spiele der Nachwuchstalente ansehen, und genau hier setzt mein neuester Plan an: In sogenannten ‚Exposure Camps' sollen unsere Schülerinnen die Chance bekommen, sich den Coaches zu präsentieren. In meiner Zeit als aktive Sportlerin habe ich genügend Kontakte geknüpft, um den Spielerinnen jetzt eine Vielzahl von Optionen bieten zu können.

„Fast immer gibt es eine Möglichkeit, etwas scheinbar Unmögliches möglich zu machen."

Lilli U. Kreßner

Ausblick

Nach drei Jahren intensiver Suche nach einer eigenen Halle fand ich endlich das geeignete Anwesen, um mir auch diesen nächsten Traum zu erfüllen. In Rancho Cucamonga wurde ein Fabrikgelände verpachtet und ich schlug sofort zu, nachdem ich die Zusage der Bank in der Tasche hatte. Aktuell entstehen dort neben einer Halle mit zwei Basketballfeldern und vier Wurfanlage eine Grünanlage für Schnelligkeits- und Konditionstraining, ein Kraftraum und ein Bereich für Physiotherapie. Zusätzlich zieht eine Charter School in unsere Anlage, die in Deutschland einem Sport-Internat entspricht. Meine eigene Halle! Vielleicht kann man es mit der ersten eigenen Wohnung vergleichen oder dem ersten eigenen Haus. Jedenfalls war das Gefühl, als das Parkett gelegt wurde und jemand die Linien in genau der Farbe malte, die ich selbst ausgesucht hatte, einfach unvergleichlich.

Angekommen bin ich deshalb allerdings noch lange nicht. Grand Opening ist im Frühjahr 2016 geplant. Mein nächster Traum: Mit einem festen Standort für die Academy möchte ich die ‚College Exposure Camps' auch für Spielerinnen anderer Länder, allen voran aus Deutschland, anbieten. Ich möchte den Stein für so viele Spielerinnen wie möglich ins Rollen bringen. Eine Website, die eine Präsentations-Plattform für Spieler/innen ist, um mit US Coaches in Kontakt zu treten, ist auch schon fertig gestellt und gibt dem Akademie-„Monster" einen weiteren Kopf, der mit den anderen in die gleiche Richtung schaut. Wie man sieht, sieht man eines vor allem nicht: ein Ende.

MEINE DREAMPIONS EMPFEHLUNGEN

Träume mit Leidenschaft!
Um deinen Traum erreichen zu können, musst du ihn nicht nur lieben, du musst ihn leben. Dein Tagesablauf, deine langfristige Planung, alles sollte sich daran orientieren.

Ziele können sich ändern!
Wie man an meinem Beispiel erkennen kann, sind Träume nicht in Stein gemeißelt. Gib deinen Träumen die Freiheit, sich zu verändern und größer zu werden. Setze dir sowohl Lang- als auch Kurzzeitziele.

Handle nach dem Scheuklappenprinzip!
Deinen Traum träumst meistens nur du selbst, nur du kennst die Details. Du wirst oft auf Widerstand stoßen, weil andere Leute nicht den gleichen Einblick in deinen Traum haben. Lass dich davon nicht beirren. Scheuklappen auf und vorwärts.

Handle diszipliniert!
An manchen Tagen wirst du keine Lust haben. Du wirst an dir zweifeln und an manchen Hürden verzweifeln. Als Sportlerin rate ich dir, hake die Vergangenheit ab und lerne daraus. Aufgeben gilt nicht.

Suche dir einen Mentor!
Finde Gleichgesinnte – Leute, die auch groß träumen. Menschen, die dich verstehen. Suche dir jemanden, der einen ähnlich steilen Weg vor dir bezwungen hat. Lerne aus den Fehlern anderer und folge den Dingen, die sie richtig gemacht haben.

Akzeptiere, dass Niederlagen dazugehören!
Wer groß träumt, fällt auch tief. Das Besondere an jemandem, der erfolgreich seine Träume umsetzt ist, dass er/sie sich nicht von Niederlagen herunterziehen lässt. Wieder aufstehen, abstauben und weiter.

Martin Pusch ist Entwicklungsbereichsleiter der Otto Bock HealthCare, einem weltweit führenden Unternehmen in den Bereichen Medizintechnik und Prothetik. Neben der technischen Herausforderung, Menschen mit innovativen Entwicklungen Mobilität zurückzugeben und erhaltene Funktionen zu schützen, beschreibt sein Artikel auch die ganz besonderen Momente. Wenn einem Patienten durch eine hervorragende Prothese der Traum von individueller Freiheit und Lebensqualität zurückgegeben wird, erfüllt sich auch für Martin Pusch jedes Mal ein Traum.

Martin Pusch
DER NATUR AUF DER SPUR

Ottobock – wenn Menschen als Patienten mit unserem Unternehmen in Kontakt kommen, symbolisiert es für sie oft eine Medaille mit Seiten, die unterschiedlicher kaum sein könnten. Auslöser des Kontaktes sind Krankheiten, Unfälle und schwere Verluste. Zugleich steht unser Name aber für die Chancen, die wir den Betroffenen dank des Einsatzes modernster Technik bieten können. Die Firma Ottobock ist einer der bekanntesten Prothesen-Hersteller der Welt und als Leiter eines Entwicklungsbereichs habe ich seit mehreren Jahren das Privileg, die Weiterentwicklung unserer Produkte zu unterstützen. Es macht mich sehr zufrieden, Menschen zu sehen, die nach Jahren der Entbehrung endlich wieder Bewegungen ausführen können, die für andere völlig alltäglich sind. Patienten ihren Lebensmut und ein Stück Lebensqualität zurückgeben zu können, ist für mich der Traum, Antrieb und Lohn überhaupt.

Erste Gehversuche

Es wäre übertrieben zu sagen, dass ich schon immer unbedingt in die Prothetik gehen wollte. Was mich allerdings schon seit meiner frühesten Kindheit interessierte, waren technische Vorgänge. Es faszinierte mich ungemein, dass man durch eine Drahtantenne auf dem Dach Bild und Ton in einem Fernsehapparat erzeugen konnte oder dass ein in die Luft gehaltener Stab ein Radio dazu bringen konnte, Musik zu spielen. Solche Vorgänge begeisterten mich dermaßen, dass ich nach dem Realschulabschluss entschied, keine weiterführende Schule zu besuchen, obwohl meine Noten mich dazu durchaus befähigt hätten. Stattdessen strebte ich eine Ausbildung zum Radio- und Fernsehtechniker an. Eine sehr gute Ausbildungsstelle war bald gefunden und ich fühlte mich auch zwei Jahre sehr wohl mit meiner Wahl. Als es im dritten Lehrjahr jedoch darum ging, gemeinsam mit einem Servicetechniker im Außendienst die Garantiefälle abzuarbeiten, kamen mir die ersten Zweifel.

Ich war erstaunt, wie abhängig viele Menschen von der Unterhaltungselektronik waren, und wie schwer es war, die Leute zufriedenzustellen, denen dieser Luxus nun plötzlich für ein paar Tage abhanden kommen sollte. Egal wie schnell wir arbeiteten, um die Geräte zu reparieren, es schien nie schnell genug zu sein. Zwei Wochen schienen wie eine Unendlichkeit und nicht selten bekamen wir den Unmut der Leute deutlich zu spüren.

Mir leuchtete nicht ein, weshalb solch eine großartige Technik bloß dazu genutzt wurde, um Geräte herzustellen, die die Feierabende der Menschen für sich beanspruchen. Die wildesten Gedanken schossen mir durch den Kopf, was man mit solch einer Technologie alles bewerkstelligen, wie vielen Menschen man helfen könnte. Und mit einem Mal hatte ich keine Lust mehr darauf, Dinge zu reparieren, die nicht hilfreich waren, sondern im Gegenteil bei Ausfall größte Not brachten. Ich wollte mehr erreichen.

Zurück zum Anfang
Ausgerechnet über eine Fernsehsendung wurde ich auf die Möglichkeit aufmerksam, meine zwei dringendsten Wünsche zu vereinen. Im ‚Gesundheitsmagazin Praxis' wurde über den Studiengang Medizintechnik gesprochen. Mir war sofort klar, dass ich genau das ausprobieren wollte. Da ich ja nach wie vor nur die Mittlere Reife vorweisen konnte und nun wirklich keinen Anreiz mehr sah, Fernsehgeräte wieder zum Laufen zu bringen, holte ich das Abitur nach und bewarb mich anschließend für einen Studienplatz an der Fachhochschule in Gießen. Den angegebenen Numerus Clausus erreichte ich mit meinem Notendurchschnitt von 2,6 leider nicht, so dass ich mich auf Wartesemester einstellen musste.

Als Radio- und Fernsehtechniker gab es keine freien Stellen, also suchte ich mir einen anderen Job, mit dem ich mich währenddessen über Wasser halten konnte. Ich wurde Busfahrer und brachte fortan Schulkinder zur Schule, Pendler zur Arbeit und Urlauber zu ihren Urlaubsorten. Es waren hilfreiche Erfahrungen, die ich in diesem einen Jahr hinter dem Steuer sammeln durfte: Ich lernte, mich schneller und besser auszudrücken, dabei allerdings stets ein freundliches, aber bestimmtes Auftreten an den Tag zu legen, um mich durchzusetzen. Immerhin war ich sowohl für die Sicherheit der Passagiere als auch für den Bus selbst verantwortlich. Doch manch einem schien es nicht einzuleuchten, weshalb er sich besser hinsetzen sollte, als im Gang des Fahrzeugs umherzurennen.

Das Studium selbst, welches ich ein Jahr später endlich antreten durfte, überzeugte mich vom ersten Tag an. Genau das hatte ich mir gewünscht: technisches Know-how anzuwenden, um Menschen in Notlagen helfen zu können. Die Möglichkeiten, die sich plötzlich vor mir ausbreiteten, waren einfach fantastisch.

Am Ende meines Studiums kam ein weiterer Glücksfall hinzu, der mich schlussendlich zur Firma Ottobock brachte. Mein Professor hatte gute Verbindungen zum damaligen technischen Leiter am Unternehmensstandort in Duderstadt, was mir ein befristetes Jobangebot einbrachte. Ich konnte meine Diplomarbeit abschließen, indem ich das nötige funktionsfähige Endprodukt entwickelte. Nach Beendigung dieses Projektes bat mich meine Frau, wieder zurück in Richtung Heimat in der Nähe von Mainz zu ziehen, und ich bewarb mich mehrfach, jedoch ohne Erfolg. Man hatte zu der Zeit leider keine freien Stellen zu besetzen. Allerdings bot sich mir die Möglichkeit, auch weiterhin bei Ottobock zu bleiben, und diese Chance ergriff ich nur allzu gerne. Denn obwohl ich bloß sehr geringe Kenntnisse im Bereich Prothetik mitbrachte, gefiel mir der Gedanke, betroffenen Menschen mit meiner Arbeit helfen zu können.

> *„Gesundheit ist nicht alles, aber ohne Gesundheit ist alles nichts!"* — Arthur Schopenhauer

1988 stieg ich also im Bereich Messtechnik und Elektronikentwicklung für Knie- und Fußprothesen ein. Ziemlich bald sollte das geballte Wissen der Firma auf den Prüfstand geraten: Ein Patent, dass uns bisher durch ein Alleinstellungsmerkmal stetigen Erfolg beschert hatte, war kurz vor dem Auslaufen, und unser damaliger Chef stellte klar, dass wir uns darauf zukünftig nicht mehr würden verlassen können, sondern andere schlagkräftige Argumente finden mussten. Wir mussten die Qualität unserer Produkte weiter steigern, indem wir die Suche nach dem optimalen Kompromiss zwischen Haltbarkeit und erträglichem Gewicht der Prothesen fortsetzten. Obendrein mussten wir noch besser analysieren, wie mobil die Menschen bereits mit Hilfe der bisherigen Produkte waren und wie wir diese Mobilität weiter erhöhen konnten.

Ottobock

Zunächst einmal musste ich mich in die Materie einarbeiten. Ich fand heraus, wie Knie- und Fußprothesen aufgebaut waren, lernte ihre Vor- und Nachteile kennen und wie die betroffenen Patienten überhaupt an ihre Prothesen gerieten. Unsere Hauptkunden waren zu dieser Zeit – und sind es größtenteils noch immer – die Sanitätshäuser. Zum einen war bereits damals die Fülle an verschiedenen Produkten so groß, dass man sich als Endkunde kaum einen Überblick verschaffen konnte, zum anderen werden in den Prozess der Prothesenanpassung erstaunlich viele Parteien mit einbezogen. Vom Physiotherapeuten über den Orthopädietechniker und Prothesenbauer bis hin zum Kostenträger versucht jeder, dem Patienten die bestmöglichen Komponenten zu vermitteln. Findet man diese nicht, muss der Mensch von Anfang an kompensieren, was die Technik nicht leisten kann, und das führt unweigerlich zu physischen und auch psychischen Problemen. Deshalb wird nicht nur das Alter des jeweiligen Betroffenen bei der Empfehlung bedacht – man bietet einem altersbedingt eingeschränkten Menschen keine dynamisch anspruchsvolle Prothese an, die er womöglich nicht bedienen kann – sondern man muss sich mit Gespür und viel Geduld herantasten, was der Patient in seiner Situation bewerkstelligen kann und will. Vor allem der letzte Aspekt ist oft fordernd und bringt mich auch schon mal an den Rand meiner Leistungsfähigkeit. Doch in solchen Momenten suche ich die Orte auf, an denen die Betroffenen direkt versorgt werden, und meine Erlebnisse dort geben mir die Kraft, die ich brauche, um weiterzumachen.

So entwickelten wir im Laufe der Jahre die erste von einem Mikroprozessor gesteuerte Beinprothese, die von der Konkurrenz, der Presse und den Sanitätshäusern mit erstauntem Kopfschütteln aufgenommen wurde. „Jetzt bauen die in ihre Prothesen Computer ein!", raunte man hinter vorgehaltener Hand, als das Produkt 1997 auf einer Messe in Nürnberg vorgestellt wurde.

Wir wussten um die Wichtigkeit einer guten Produkteinführung, deshalb betreuten wir die ersten Patienten damals persönlich. Wir luden sie zu uns nach Duderstadt ein, baten ihre Lebenspartner, Orthopädietechniker und einige Vertreter der Sanitätshäuser hinzu und gestalteten die Anprobe für alle so angenehm wie möglich. Danach schickten wir die Gruppen zum Mittagessen in die Stadt. Die Betroffenen sollten ausprobieren, wie sich die Prothesen im wahren Leben bewährten.

Die Reaktionen waren gelinde gesagt umwerfend. Ein Herr sprach mich im Nachhinein an, ob ich denn überhaupt wüsste, wie viele unterschiedliche Sitzbezüge es in Autos gäbe. Ich verneinte verdutzt, heimlich darüber nachgrübelnd, was das denn nun mit der Prothese zu tun haben könnte. „Bisher habe ich beim Laufen immer auf den Boden schauen müssen", sagte er. „Ich musste auf Schlaglöcher achten, auf unebenen Untergrund, Steinchen auf dem Asphalt, Absätze, Risse ... Ich wollte verhindern, dass ich stolpere, denn dann wäre ich gefallen." Die neue Prothese „kannte" jedoch den Vorgang des Stolperns und konnte in einem gewissen Rahmen gegensteuern. Der Herr hatte auf einmal die Möglichkeit, beim Laufen den Kopf zu heben. Seine Haltung änderte sich schlagartig, sein Auftreten wurde positiver und er konnte die Welt um sich herum wieder aktiv wahrnehmen. Was für eine Freude es war, ihm dabei zuzusehen! Und er war nicht der Einzige, der sich um hundertachtzig Grad wandelte: Einer entschied, dass er zurück in seinen alten Beruf gehen wollte; ein Weiterer entschloss sich, endlich seine langjährige Freundin zu heiraten; ein Dritter nahm sich vor, ein Haus zu bauen.

Ich kann die Glücksgefühle gar nicht beschreiben, die mich durchströmten, als mir bewusst wurde, dass wir Menschen mit unserer Arbeit zu Dingen befähigten, die sie seit Jahren oder Jahrzehnten nicht mehr hatten tun können. Ich hatte einen Weg gefunden, wie ich Menschen mit Hilfe von Technik Lebensqualität zurückgeben konnte.

Ausblick
Die Möglichkeiten der Prothetik sind noch lange nicht ausgereizt. Aktuell arbeiten wir unter anderem an Programmen und Produkten für passionierte Freizeitsportler. Hier spielt die emotionale Komponente eine besonders große Rolle, denn gerade diese Patienten sind sich oft sicher, dass sie ihrem Hobby nie wieder werden nachgehen können. Nicht selten werden da bei Anproben Tränen des Glücks vergossen, weil man plötzlich wieder den Wind aus der eigenen Bewegung im Haar spüren kann. Ergreifende Momente, die mich und mein Team antreiben, stets bessere und langlebigere Produkte zu entwickeln.

Zudem würde ich mich gerne an Fragestellungen heranarbeiten, die in der Orthopädietechnik noch offen sind. Das größte Problem für die Patienten ist die lange Eingewöhnungsphase an die einzelnen Komponenten, sprich an die körperfremden Teile. Das Konstrukt der Anbindung ist noch lange nicht ausgereift, und vielleicht finden wir eine Möglichkeit, um den Patienten auch hier weiterhelfen zu können. Dabei werde ich allerdings nie die Wahrheit aus den Augen verlieren, dass wir dem Vorbild der Natur immer nur folgen können. Prothesen sind auf Einzelfähigkeiten spezialisiert, entweder kann man mit ihnen gut gehen oder gut rennen, beides funktioniert nicht hundertprozentig. Auch wenn wir auf dem Gebiet der Orthopädietechnik schon sehr viel erreicht haben und mit Kreativität und stetiger Entwicklung versuchen, uns der Perfektion der Schöpfung anzunähern, weiß ich doch, dass wir sie nie einholen werden. Und ich weiß auch, dass das völlig in Ordnung ist.

 MEINE DREAMPIONS EMPFEHLUNGEN

Unterschiedliche Perspektiven einnehmen, um Lösungen zu finden!
Ich habe die Erfahrung gemacht, dass es immer ratsam ist, neue Standpunkte einzunehmen, wenn sich mir solche eröffnen. Ein neuer Standpunkt bedeutet eine neue Sichtweise auf eventuelle Probleme, und damit auch die Möglichkeit, neue Lösungen zu finden.

Verstehen lernen!
Wer nur reproduziert, ohne den ursprünglichen Auslöser einer Aktion verstanden zu haben, kann nie über sich selbst hinauswachsen. Es ist schwierig, gelernte Information zu leben, aber wenn man etwas von Grund auf verstanden hat, setzt man dieses Wissen auf ganz natürliche Art und Weise um.

Ein gutes Beispiel wäre hier wahrscheinlich die Mathematik: Ich kann vielleicht eine Formel auswendig aufsagen, doch ich muss ihren Aufbau auch begriffen haben, um sie auf andere Zahlen und Werte anwenden zu können.

Mut beweisen!
Es gibt Menschen, die ihren ersten Eindruck gerne so schnell wie möglich ausdrücken. Ich bin so ein Mensch und ich fahre mit dieser Methode erstaunlich gut. Es bringt deutlich schneller Ergebnisse, wenn man das Wagnis einer ausgesprochenen Vermutung eingeht und im Zweifel im Nachhinein einen Fehler zugibt und daraus lernt. Still vor sich hin zu grübeln, Theorien zu entwickeln und sie nicht loszuwerden, bis ein anderer sie bewiesen oder widerlegt hat, bringt nur sehr langsam weiter. Vor allem einen selbst.

„Die Natur hat jederzeit recht, und gerade da am gründlichsten, wo wir sie am wenigsten begreifen." Johann Wolfgang von Goethe

Sandra Thier hat sich als Journalistin und TV-Moderatorin einen Namen gemacht. Die gebürtige Grazerin moderierte über viele Jahre die „RTL II News" und stand für Shows wie das „Red Bull Air Race" und „Surprise Surprise" bei RTL vor der Kamera. Ihre Bekanntheit und ihre Fähigkeiten als Moderatorin nutzt sie, um sich einen persönlichen Traum zu erfüllen: Als UNICEF-Botschafterin setzt sie sich für Kinderrechte ein und macht mit eigenen Reportagen auf die Herausforderungen in verschiedenen afrikanischen Staaten sowie in Bangladesch aufmerksam. Durch Aufklärung will sie andere ermutigen, sich für Menschen in Not einzusetzen und so einen positiven Unterschied zu machen.

Sandra Thier
HINDERNISSE ÜBERWINDEN UND TRÄUME ERMÖGLICHEN

Lebe deinen Traum. Den Spruch hört man oft im Leben. Aber wie geht das? Und wie schwer ist es Träume zu leben, ohne einem Luftschloss hinterher zu laufen? Das fragen sich viele Menschen. Und auch in meinem Leben gab es Höhen und Tiefen, die es zu überwinden galt. Ich sehe das aber sportlich und positiv. Denn alles was passiert, hat irgendwie einen Sinn. Nur erkennt man den immer erst später und nicht sofort in dem Moment.

Wichtig ist aber, dass man an seinen Träumen festhält und diese in Taten umsetzt. Das ist nicht immer einfach, aber zielführend. Als ich klein war, wollte ich Balletttänzerin werden. Ich trainierte hart und am Ende fast jeden Tag. Doch dann waren meine Füße „kaputt" und ich musste aufhören. Weil ich aber groß, schlank und beweglich war, wurde ich mit fünfzehneinhalb Jahren als Model entdeckt. Das wiederum gab mir die Chance, mit 18 Jahren zum ORF zu wechseln und eine Ausbildung zur Journalistin zu bekommen. Das war nämlich mein Traum – Moderatorin und Journalistin zu werden. Auch wenn damals in meiner Heimatstadt niemand an mich geglaubt hat. Und schon gar nicht, dass ich von Österreich aus den Sprung nach Deutschland ins große TV-Geschäft schaffen könnte. Ich sage heute: Alles ist machbar, wenn man nur daran glaubt und seinen Traum lebt.

Etwas geben und dabei Freude empfinden
Ein prägendes Erlebnis in meiner Karriere war für mich, als ich einmal meine Gage an ein Kinderheim spendete, in Form von zehn Fahrrädern. Bei der Übergabe wollte ich dabei sein und das Heim und die Kinder kennenlernen. Dabei war ich so emotional berührt, dass ich noch mehr machen wollte. Denn wir alle sollten Menschen, denen es nicht so gut geht, etwas zurückgeben. Das kann auch die Nachbarin sein, eine alte Dame, die gegenüber wohnt und einsam ist. Es sind die Kleinigkeiten, die unser Leben bereichern und vollkommen machen.

Also fing ich an mich umzuhören, wie ich sinnvoll mehr Menschen helfen konnte und wurde über eine Freundin auf UNICEF aufmerksam. Ich meldete mich bei der deutschen Organisation mit Sitz in Köln und wurde eingeladen zu einem Ideenaustausch darüber, wie wir zusammenarbeiten könnten. Als Nachrichtenmoderatorin kannte ich die UN-Organisation aus dem TV sehr gut. Aber ich wollte mehr erfahren: Wie arbeitet eine solche Organisation vor Ort in den Krisen- und Kriegsgebieten? Wie wählt sie die Projekte aus?

Unterstützung durch aufklärende Information
Wenn es um Spenden geht, sind viele Menschen hier in Europa skeptisch. Deshalb hatte ich die Idee TV-Dokus zu machen und bekam die Chance, in den Kongo, nach Bangladesch, Ghana, Burundi und Burkina Faso zu reisen. Mein Traum war es, in den Reportagen aufzuklären, die in einem Land herrschenden Konflikte darzustellen und letztendlich auch aufzuzeigen, wie UNICEF den Kindern dort hilft. Nachhaltig und langfristig. Und ich wollte, dass es viele Leute hier bei uns sehen und ein wenig darüber nachdenken.

Auf meinen Reisen habe ich tolle Menschen und Kinder kennengelernt. Die, obwohl sie nichts hatten und ums Überleben kämpften, mir ein Lächeln schenkten und dankbar waren dafür, dass sie durch UNICEF zur Schule gehen oder in einem „child friendly space" spielen konnten. Ich habe Demut gelernt und Dankbarkeit erlebt. Ich traf Menschen, die alles in unserer Welt hinter sich gelassen haben, um ihren persönlichen Traum zu leben. Zum Beispiel eine Arzt-Tochter aus Deutschland, die fünf Jahre in Afghanistan war, um dort zu helfen, und jetzt Gutes in Afrika tut. Beeindruckende Lebensläufe, die mir gezeigt haben, was alles passieren kann, wenn man an seinen Traum glaubt und ihn lebt. Dadurch kann auch anderen geholfen werden, ihren Traum zu verwirklichen. So hilft UNICEF dabei, Kinder und Jugendliche auszubilden. Die Organisation gibt ihnen die Möglichkeit zur Schule zu gehen und später einen Beruf zu erlernen, um dann ihr eigenes Geschäft zu gründen.

Viele Jungs werden zu Mechanikern ausgebildet, Mädchen lernen Nähen, ihre Produkte zu verkaufen, aber auch den Umgang mit Computern.

Richards Trauma

Es gibt viele Lebensgeschichten, die mich nachhaltig beeindruckt haben. Eine davon möchte ich hier gerne erzählen: Bei einem Interview mit einem lokalen Helfer in Burundi wurden unter seinen Hemdsärmeln plötzlich Narben sichtbar. Als ich nachfragte, erzählte mir Richard von der Organisation „Maison Shalom" seine Geschichte. Rebellen waren eines Tages in sein Dorf gekommen, töteten alle Bewohner und brannten das Dorf nieder. Er saß mit seiner kleinen Schwester in einer Hütte unter einem Holztisch. Er war damals sieben oder acht Jahre alt. Draußen waren die Rebellen und schrien: „Ihr habt zwei Möglichkeiten: Entweder ihr verbrennt in der Hütte, die wir jetzt anzünden, oder ihr lauft raus und werdet von uns erschossen." Unter Schock verharrten die beiden Kinder noch lange unter dem Tisch. Richard hatte schützend seinen Arm um seine Schwester gelegt. Lange merkte er nicht, dass der Tisch und einer seiner Arme bereits in Flammen standen. Plötzlich kam er zu sich, schnappte seine Schwester und rannte aus der Hütte und um sein Leben. Sie rannten und rannten und rannten und überlebten wie durch ein Wunder als einzige aus dem Dorf. Schwer traumatisiert und verwundet kamen sie zu „Maggy", Marguerite Barankitse.

> *„Tapferkeit ist stets mit Menschlichkeit gepaart, während der Feige zur Grausamkeit neigt."*
>
> Karl Peltzer

"Maison Shalom" als Rettung

Maggy ist eine Frau, die in Burundi dafür bekannt ist, alle Kinder aufzunehmen und zu beschützten, die ihre Hilfe brauchen. Eine Frau, die gewissermaßen als lebende Heilige verehrt wird, fast so wie Mutter Theresa. Sie selbst hatte Schreckliches erlebt. Sie hatte bereits vor Beginn des burundischen Bürgerkriegs bedrohte Frauen und Kinder bei sich aufgenommen, versorgt und beschützt. Eines Tages kamen Rebellen zu ihr und ermordeten die meisten der damals bei ihr lebenden Kinder und Frauen vor ihren Augen brutal. Es sollte Maggy davon abschrecken weiterzumachen. Die Rebellen ließen sie am Leben. Doch 70 Freunde und Bekannte wurden vor ihren Augen abgeschlachtet. Es gelang ihr, einige Kinder zu retten. Immer mehr Kinder kamen zu Maggie und suchten Schutz. Das trieb sie an und sie machte weiter. Mit Hilfe des katholischen Bischofs gründete sie die Organisation „Maison Shalom" – anfangs war es bloß eine umgebaute Schule, die als Kinderhaus diente. Später weitete sie die Hilfe immer weiter aus. Die Organisation wurde stärker, größer und mit der Unterstützung von UNICEF immer professioneller.

Richard fand mit seiner Schwester also den Weg zu Maggi. Die beiden wurden gepflegt, bekamen ein neues Heim und eine Schulausbildung. Weil Richard sehr klug war, bekam er durch die Organisation die Chance in Russland zu studieren, wo er mit besten Noten seinen Abschluss erlangte. Aber anstatt in Russland zu bleiben oder nach Europa weiter zu reisen, kehrte Richard nach Burundi zurück. Aus Dankbarkeit und Treue zu Maggy. Er wollte der Frau helfen, die ihn gerettet hatte. In dem Interview mit Richard, das ich für meine Reportage über die Arbeit von „Maison Shalom" führte, kam diese Geschichte überraschend auf. Sie hat mich nachhaltig beeindruckt, denn sie zeigt, was ein Mensch schaffen kann, wenn er Hürden überwindet, an seine Träume glaubt und sie zum Leben erweckt.

Jeder Traumpate zählt

Jeder zweifelt wohl mal daran, ob er oder sie große Ziele erreichen kann. Hindernisse machen den Weg nicht leicht. Doch trifft man Menschen wie Richard und hört ihre Geschichten, dann werden unsere Probleme plötzlich relativiert und wirken deutlich kleiner. Mein Tipp: Wenn es mal nicht so läuft wie beabsichtigt, tief durchatmen, zurücklehnen und auch mal scheitern. Am nächsten Tag sieht die Sache oft wieder anders aus. Und schließlich muss hier bei uns kaum jemand hungern oder Angst davor haben, erschossen zu werden. Auch wir haben Probleme und die aktuellen Terrorgefahren verändern die Gesellschaft. Dennoch glaube ich an das Gute. Und daran, dass wir einander helfen müssen, egal in welchem Land und in welcher Stadt. Persönlich finde ich: Die Geschichte von Maggy zeigt, dass auch ein Einzelner viel verändern kann. Es kommt auf jeden an.

> *„Man muss etwas, und sei es noch so wenig, für diejenigen tun, die Hilfe brauchen, etwas was keinen Lohn bringt, sondern Freude, es tun zu dürfen."* Albert Schweitzer

MEINE DREAMPIONS EMPFEHLUNGEN

Menschen zu unterstützen, denen es weniger gut geht, lehrt Dankbarkeit für das eigene Leben.
Wir alle nehmen viele kleine und große Dinge oft als gegeben hin. Erst wenn wir sehen, dass Menschen ohne diese Annehmlichkeiten leben müssen, merken wir, wie viel Glück wir im Leben haben. Mich hat es oft sehr berührt, wie sehr sich Menschen über Geschenke (wie die Fahrräder) gefreut haben. Ich bin dadurch selbst viel dankbarer für die Dinge, die ich in meinem Leben erfahren und genießen darf.

Es gibt überall Menschen, die Unterstützung brauchen.
Das Leid in manchen Teilen der Welt ist bedrückend. Aber auch bei uns gibt es überall Menschen, die es nicht leicht haben. Es lohnt sich, das eigene Umfeld mit offenen Augen zu betrachten. Da braucht es oft keine großen Spendensummen oder Monate an Zeit. Sei es durch das Vorlesen für Kinder, deren Familie das nicht leisten kann, oder durch einen Einkauf für die ältere Nachbarin, die nicht mehr gut zu Fuß ist. Bereits mit kleinen Aufmerksamkeiten kann jeder einen Unterschied machen.

Finde deine persönlichen Stärken, mit denen du anderen helfen kannst.
Jeder Mensch hat einzigartige Stärken. Mit diesen Stärken kann jeder auf seine eigene Art Menschen unterstützen. Als Journalistin hat es mir viel bedeutet, die Situation in Krisengebieten zu beleuchten und in den Blick der Öffentlichkeit zu bringen. Durch deine eigenen Fähigkeiten kannst du einen einzigartigen Beitrag leisten, der dazu noch Spaß macht.

Das ‚Zurückgeben' an die Gesellschaft stiftet Sinn und Zufriedenheit.
Ich habe das Glück, auf meinem bisherigen Weg sehr erfolgreich gewesen zu sein. Das freut mich und ich bin dankbar dafür. Gleichzeitig hatte ich schon früh das Bedürfnis, etwas ‚zurück' zu geben. Durch mein Engagement und die Möglichkeit, etwas zu bewegen, schließt sich für mich der Kreis. Es ist ein erfüllendes Gefühl zu sehen, dass andere Menschen von meiner Bekanntheit profitieren und die Chance bekommen, ihren eigenen Traum zu leben.

 Mario Klee arbeitet seit vielen Jahren als Berater im Bereich der Entwicklungszusammenarbeit in Kamerun – dem „Afrika in Miniatur". Der diplomierte Politikwissenschaftler wagte den Schritt auf den afrikanischen Kontinent, um vor Ort einen Unterschied machen zu können. Das war und ist kein einfacher Weg. In verschiedenen Projekten meisterte er spannende Herausforderungen und eröffnete sich dabei einen Einblick in eine faszinierende Welt.

Mario Klee
ENTWICKLUNGSZUSAMMENARBEIT ZWISCHEN TRAUM UND WIRKLICHKEIT

Als ich im Alter von dreizehn Jahren das Buch „Ein Planet wird geplündert" von Herbert Gruhl las, stand für mich fest, dass ich später beruflich gern einen persönlichen Beitrag zur Lösung von großen Problemen leisten wollte. Dieses Standardwerk der ökologischen Idee wurde bereits 1975 geschrieben, ist aber heute noch so aktuell wie damals. Dass ökologische Aspekte in wirtschaftspolitische Entscheidungen einfließen müssen, ist heute Mainstream. Schon früh entwickelte ich damals auch eine diffuse Faszination für den afrikanischen Kontinent, wo viele dieser Probleme, wie durch ein Brennglas, besonders scharf auftreten.

Testphase – wie engagiere ich mich am besten?
Seit diesen Tagen drehte sich die Frage für mich nicht mehr um das „Ob" eines gesellschaftlichen Engagements, sondern um das „Wie". Nach dem Abitur studierte ich Politikwissenschaft mit Schwerpunkt „Entwicklungs- und Umweltpolitik", was eine gute Basis für die Arbeit in staatlichen und nichtstaatlichen Institutionen ist, die sich mit Entwicklungspolitik im weiteren Sinn beschäftigen. Dadurch war ich breit aufgestellt, doch wie sollte es jetzt weitergehen? Einige dieser Fragen konnte ich über Praktika beantworten: Beruflich-politisches Engagement in den Institutionen? Für politische Projekte werben, um Positionen in Deutschland ringen – so spannend und wichtig ich politische Prozesse und Institutionen finde, so schnell merkte ich während eines Praktikums bei den „Grünen", dass dies nicht „mein" Ding war. Entwicklungspolitische Jugendbildungsarbeit? Dies war bereichernd und absolut sinnvoll. Leider bearbeitet man viele der großen Probleme eher indirekt. Dieses Engagement

half mir jedoch, einen ersten kleinen Traum Mitte 2001 zu verwirklichen: 7 Wochen Senegal zum Entdecken von Land und Leuten. Hier bestätigte sich meine Faszination – ich fühlte mich gleichzeitig verloren und zu Hause.

Der Wunsch, hinter die Fassaden des Kontinents zu schauen, verfestigte sich und auch mein persönliches Engagement. Leider hatte ich mich zu Schulzeiten gegen den Französisch-Unterricht entschieden, so dass ich nun die Zeit investieren musste, um die Sprache neben dem Studium zu lernen. Nach nur drei Jahren mit Französischkursen hatte ich den Mut, mich für ein einjähriges Studium an der Elite-Universität Sciences-Po (Institute d'Etude Politique) in Paris zu bewerben – und ich wurde genommen. Hier bekam ich eine neue pragmatischere Perspektive und konnte mich auf meine Themen der Entwicklungspolitik spezialisieren.

Dank der Unterstützung durch meine Diplomarbeitsbetreuerin, die mich ihren Kontakten empfahl, verschlug es mich dann ein zweites Mal auf den afrikanischen Kontinent – diesmal nach Kamerun – für ein viermonatiges Forschungspraktikum mit der Gesellschaft für Technische Zusammenarbeit (GTZ, heute GIZ). Dort wollte ich folgende Frage beantworten: Hat die Erstellung und Umsetzung einer Armutsbekämpfungsstrategie (eine Voraussetzung für die Reduzierung der Auslandsschulden) dazu beigetragen, den politischen Prozess zu verändern? Wird zum Beispiel die Zivilgesellschaft stärker in Entscheidungsprozesse eingebunden? Hierzu führte ich Interviews mit relevanten kamerunischen Akteuren. Die Zusammenarbeit mit dem Projektteam und das Verstehen-Wollen – dies alles verstärkte mein Berufsziel. Für mich stand fest, dass ich nach dem Studium wieder nach Afrika gehen würde.

Der Traum wird Realität

Ich bewarb mich also voller Enthusiasmus auf Nachwuchsstellen im Bereich Entwicklungszusammenarbeit in Deutschland und vor Ort. Nach zahlreichen Absagen und, schlimmer noch, niemals beantworteten Bewerbungen schwand dieser Enthusiasmus zunächst etwas. Bis ich eines Tages Post vom Deutschen Entwicklungsdienst (DED, heute GIZ) bekam – eine Antwort auf eine meiner ersten Bewerbungen nach Studienende. Man hatte Interesse an mir für eine Stelle in Kamerun zur Unterstützung der Zivilgesellschaft bei der Beteiligung am Prozess zur Umsetzung der Armutsbekämpfungsstrategie. Bingo: mein Diplomarbeitsthema.

> *„Alle Stärke wird nur durch Hindernisse sichtbar, die sie überwinden muss."*
> Sprichwort aus Kamerun

Aus einem Jahr wurden schließlich fünf: Ich beschäftigte mich mit Fragen zur Unterstützung der Zivilgesellschaft im Bereich Haushaltsanalyse (Spiegelt der Staatshaushalt die Prioritäten der Armutsstrategie, heute Wachstums- und Beschäftigungsstrategie, wider? Finden sich die Versprechen von mehr Mitteln für Bildung und Gesundheit tatsächlich im Haushalt wieder?) und Budget Tracking (Kommt das für den Schulbau vorgesehene Geld wirklich an? Und entsprechen die gebauten Schulen den kamerunischen Normen?).

Nach Projektabschluss brachte mich die Kamerun-Erfahrung in Kontakt mit dem deutschen Beratungsbüro AMBERO Consulting GmbH. Hier war ich zunächst in Deutschland als Projektmanager tätig. Seit mehr als drei Jahren arbeite ich jedoch inzwischen wieder in Kamerun – im Rahmen eines Vorhabens für die GIZ im Bereich Öffentliche Finanzen.

Gemischte Reaktionen

Ich habe die Erfahrung gemacht, dass viele Menschen andere gern dabei unterstützen, ihr wahrhaftiges Interesse und ihren Traum zu leben. So auch meine Eltern, die 5.000 km Entfernung zu ihrem einzigen Sohn sicher nie als ideal erlebt haben, dies aber stets als Suche nach meinem persönlichen Glück akzeptieren konnten.

Allerdings ist eine interessierte Unterhaltung häufig schwierig im „normalen" Umfeld (Familie, ehemalige Schulfreunde und Kommilitonen), da die Lebensumstände sehr unterschiedlich sind und weiterhin große Vorurteile bestehen. „In Afrika könnte ich nicht leben, ich habe Angst vor Löwen", sagte mir die freundliche Arzthelferin bei der Vorsorgeuntersuchung. Auf mein „Aber Löwen leben doch nicht in der Stadt!" reagierte sie verblüfft.

Das „wirkliche" Leben

Das Leben in Jaunde, der Hauptstadt Kameruns, ist mit Staus, Supermärkten und vielen Leuten letztlich nicht so grundverschieden von dem, was wir aus Europa kennen, wenngleich die nicht nur gelegentlichen Strom- und Wasserausfälle nervig sind. Je stärker man jedoch in die kleineren Städte, in den ländlichen Raum und die Dörfer kommt, desto größer werden die Unterschiede.

Doch es sind nicht so sehr die Lebensbedingungen, die für mich gewöhnungsbedürftig sind. Der größte Unterschied ist nämlich der folgende: Egal ob man als weißer Deutscher in Italien, den Niederlanden oder Belgien unterwegs ist, man fällt wenig auf und könnte ein Einheimischer sein. Das ist als weißer Deutscher in Kamerun nicht möglich. Manche Leute versuchen Kontakt aufzunehmen, Gespräche anzufangen, Händler versuchen es mit einem Aufschlag auf die Preise, Kinder fragen nach Geld. Dies ist gelegentlich nervig, aber niemals aggressiv und – verglichen mit dem was einem farbigen Menschen in Deutschland manchmal an Entgleisungen entgegenfliegt – sehr entspannt.

Warum ich Kamerun mag? Ich erinnere mich an den ersten Workshop in Bamenda, dort fanden es die Teilnehmer wichtig, am Anfang und am Ende des Workshops gemeinsam zu beten. Da neben Christen auch Vertreter der muslimischen Minderheit teilnahmen, wurde morgens christlich und abends islamisch gebetet – im Beisein aller Teilnehmer. Ich mag den Humor der Leute, der sicher auch eine Antwort auf den nicht immer ganz einfachen Alltag ist. Und zu den beeindruckendsten Reisen, die ich jemals gemacht habe, gehört sicher die Durchquerung Kameruns mit dem Auto von der Hauptstadt Jaunde über fast 1.000 km bis nach Maroua, der Hauptstadt des Extremen Nordens. Wir durchquerten eine unglaubliche Vielfalt an Vegetationszonen: vom tropischen Regenwald über Feucht- und Trockensavanne bis zum Sahel.

„ Beim Reisen findet man die Weisheit. "

Sprichwort aus Kamerun

Einmal stand ich knapp 30 Meter ohne Zaun von einem Elefanten entfernt in einem Nationalpark und täglich sehe ich wunderschöne Schmetterlinge (ja, die leben auch in der Stadt). Natürlich sollte man nicht vergessen, dass es einem Großteil der Leute ökonomisch nicht besonders gut geht. Arbeitslosigkeit und Unterbeschäftigung sind ein großes Problem. Auch die öffentlichen Dienstleistungen wie Gesundheit und leider auch Bildung lassen zum Teil zu wünschen übrig. Auch wenn man hier eine Malaria-Erkrankung recht zuverlässig erkennt und heilt, würde ich mich einer Operation nur im Rahmen eines Europaaufenthaltes unterziehen.

Inzwischen sind jedoch viele Besonderheiten im alltäglichen Leben in Kamerun für mich Normalität geworden. Zudem habe ich hier mein persönliches Glück gefunden: Frau und Kind. Dem Land bin ich somit ewig verbunden. Und auch wenn es Zeit wird, sich geografisch neu zu orientieren, werde ich sicher eines Tages nach Kamerun zurückkehren wollen.

Fazit

Was habe ich durch das Engagement gewonnen? Einen Job, der eine große Vielfalt an Aktivitäten und Überraschungen bereithält. Einerseits ein Bürojob, in dem Konzepte entwickelt werden. Aber auch ein Job, bei dem verhandelt wird, bei dem Menschen in Veränderungsprozessen begleitet werden, bei dem man häufig aus dem Büro rauskommt und versucht, reale Probleme zu verstehen und gemeinsam tragfähige Lösungen zu entwickeln. Leider auch ein Job mit gelegentlicher Frustration durch blockierte politische Prozesse und die immer notwendige Zeit, wenn man einen kleinen Beitrag zu komplexen Veränderung leisten möchte.

Auch das Leben zwischen den Kontinenten und Kulturen ist mit großen Herausforderungen verbunden. Intensive Freundschaften über lange Distanzen und lange Trennungszeiten aufrecht zu erhalten ist nicht einfach. Sich auf andere Denkweisen und Zusammenhänge einzulassen, finde ich dabei immer wieder aufs Neue spannend. Meine Faszination für Land und Leute und die Komplexität politischer Prozesse sowie meine Motivation, einen Beitrag zu leisten, haben seitdem nicht abgenommen. Somit lebe ich auch weiterhin meinen Traum – wenngleich jeder Job nicht immer nur traumhaft ist.

MEINE DREAMPIONS EMPFEHLUNGEN

Der Einstieg ist wie überall nicht einfach.
Gleichzeitig hilft es sich klar zu machen, dass der erste Schritt ein ganz entscheidender und besonders schwerer ist. Manchmal braucht es einfach ein bisschen Zeit, bevor die kleinen und großen Träume wahr werden.

Innere Motivation und absolute Überzeugung helfen über Durststrecken.
Für den Bereich der Entwicklungszusammenarbeit, auch wenn es sich vielleicht nicht um einen Job wie jeden anderen handelt, ist es für die eigene Gesundheit sehr wichtig, seine Motivation zu klären. Die Änderung der Einstellung zur Arbeit vor Ort vom reinen „Ich will helfen" (einseitig altruistisch und eine Garantie für schmerzhafte Enttäuschungen) zum „Es macht MIR Spaß und ICH bin kompetent einen Beitrag zu leisten", war nicht immer einfach, aber absolut notwendig. Man sollte meines Erachtens einen Job niemals ausschließlich für andere tun.

Das eigene Hinterfragen (Was kann ich überhaupt einbringen?) ist wichtig, sollte aber nicht demotivieren.
Um erfolgreich zu sein, egal für welchen Bereich man sich interessiert, darf man nie aufhören zu lernen. Sich immer wieder für Neues zu begeistern und von anderen zu lernen ist elementar. Ich fand es immer wichtig, auch das Hinterfragen zu hinterfragen. Ist es konstruktiv und treibt es mich an oder raubt es mir Energie und blockiert mich?

Der Kontakt zu Menschen mit ähnlichen Interessen und Leidenschaften ist hilfreich.
Auch wenn ich für das Netzwerken kein besonderes Interesse mitbringe, war es für mich sehr hilfreich, durch Kontakte Einblicke in die Entwicklungszusammenarbeit zu gewinnen. Kontakte helfen zudem bei den zuvor genannten Punkten: Erinnert sei an die Diplomarbeitsbetreuerin, die ein gutes Wort für mich einlegte und die ich – so hoffe ich – bis heute nicht enttäuscht habe. Oder der Kontakt mit Leuten aus dem Projektteam, der mir zeigte, wieviel ich noch lernen musste, aber auch, dass ich eine gute Basis hatte.

Peter Ballnik begleitet seit vielen Jahren als Psychotherapeut in Österreich Eltern, Jugendliche und Kinder nach Scheidungs- oder Trennungsfällen. Auf Basis dieser Erfahrungen entwickelte er sich zum Experten für die Rolle der Väter und deren Bedeutung für die Entwicklung von Kindern. Als Referent und Autor vieler Fachbücher erfüllt sich für Peter Ballnik immer wieder ein Traum, wenn er Vätern und ihren Kindern dabei helfen kann, intensivere und fröhlichere Zeit miteinander zu verbringen.

Peter Ballnik
GLÜCKLICHE KINDER, GLÜCKLICHE VÄTER

Mein Traum entwickelte sich aus folgender Szene: Ich bin in meinem Therapieraum und leite mit meiner Frau zusammen einen Gesprächskreis für eine Gruppe scheidungsbetroffener Kinder. Die drei Mädchen und die drei Jungen sind zwischen 10 und 12 Jahre alt. Alle sechs haben Geschenke für ihre Väter gebastelt. Wir sitzen im Kreis und die Kinder erzählen uns und einander, wie sie diese Geschenke ihren Vätern übergeben wollen. Der Kontakt der Kinder zu ihren Vätern ist grundsätzlich schwierig. Über der ganzen Gruppe schwebt eine Wolke der Traurigkeit, der Verzweiflung. Hansi, der Älteste in der Gruppe, hat einen blauen Fisch vor sich liegen und beschreibt, wie er stolz diesen tollen Fisch seinem geliebten Vater beim nächsten Treffen überreichen wird. Doch Hansi hat seinen Vater schon seit zwei Jahren nicht mehr gesehen und wird auch in absehbarer Zeit keinen Kontakt zu ihm haben. Verzweiflung, Wut und Trauer schwingen in seiner Stimme mit, sein Körper ist verspannt und seine Augen sind feucht.

In diesem Augenblick erkannte ich, wie wichtig und wie wenig erforscht die Rolle der Väter für die kindliche Entwicklung war und dass auch ich keine Ahnung davon hatte, wie gute Väterlichkeit funktioniert. Aus der Verlorenheit der Kinder konnte ich erahnen, wie einsam auch ihre Väter sein mussten. Und genau in diesem Moment beschloss ich, dieses Thema zu erforschen, Väterexperte zu werden und diesen traurigen Kindern und Familien zu helfen. Bisher hatte ich mich mit Kindern und Jugendlichen, mit Erwachsenen und Familien psychotherapeutisch auseinandergesetzt. Ab diesem Zeitpunkt begann ich, verstärkt den Fokus auf die Väter zu legen. Ich hatte noch keine Ahnung, wie ich das umsetzen konnte, doch meine Entscheidung stand fest.

Seit diesem Entschluss sind mehr als 15 Jahre vergangen.

Die Väterforschung

Wie gute Väterlichkeit wirkt, war nicht aus den Fehlern der Väter ableitbar. Gute Väterlichkeit folgt eigenen Gesetzen, die eigenständig erforscht werden mussten. Ich habe immer schon gerne geforscht und so kamen mir binnen kurzer Zeit viele Ideen. An einem frühlingshaften Herbsttag saß ich mit meiner Frau am Altausseer See und skizzierte ihr mein Forschungsvorhaben über positive Väterlichkeit. Die Szene ist mir noch deutlich vor Augen: Wir auf der Bank, vor uns der See und die sich darin spiegelnden Herbstfarben.

Kurze Zeit später erhielt ich die Möglichkeit, dieses Projekt für das österreichische Bundesministerium zu verwirklichen. Nach einer mehrjährigen Forschungsphase erschien 2005 mein Forschungsbericht, der sich mit der Lebenswelt Vater-Kind beschäftigte und neue Erkenntnisse zu positiver Väterlichkeit und der männlichen Identität darlegte.

Für diese Arbeit sammelte ein interdisziplinäres Team qualitative Daten bei 25 Familien. Erst wenn mit projektiven Verfahren bei den Kindern festgestellt werden konnte, dass sie positive Väterlichkeit erlebt hatten, wurden Vater und Mutter weiter untersucht. Ein Großelternteil väterlicherseits wurde ebenfalls befragt. Die qualitativen Ergebnisse wurden durch eine quantitative Erhebung, für Österreich repräsentativ, abgerundet.

Was „gute" Väter auszeichnet

Die Studie zeigte, dass die wesentlichen Qualitäten guter Väterlichkeit die Fähigkeiten umfassen, Verantwortung für das Kind zu übernehmen und ein verlässlicher Ansprechpartner zu sein. „Gute Väter" nehmen das Kind ernst, begegnen ihm mit Zuneigung, Offenheit und Verständnis und widmen ihm Zeit. Als wichtigste Aktivitäten „guter Väter" stellten wir fest: das Gespräch, gemeinsames Spiel, sportliche Aktivitäten, gemeinsame Rituale (z.B. ins Bett bringen), Wissensvermittlung und körperliche Begegnungen (Toben, Tollen, Kuscheln).

Wir untersuchten, wie viel Zeit „gute Väter" mit ihren Kinder verbrachten und wir erkannten die „Weltöffnungsfunktion" des Vaters, der Vater als „Tor zur Welt". Ich entwickelte eine „Vaterpyramide", die die wesentlichen väterlichen Grundqualitäten darstellt, sowie eine Vatertypologie. Weiter stellten wir auch fest, wie positive Väterlichkeit auch im Falle einer Trennung oder Scheidung gelebt werden kann.

Thesen und Ergebnisse dieser Studie sprengen natürlich den Rahmen dieses Artikels, aber bei Interesse können Sie sie gerne kostenlos von meiner Web-site www.ballnik.eu herunterladen.

> *„Vater werden ist nicht schwer, Vater sein dagegen sehr."* — Wilhelm Busch

Von Forschung über Verbreitung zu Anwendung und konkreter Hilfe

Der erste Schritt, Vätern, Kindern und Familien auf ihrem gemeinsamen Weg zu helfen, war mit der Studie erreicht – ich hatte ein Verständnis entwickelt über die Bedeutung und Herausforderungen des Vaterseins. Dadurch hatte ich zwar einen gewissen Expertenstatus erreicht, doch mein eigentliches Ziel war natürlich, dass meine Forschungsergebnisse einen positiven Effekt haben – und dazu mussten sie von möglichst vielen Menschen gelesen und angewendet werden.

Zwar setzten sich meine Kolleginnen und Kollegen in der Psychotherapieszene mit meinem Bericht auseinander, die Väter selber erreichte er noch kaum. In meiner psychotherapeutischen Praxis hatte ich immer mehr Väterberatungen und ich merkte, dass die Forschungsergebnisse auch in der Praxis wirkten, einen Nutzen stifteten. Doch ich wollte mehr Väter erreichen. So beschloss ich, über das Vaterthema Bücher zu schreiben. In dem Ratgeber „Vater bleiben – auch nach der Trennung" beschreibe ich, wie eine gute Väterlichkeit auch im Falle einer Scheidung oder einer Trennung gelebt werden kann. Innerlich widmete ich dieses Buch Hansi aus der Einstiegsszene. Ihm und allen scheidungsbetroffenen Kindern. In weiterer Folge schrieb ich Ratgeber für Väter von Kleinkindern sowie für berufstätige Väter.

In meiner Beratung und auch in meinem Schreiben ist mir wichtig, dass Vater und Mutter nicht gegeneinander ausgespielt werden, sondern dass das Kind beide braucht. Kinder entwickeln sich am besten mit einem Eltern-Team. In meiner Arbeit geht es immer um die Komplementarität von Mutter und Vater. Wenn das Kind Glück hat, ergänzen sich die beiden. Provokant zusammengefasst werden kann das mit dem Satz:

> *„Wer keine Mutter hat, findet keine Heimat, wer keinen Vater hat, findet kein Ziel."*
> nach Horst Petri

So gehört es zum Vatersein auch dazu, dass nicht nur das Kind im Mittelpunkt stehen kann, sondern dass der Vater auch arbeiten gehen muss und er meist in einer Liebesbeziehung lebt, die er auch mitgestaltet. In der Beratung von Vätern geht es sehr oft darum, dass die Väter die Vielschichtigkeit ihres Lebens erkennen und akzeptieren, damit es ihnen gelingt, sich von ihrem schlechten Gewissen zu befreien.

Erste Reaktionen – und weiter geht's!
Die Reaktion auf meine Bücher überraschte mich selbst: Väter aus dem ganzen deutschsprachigen Raum schrieben mir, dass sie sich endlich akzeptiert, verstanden und unterstützt fühlten und sie ihre Rolle jetzt mit klarerem Selbstverständnis, größerer Sicherheit und erhöhtem Selbstvertrauen angingen. Viele hatten sich in normalen Elternratgebern, die (durchaus nachvollziehbar) eher auf die Rolle der Mutter während des Aufwachsens der Kinder eingehen, nicht wiedergefunden. Ein Rezensent bei Amazon bringt es so auf den Punkt: "Der Autor Peter Ballnik schafft es mit diesem Buch die Bewusstheit in (uns) Vätern zu fördern, wie wir mit unseren Kindern umgehen und welche Bedeutung unsere Beziehung für unsere Kinder hat."

In den Beratungsgesprächen mit den Vätern und in der psychotherapeutischen Arbeit mit Kindern und Jugendlichen wurde mir immer klarer, dass die Vaterlosigkeit und die rudimentäre Rolle vieler Väter in ihren Familien ein Pulverfass ist, dessen Explosion unsere ganze Gesellschaft und unsere Kultur in den Abgrund reißen kann. Ich sehe einen Zusammenhang zwischen vielen negativen gesellschaftlichen Phänomenen – wie Kriminalität, Gewalt und Terror – und einer immer größer werdenden Vaterlosigkeit. So entschied ich mich, diesem Phänomen verstärkt in den Jahren 2011 bis 2014 nachzugehen. In meinem Sachbuch „Vaterseelenallein" beschreibe ich, warum Kinder einen Vater brauchen und wohin es führt, wenn er fehlt.

Als Väterexperte habe ich es nicht leicht. Oft werde ich belächelt und nicht ernst genommen, meist aber schlicht und einfach nicht wahrgenommen. Genauso ist auch der Vater vom gesellschaftlichen Radar verschwunden. Doch Väter und ihre Bedeutung für die Kinder und die Gesellschaft müssen ernst genommen werden.

Vielleicht habe ich das Vaterthema auch deshalb gewählt, weil unsere Tochter Valentina vor 18 Jahren tot zur Welt kam. Allein die Tatsache, dass unsere nähere Umgebung nur meiner Frau Trauer um unser Kind zuschrieb und sie mir mehr oder weniger absprach, machte mich für das Thema sensibel. Überhaupt scheint die Gesellschaft das Thema Kind fast nur mit Müttern in Verbindung zu bringen. Wie viele Väter werden durch solche Zuschreibungen entmutigt oder halten sich nicht mehr für wichtig? Auch wenn die Begegnung mit Vätern an meinem persönlichen Schmerz rührt, so erlebe ich darin auch eine Aufgabe. Im Grunde geht es mir um die Bedeutung, dass Väter für ihre Kinder wichtig sind und auch, dass Kinder für ihre Väter wichtig sind. Für die Entwicklung zu einem ganzen Menschen. Das möchte ich den Menschen weitergeben. Warum gerade ich dazu gut geeignet bin? Jeder Mann, der Vater ist, sieht vor allem seine eigene Rolle. Es braucht jemanden, der die Rolle der Väter auf einer Metaebene überblicken und auch vermitteln kann. Das ist meine Lebensaufgabe.

Vatertypen

Es gibt viele Möglichkeiten ein guter Vater zu sein. Das war ein wesentliches Resultat unserer Forschungsarbeit. Daraus habe ich eine Vatertypologie entwickelt. So gibt es den begeisternden Vater, der seine Kinder gut mitreißen kann, den einfühlsamen Vater, der sich vor allem durch sein Verständnis für sein Kind auszeichnet. Es gibt den bodenständigen Vater, der seinem Kind durch seine Ruhe und Geduld sehr viel Sicherheit gibt, und den kreativen Vater, den ich als Meister des Augenblicks bezeichne und der durch seine Ideen fast immer einen guten Draht zu seinen Kindern findet. Jeder Vatertyp hat seine Stärken und seine Schwächen. Für mich ist vor allem wichtig, dass jeder Vater seinem Typ treu bleibt und nicht versucht ein anderer zu sein. Viel zu oft werden Väter auf den bodenständigen Typ reduziert. Das führt zur Vernachlässigung der Stärken der Väter und darunter leiden Kind und Vater. Geholfen hat vielen Vätern ein von mir entwickelter Test, mit dem sie ihren eigenen Vatertyp erkennen können und den ich deshalb auch in meinen Büchern „Das Papa-Handbuch für Kinder ab 3" und „Vater bleiben – auch nach der Trennung" anbiete.

> *„Mein Vater ist ein großes Kind, das ich bekommen habe, als ich noch ganz klein war."*
>
> Alexandre Dumas

Ausblick

Auf meinem Weg habe ich vieles schon erreicht, doch vieles gilt es noch zu tun. Ich werde verstärkt Vorträge und Seminare zum Thema Vatersein abhalten. Einige Bücher sind noch zu schreiben. Wenn mich Zweifel plagen, ob sich das alles lohnt, dann versetze ich mich wieder in meine therapeutischen Gruppen für scheidungsbetroffene Kinder und spüre, wie sehr diese Kinder ihre Väter vermissen. Und manchmal, wenn ich mit Vätern arbeite, haben sie plötzlich Tränen in den Augen und ein leises „Also bin ich doch wichtig" entweicht ihren Lippen. Dann weiß ich, dass ich auf einem guten Weg bin. Der Traum vieler Kinder ist, mit ihrem Vater mehr, intensivere und fröhlichere Zeit zu verbringen. Wenn ich ihnen dabei helfen kann, erfüllt sich auch mein Lebenstraum.

MEINE DREAMPIONS EMPFEHLUNGEN

„Wie findet man seine Träume?"
Das werde ich manchmal gefragt. Meine Antwort ist: Sich offen auf den Weg machen, seine Fähigkeiten und Talente kennen und ihnen vertrauen.

„Und wie lebt man seine Träume?"
Sich nicht scheuen vor neuen und manchmal einsamen Wegen, kontinuierlich an seinen Träumen arbeiten, ein Schritt nach dem anderen.

Vor die Schlussfolgerung sollte die Analyse gestellt werden.
Ausgangspunkt meiner Forschungsberichte und Bücher waren immer Gespräche, Tests und Analysen, in denen ich in Familien die Rolle der Väter verstehen konnte. Verallgemeinerungen sind leicht zu formulieren, aber treffen oft nicht zu. In ähnlicher Form solltest du dich vor der Umsetzung deines Traums mit seinen Details und möglichen Auswirkungen beschäftigen.

Vieles ist eine Typfrage und aus der jeweiligen Perspektive berechtigt.
Die Vätertypologie zeigt, dass es verschiedene Vätertypen gibt, die ihre Aufgabe als Vater unterschiedlich angehen, sie aber auf ihre Weise genau richtig machen. Genauso solltest du dich auf deinem Weg zum Traum nicht verbiegen, sondern einen Ansatz wählen, der zu deinem Typ, deinem Hintergrund und deinen Wünschen passt.

WWW.DREAMPIONS.DE – Der nächste Schritt

Es ist geschafft – 25 ehrliche Erfahrungsberichte von Menschen, die sich ihre Lebensträume erfüllt haben oder auf einem guten Weg dazu sind, liegen hinter dir. Wir hoffen, dass die persönlichen Geschichten dich so wie uns inspiriert haben. Vielleicht haben sie dich sogar motiviert, über dein eigenes Leben nachzudenken und dich mit dem einen oder anderen Traum auseinanderzusetzen.

Doch was nun? Was bleibt dir nach der Lektüre dieses Buches? Die eine oder andere Geschichte bleibt im Kopf hängen und regt zum Nachdenken an. Doch Lesen allein bewirkt oft nicht viel. Nach einigen Tagen Alltagsroutine geraten die Buchinhalte und die beim Lesen entstandenen Ideen in Vergessenheit, werden von alltäglichen Themen verschüttet.

Der Wunsch, den beim Lesen entstandenen Schwung beizubehalten, war Auslöser dafür, dass wir die Voraussetzungen für eine „Dreampions" Online-Community geschaffen haben. Wir möchten dich herzlich einladen vorbeizuschauen. Unter **www.dreampions.de** kannst du dich mit Gleichgesinnten austauschen, weitere Informationen zu gelebten Lebensträumen finden, persönliche Unterstützung erhalten oder in Blogs Inspirationen für neue Traumabenteuer sammeln.

Es gibt keine einfachen Erfolgsrezepte für das Traum-Leben. Lösungen, die einem Menschen helfen, passen für andere überhaupt nicht. Dazu sind wir alle zu verschieden und unsere Träume zu unterschiedlich. Die Erfahrungsberichte in diesem Buch sollen ein Auslöser sein und dir durch positive Beispiele dabei zu helfen, den für dich richtigen Weg zu finden. Die Dreampions-Community steht dir auf diesem Weg unterstützend als Begleiter zur Seite. Doch das Wichtigste ist: Wir hoffen, das Buch und die Website bringen dir Freude, lassen deinem persönlichen Traum gedeihen und erleichtern den Kontakt zu gleichgesinnten Unterstützern!

Dir haben die Erfahrungsberichte unserer Dreampions gefallen? Du hast auch eine Traum-Geschichte zu erzählen, mit der du anderen Menschen gerne helfen würdest? Melde dich bei uns unter **kontakt@dreampions.de**.

Wir freuen uns über dein Feedback. Und wir planen weitere Bücher mit inspirierenden Erfahrungen und freuen uns über spannende, persönliche und hilfreiche Beiträge!

DANKE

An dieser Stelle möchten wir uns bei allen herzlich bedanken, die zum Gelingen unseres Dreampions-Projektes bisher beigetragen haben.

Zunächst geht ein großes Dankeschön an jeden einzelnen unserer Dreampions-Autoren. Durch eure Offenheit, eure ehrlichen Perspektiven und eure Geduld beim Beantworten aller unserer Fragen und Bitten habt ihr die Grundlage für dieses Buch gelegt. Uns haben eure Geschichten bewegt, zum Nachdenken gebracht und viele spannende Anregungen geschenkt. Allein dadurch habt ihr mit euren Geschichten bereits einen Unterschied gemacht.

Ein besonderer Dank gilt Angela Kirchner, die uns bei zahlreichen Artikeln mit ihrem treffsicheren Gespür für Formulierungen und Geschichten zur Seite stand. Wir sind begeistert, dass wir Sie zu unserem Team zählen dürfen!

Angela Herold mit ihrem Unternehmen herolddesign hat uns bei der grafischen Gestaltung des Buches tatkräftig unterstützt. Vielen Dank für Ihre Kreativität und Ihre Geduld, all unsere Änderungswünsche zu berücksichtigen, so dass wir am Ende nun ein gelungenes Werk vorliegen haben.

Damit die Dreampions-Idee nicht nur ein Buch bleibt, sondern auch im Alltag lebendig werden kann, bieten wir dir die Online-Community **www.dreampions.de** an, der Dr. Sebastian Schneider das Leben eingehaucht hat. Für die großzügige Unterstützung mit deiner Erfahrung, die lehrreiche Erläuterung zahlreicher Spezialthemen, die kreative Umsetzung all unserer Vorstellungen und deine Flexibilität in der Gestaltung danken wir dir herzlich.

Für die Inspiration danken wir unseren Kindern, ohne die wir dieses Projekt sicher nie gestartet hätten.

Zum Schluss möchten wir uns auch noch bei dir bedanken – unserem Leser! Vielen Dank für dein Vertrauen, dich mit uns auf das Abenteuer Lebenstraum einzulassen. Wir hoffen sehr, dass die eine oder andere Geschichte dich berührt und vielleicht sogar ermutigt hat.

Verena Tuppy & Henry Wedell

IMPRESSUM

© Februar 2016
Umschlaggestaltung, Layout und Satz: Angela Herold, herolddesign
Herstellung und Verlag: tredition GmbH, Hamburg
Konzeption, Redaktion und Koordination der textlichen Inhalte: Verena Tuppy und Henry Wedell

ISBN:
978-3-7345-1115-8 (Paperback)
978-3-7345-1116-5 (Hardcover)
978-3-7345-1117-2 (e-Book)

Die Autoren und die Herausgeber haben vielfältige Anstrengungen unternommen, die Urheber des in diesem Buch gezeigten Materials korrekt wiederzugeben. Sollte uns das nicht in allen Fällen geglückt sein, sind wir für jeden weiterführenden Hinweis dankbar. In diesem Buch verwendete Markennamen unterliegen dem Schutz der Allgemeinen Warenzeichen-, Marken- und Patentrechte.

BILDNACHWEIS:

Wir danken unseren Autoren sowie den beteiligten Organisationen, die Fotos aus ihren Archiven beisteuerten.

Abbildung Umschlag: LOGO24
S. 7: zur Verfügung gestellt von der Deutschen Welthungerhilfe e.V.
S. 15: Privatarchive von Till Schauder, Daniela A. Ben Said, Ben Hadamovsky, Moritz Maurus; David Wolf: Bildagentur fishing4 (über Hamburg Freezers)
S. 61: Privatarchive von Mike und Petra Kägi, Dean Walle, Norbert Schiebelhut, Karim Ladak, Marlene Augschöll und David Kullack
S. 101: Privatarchive von Matthias Grebe, Markus Freiknecht, Hans Starck, Marion Sutter; Dr. Reiner Knizia: © Karen Easteal
S. 139: Privatarchive von Alexandra Eigendorf, Marcel Paul, Juliane Wurm, Lars Sudmann; Eric Johannesen: © Oliver Jensen
S. 177: Privatarchive von Peter Ballnik, Mario Klee; Sandra Thier: © UNICEF – Claudia Berger; Linda Fröhlich: © Kent Smith (über Linda Fröhlich), Martin Pusch: Zur Verfügung gestellt von der Otto Bock HealthCare Deutschland GmbH

ARTIKELRECHTE:

„Zu großen Erfolgen aus eigener Kraft" © Daniela A. Ben Said
„Filme - Eine Liebesgeschichte" © Till Schauder
„Mathematiker – Banker – Spieler" © Dr. Reiner Knizia

Das vorliegende Buch ist in all seinen Teilen urheberrechtlich geschützt. Alle Rechte vorbehalten, insbesondere das Recht der Übersetzung, des Vortrags, der Reproduktion, der Vervielfältigung auf fotomechanischem oder anderen Wegen und der Speicherung in elektronischen Medien.